***ACCESO GRATIS** a la Lectura en la Nube*

Para visualizar el libro electrónico en la nube de lectura envíe junto a su nombre y apellidos una fotografía del código de barras situado en la contraportada del libro y otra del ticket de compra a la dirección:

ebooktirant@tirant.com

En un máximo de 72 horas laborables le enviaremos el código de acceso con sus instrucciones.

LA SOCIEDAD DE CAPITAL UNIPERSONAL

Fundamentos de su régimen jurídico

COMITÉ CIENTÍFICO DE LA EDITORIAL TIRANT LO BLANCH

LA SOCIEDAD DE CAPITAL UNIPERSONAL

Fundamentos de su régimen jurídico

Luis Manuel Piloñeta Alonso

tirant lo blanch
Valencia, 2024

En caso de erratas y actualizaciones, la Editorial Tirant lo Blanch publicará la pertinente corrección en la página web www.tirant.com

EDITA: TIRANT LO BLANCH
C/ Artes Gráficas, 14 - 46010 - Valencia
TELFS.: 96/361 00 48 - 50
FAX: 96/369 41 51
Email: tlb@tirant.com
www.tirant.com
Librería virtual: www.tirant.es
DEPÓSITO LEGAL: V-2873-2024
ISBN: 978-84-9086-982-6
MAQUETA: Innovatext

Si tiene alguna queja o sugerencia, envíenos un mail a: *atencioncliente@tirant.com*. En caso de no ser atendida su sugerencia, por favor, lea en *www.tirant.net/index.php/empresa/politicas-de-empresa* nuestro procedimiento de quejas.

Responsabilidad Social Corporativa: http://www.tirant.net/Docs/RSCTirant.pdf

Para Amaia

(por todo...)

Índice

Preámbulo

La sociedad unipersonal como «tema de nuestro tiempo»

Primera parte

Fundamento dogmático y admisión de la figura

Segunda parte

Régimen positivo de la sociedad unipersonal

Tercera parte

El reverso de la sociedad de capital unipersonal

Preámbulo

La sociedad unipersonal como «tema de nuestro tiempo»

I. *QUID IURIS?*

La sociedad unipersonal es un tipo especial de sociedad mercantil de capital formada por un solo socio o si se prefiere integrada por una única persona. Así entendida, la sociedad unipersonal responde a los postulados de la «razón práctica». Su plena admisión en nuestro Derecho fue el resultado de una decisión cabal y pragmática del legislador, inducida una vez más por la regulación comunitaria en materia de sociedades, que permitió extender la aplicación del régimen jurídico propio de las sociedades de capital a corporaciones carentes de base asociativa, con el fin último de promover el ejercicio de la actividad empresarial y favorecer el desarrollo económico.

El reconocimiento legal de la sociedad unipersonal no alcanzó a la totalidad de las formas societarias mercantiles, sino únicamente al ámbito de la sociedad anónima y de la sociedad limitada. Lo cual no es poco, porque las anónimas y las limitadas son las sociedades mercantiles de nuestro tiempo y suponen en torno al 99% de las que se constituyen cada año en España.

La «legalización» de la sociedad unipersonal es una manifestación más de la importancia de una institución jurídica como la sociedad de capital que, lejos de entrar en decadencia[1], reafirma

1 Entre las voces agoreras que, hace medio siglo, vaticinaban la «decadencia» de la sociedad anónima, paradigma de sociedad de capital, debe destacarse, por su autoridad, la de un —entonces joven e ideologizado— Francesco GALGANO, para quien la sociedad anónima como «particular forma jurídica de empresa» estaría próxima al «agotamien-

día a día su vigencia y también su vitalidad, aunque sea a costa —esta vez— de perder su tradicional sustrato asociativo y rendirse al individualismo que impregna la vida moderna.

Lo cierto es que la admisión de la sociedad de un solo socio ha venido no solo a alterar y trastocar el concepto jurídico tradicional de sociedad, sino a poner «en jaque» a la propia sociedad de capital como construcción jurídica. En efecto, los problemas de la sociedad unipersonal son en gran medida también los problemas de la sociedad de capital como forma jurídica de empresa. El reconocimiento de la figura pone a prueba los muros y las estructuras de la sociedad mercantil de nuestro tiempo, desde que se constituye hasta que se extingue y pasando por su concurso de acreedores.

El estudio de la sociedad de capital unipersonal se puede llevar a cabo desde un punto de vista dogmático o bien atendiendo a su regulación positiva. En cualquiera de estos escenarios, la sociedad de un solo socio es —como dice Karsten Schmidt— un terreno abonado para la reflexión jurídica[2] y su reconocimiento constituye también una verdadera «prueba de fuego» para la regulación de las sociedades de capital.

La principal conclusión que cabe extraer de este análisis es que la sociedad de capital, en tanto que forma jurídica de empresa,

---

to definitivo de su ciclo histórico». *Vid.* F. GALGANO, *Las instituciones de la economía capitalista. Sociedad anónima, Estado y clases sociales,* trad. de la edición italiana (Bolonia, 1974) por C. Alborch Bataller y M. Broseta Pont, Barcelona, 1990, pp. 135 y ss. El paso del tiempo ha venido a desmentir estas palabras y a reafirmar el protagonismo adquirido en la práctica totalidad de los Estados por la sociedad anónima y las sociedades de capital en general, cuya contribución al desarrollo social y económico mundial resulta hoy difícilmente discutible. Ello no habría sido posible, empero, sin las reformas que ha ido experimentado, que le han permitido evolucionar y adaptarse a las circunstancias de cada tiempo. En su versatilidad y también capacidad de adaptación, reside precisamente una de las mayores fortalezas de la sociedad de capital como forma jurídica de empresa.

2 *Vid.* K. SCHMIDT, *Gesellschaftsrecht,* 3ª edic., Colonia, 1997, p. 1239 (§ 40, I, 2).

no puede seguir concibiéndose como un patrimonio dotado de personalidad jurídica con la finalidad de propiciar la limitación de responsabilidad de sus partícipes; y que las consecuencias de esa personificación formal trascienden la titularidad del capital social, poniendo de manifiesto la concurrencia de otros intereses dignos de consideración por el Derecho, que no dependen de la propiedad de las acciones o participaciones en que se divide dicho capital social.

Lo mismo —*mutatis mutandis*— que quien tiene un hijo o una hija, el que decide desdoblar su personalidad con arreglo a Derecho, mediante el otorgamiento del negocio jurídico que permite articular esa *fictio iuris*, debe asumir plenamente las consecuencias de su decisión y, fundamentalmente, la de que sus relaciones con la nueva persona, en tanto que relaciones jurídicas de alteridad y más allá de su disciplina específica (a cargo en este caso del Derecho de Sociedades), no pueden resultar inmunes a la aplicación del Derecho Patrimonial.

II. LA SOCIEDAD UNIPERSONAL COMO «CREATURA» JURÍDICA

La sociedad unipersonal no deja de ser otra creación del Derecho o si se prefiere un «invento» jurídico. El Derecho no es ni ha podido ser nunca una realidad inmutable y también reivindica su parcela de innovación. A pesar de la aparente contradicción que encierra el reconocimiento de una sociedad integrada por un único socio, no se trata de ninguna figura espuria ni constituye un «artilugio» del capitalismo pensado para favorecer a unos (habrá quien diga que *a los de siempre*) a costa de los otros.

Su reconocimiento supone la admisión de una sociedad de capital desprovista de su tradicional componente asociativo y del presupuesto contractual que, tradicionalmente, han servido de base a esta institución jurídica. La nueva concepción de sociedad no llega, sin embargo, a prescindir del negocio jurídico entendido como declaración de voluntad dirigida a la creación, modificación o extinción de relaciones jurídicas conforme a Derecho y expresión primaria del poder normativo de la voluntad. El negocio jurídico continúa siendo el sustrato y también un presupuesto necesario para la válida constitución de cualquier sociedad (ya sea personalista, de capital, pública, privada, unipersonal o pluripersonal,...). El Derecho «por el que luchamos» —que diría Jhering— no sólo se compone de normas heterónomas dirigidas a regular la vida en sociedad y a «salvarnos» de nosotros mismos, preservando nuestra libertad y dignidad como seres humanos, ordenando el desempeño de las funciones a cargo de los poderes públicos (incluida la de administrar justicia o la exacción de impuestos), la familia, la empresa o el funcionamiento de los mercados; así como de aquellas —conviene no olvidarlo— que tienen por finalidad sancionar la infracción de otras normas (*rectius* sancionarnos por dicha infracción). Derecho es también el resultado del ejercicio que los seres humanos hacemos de nuestra libertad (autonomía de la voluntad), cuando asumimos derechos y obligaciones celebrando contratos u otorgando negocios jurídicos. El negocio jurídico y el contrato no serán fuente de Derecho en sentido estricto pero las obligaciones que nacen de ellos «tienen fuerza de ley entre las partes contratantes y deben cumplirse al tenor de los mismos» (art. 1091 CC). En otras palabras: no son leyes, pero obligan jurídicamente como las leyes. La libertad personal de ser, de hacer y hasta de obligarse constituye otro de los pilares fundamentales en que se asienta nuestra democracia, que trasciende los derechos políticos y desde luego no se agota en las instituciones de gobierno[3].

---

3 El origen o razón de ser de buena parte de los derechos y de las obligaciones jurídicas no reside propiamente en un acto de soberanía estatal, sino en el consentimiento de su titular. Así entendido, el Derecho se nos presenta como una manifestación —más— de la libertad del ser humano, haciendo posible que cada persona decida, de manera voluntaria y consciente, lo que tenga a bien, mientras somete su conducta a ciertas pautas y se compromete frente a otros a llevar a cabo determinadas prestaciones. El Derecho no sólo sirve para imponer sino para decidir y acordar; o mejor dicho: para que las personas decidan y acuerden. Las normas jurídicas también son el producto de la voluntad de los propios individuos a los que

La característica fundamental y el eje vertebrador de la sociedad unipersonal es su configuración por el Derecho como una entidad dotada de personalidad jurídica, propia y distinta de la del socio. La sociedad unipersonal comparte esta condición con la del resto de las sociedades mercantiles que, una vez constituidas, como dice el Código de Comercio (art. 116 segundo párrafo) tienen «personalidad jurídica en todos sus actos y contratos». En esencia, podríamos decir que la personalidad jurídica es lo que distingue a una sociedad de una simple comunidad de bienes (eso y otras cuestiones de orden más bien «fiscal»).

La atribución de personalidad jurídica supone el nacimiento a la vida del Derecho de un nuevo ser, con capacidad para ser sujeto

---

se aplican; y no me estoy refiriendo al origen, en mayor o menor medida «democrático», que pudiera atribuirse a tales normas en términos políticos o constitucionales. A menudo las obligaciones no vienen impuestas al individuo por el Estado, sino que son asumidas por aquel de forma voluntaria y haciendo uso de la libertad y autonomía privada que el Derecho le reconoce y ampara. De igual modo, su exigibilidad se hace depender en último término de la decisión de los propios interesados y lo que cabe esperar del Derecho es que propicie el cumplimiento de la palabra dada, articulando los mecanismos adecuados para que los deudores paguen lo que deben y los acreedores cobren lo adeudado, sin ver defraudadas sus expectativas. Hemos mantenido y defendido esta concepción «iusprivatista» del Derecho en diversas ocasiones. *Vid.* L.M. PILOÑETA ALONSO, «Derecho y contrato (o la libertad de obligarse jurídicamente)», en *Liber Amicorum Homenaje al Profesor Luis Martínez Roldán*, Ediciones de la Universidad de Oviedo, Oviedo, 2016, pp. 555 a 574, part. pp. 556-557; asimismo, en la obra *Contratos Mercantiles*, Valencia, 2020, pp. 33-35; y más recientemente en «Dictamen de peritos y contenido del contrato de seguro. El arbitrio de un tercero en la liquidación de los siniestros», en *Revista Española de Derecho de Seguros,* 2024 (Enero-Junio, nº 197-198), pp. 151 a 172, part. pp. 155-157. Sobre el tema, pueden verse también las interesantes reflexiones de J. ALFARO ÁGUILA-REAL, en el introito de su trabajo «Cooperación, Derecho y personas jurídicas», en su *Almacén de Derecho* (Publicado en Febrero 3, 2022), https://almacendederecho.org/cooperacion-derecho-y-personas-juridicas#:~:text=La%20funci%C3%B3n%20principal%20del%20Derecho,de%20cooperar%20entre%20sus%20miembros.

de derechos y de obligaciones. Recientemente, el Boletín Oficial del Estado publicaba la Ley 19/2022, concediendo esta misma personalidad jurídica a la laguna del Mar Menor y su cuenca para, acto seguido, conferir a la misma una serie de derechos encaminados a su preservación como ecosistema[4]. No se trata de ningún «milagro» jurídico; ni estamos ante la prueba definitiva de que la Ley ya lo puede todo, sino ante un caso más de instrumentación de la personalidad jurídica, que hace mucho tiempo que dejó de ser un atributo exclusivo del «homo» y la «mulier sapientes» para convertirse en una técnica en manos del Derecho[5].

III. PERSONALIDAD JURÍDICA, «LEVANTAMIENTO DEL VELO» Y RESPONSABILIDAD PATRIMONIAL

La sociedad unipersonal anónima o de responsabilidad limitada, como cualquier otra sociedad de capital, exime a su único socio de tener que responder personalmente del cumplimiento

4 Me refiero a la Ley 19/2022, de 30 de septiembre, para el reconocimiento de personalidad jurídica a la laguna del Mar Menor y su cuenca (BOE 03.10.2022), en cuya virtud se conceden a esta zona hidrográfica derechos de protección, conservación, mantenimiento y, en su caso, restauración, además del derecho a existir como ecosistema y evolucionar naturalmente, incluyendo el agua, las comunidades de organismos, el suelo y los subsistemas terrestres y acuáticos que integran su hábitat natural.

5 La historia nos enseña que, en épocas pasadas, el Derecho concebía la personalidad (la «caput») como un privilegio restringido a una parte de la población y la negaba al resto, cuya existencia quedaba subordinada a los primeros. Con el tiempo, el propio Derecho ha terminado atribuyendo esta condición jurídica a todos los seres humanos y, paulatinamente, ha ido también extendiéndola a determinadas organizaciones o entidades jurídicas creadas por los seres humanos. En cualquier caso, la «personalidad jurídica» no puede considerarse un concepto natural ni ontológico. Hace tiempo que constituye un instrumento técnico en manos del Derecho, empleado para personificar cosas u organizaciones, convirtiéndolas en centros de imputación jurídica de derechos y de obligaciones.

de las obligaciones sociales. La irresponsabilidad del socio por las deudas de la sociedad constituye la primera razón de ser de estas sociedades y se nos presenta también como su mayor fuente de problemas.

En cuanto tal, la sociedad unipersonal vendrá sometida a la legislación societaria en todos aquellos aspectos que le sean aplicables. Al lado de la normativa general de las sociedades de capital que pueda venir en aplicación, el legislador ha dispuesto la aplicación a las sociedades unipersonales de una disciplina específica, contenida básicamente en los 12 a 17 de la nueva Ley de Sociedades de Capital, que viene a completar el régimen societario general para adecuarlo a las características propias de la sociedad unipersonal. Se trata, en suma, de dar respuesta a los problemas específicos que planean sobre esta modalidad societaria, en la que el socio único ostenta un amplísimo poder de decisión, con la consiguiente merma de buena parte de las garantías legales, pensadas para su aplicación en sociedades participadas por varios socios. Sin embargo, el contenido de esta normativa –específicamente societaria– no permite cubrir la casuística de la problemática propia de este tipo de sociedades, ni su vigencia puede desplazar la del Derecho Patrimonial en el que se enmarcan también las relaciones entre el socio único y, en general los socios de cualquier sociedad, y la sociedad en sí.

La primera consecuencia de la dualidad de personalidades entre el socio y la sociedad es también la existencia jurídica de patrimonios separados y perfectamente diferenciables. El punto de partida es que, jurídicamente, nos hallamos ante sujetos perfectamente diferenciables, cuyas relaciones se hallan sometidas en último término a la aplicación del Derecho Patrimonial. Esta idea hace que la falta de cumplimiento por cualquiera de ellos de las normas y principios de la legislación societaria no pueda configurarse, sin más, como un abuso de la personalidad jurídica y dar lugar a la aplicación de la doctrina del «levantamiento del velo», como si este fuera el único -o el mejor- modo de sancionar este tipo de infracciones. Cierto que hemos adoptado una concepción eminentemente positiva y funcional de la persona jurídica que, por lo que se refiere a las sociedades mercantiles, la convierte en una institución puesta al servicio tanto del socio como del mercado y la seguridad del tráfico. Pero la lucha por el Derecho en la sociedad unipersonal no puede centrarse exclusivamente en la amenaza del desconocimiento de su personalidad jurídica, mediante la activación de la doctrina del «levantamiento del velo»[6].

Lo que aquí se mantiene sirve también con carácter general para todas las sociedades de capital: aunque «despojar» a la sociedad de su personalidad jurídica sea el modo más directo de privar a los socios del beneficio de la limitación de responsabilidad, no siempre contribuye a resolver todos los problemas en litigio. En último término, con la privación de personalidad, de lo que se trata es de destruir y desechar la construcción jurídica en aras de la construcción económica, lo que puede traducirse y dar lugar a situaciones de vacío normativo, con lo consiguiente inseguridad para el tráfico[7]. A ello contribuye también su propia fundamenta-

---

6 Es sabido cómo nuestra jurisprudencia ha venido mostrando una acusada tendencia a aplicar la doctrina del levantamiento del velo a las sociedades de un socio y, en general, a aquellas que se hallan sometidas a un férreo poder de dirección (*Vid.* ya R. DE ÁNGEL YÁGÜEZ, *La doctrina del levantamiento del velo,* 7ª ed., Cívitas, Madrid, 2017), haciendo de este tipo de sociedades uno de los «grupos de aplicación» sobre los que opera dicha doctrina: *vid.* J.M. EMBID IRUJO, «Perfiles, grados y límites de la personalidad jurídica en la Ley de Sociedades Anónimas», en *Estudios de Derecho Mercantil en Homenaje al Profesor Manuel Broseta Pont,* t. I, Valencia, 1995, pp. 1023 a 1045, part., p. 1039.

7 La doctrina es prácticamente unánime. El propio Antonio POLO, en su prólogo a la versión española de la obra de R. SERICK (*Apariencia y realidad en las sociedades mercantiles,* trad. y com. por J. Puig Brutau, Barcelona, 1958), se refiere ya a la necesidad de contar con un criterio rector firme para determinar en qué casos cabe prescindir de la forma de la persona jurídica. Sobre el tema, *vid.* F. SÁNCHEZ CALERO, «La sociedad nula», en *Derecho de Sociedades Anónimas,* I (*La fundación*), coord. por A. Alonso Ureba, G. Esteban Velasco, J. Duque Domínguez y F. Sánchez Calero, Madrid, 1994, p. 1030. La ausencia de tal «criterio rector firme» constituye aún hoy -como reconoce ya C. BOLDÓ RODA

ción abstracta en el plano de los principios que no deja de plantear problemas en los ordenamientos de corte continental como el nuestro. Lo correcto es buscar criterios jurídicos de imputación que puedan servir de fundamento a las reclamaciones de los acreedores sociales y les permitan dirigirse frente a los verdaderos responsables del perjuicio que hayan podido experimentar en sus relaciones con la sociedad. El desconocimiento de la personalidad no es, desde luego, el único modo de controlar la legalidad de las sociedades de capital o de sancionar el incumplimiento del Derecho societario. El ordenamiento dispone de otras fórmulas -cuando menos, igual de eficaces y, sobre todo, más seguras- de reaccionar frente a tales incumplimientos. Bien entendido, no se trata de negar virtualidad de las técnicas de levantamiento del velo de la personalidad sino de vertebrar jurídicamente su aplicación a partir de criterios firmes y sacándolas del plano abstracto de los principios.

Más allá de estos supuestos, la penetración de la personalidad constituye la sanción de cierre de todo el sistema, por lo que cabe recurrir a ella cuando se produzca una infracción grave de las normas y postulados configuradores de la legislación societaria, cuando el ordenamiento no prevea otra sanción específica. Así ocurre, por ejemplo, en los casos de infracapitalización material de sociedad, porque la manifiesta insuficiencia económica del ca-

---

(*Levantamiento del velo y persona jurídica en el Derecho Privado Español*, Pamplona, 1996) el «punto más débil de esta construcción doctrinal» (p. 316). *Vid.* asimismo M. DE LA CÁMARA ÁLVAREZ y J. Mª DE PRADA GONZÁLEZ, «Sociedades comerciales» (El empresario individual de responsabilidad limitada. El levantamiento del velo de la personalidad jurídica de las sociedades mercantiles. Necesidad de la escritura pública en la constitución de las sociedades comerciales y sus modificaciones», en *Revista de Derecho Notarial*, 1973 (julio-diciembre), pp. 7-403, part. pp. 32 y ss; F. CAPILLA RONCERO, *La persona jurídica: funciones y disfunciones*, Madrid, 1984, pp. 70-71; J.M. EMBID IRUJO, «Perfiles, grados y límites de la personalidad jurídica en la Ley de Sociedades Anónimas», *cit.*, p. 1037.

pital supone un fraude a la disciplina legal del capital social y, por ende, al fundamento mismo del beneficio de limitación de responsabilidad o, si se quiere, de la irresponsabilidad por las deudas sociales que la Ley concede a los socios de una sociedad de capital.

Nuestro principal objetivo es analizar el contenido de las relaciones que se establecen entre el socio y la sociedad unipersonal, atendiendo especialmente a su aspecto conflictivo. La atribución a estas sociedades de personalidad jurídica propia y distinta de la de su socio permite configurar sus relaciones como auténticos vínculos jurídicos entre sujetos de derecho diferentes, con todo lo que ello comporta a la hora de determinar su contenido y, sobre todo, en orden a la imputación de daños y de responsabilidades. Lo que nos interesa es no solo el anverso sino también el reverso de tales relaciones, cuyos efectos se proyectan tanto al círculo interno y la esfera orgánica de la sociedad, como hacia el ámbito externo de su actividad, pudiendo revestir naturaleza contractual o extracontractual. En su virtud, resultarán obligaciones y derechos para ambos, cuyo cumplimiento o infracción impactará directamente en el patrimonio social y, por ende, en la capacidad de la sociedad de capital para hacer frente a sus compromisos con terceros.

IV. LA SOCIEDAD UNIPERSONAL EN DÍGITOS

El manejo de datos estadísticos constituye un presupuesto necesario para la comprensión de muchas instituciones jurídicas, en la medida en que nos revela el estado real de las cosas en cada momento y puede llegar a proporcionarnos una información preciosa en torno a la aplicación práctica del Derecho. En el caso concreto de la sociedad unipersonal, el análisis de estos datos resulta ciertamente revelador de la proyección práctica y la extraordinaria importancia —también en el plano cuantitativo— que ha ido adquiriendo la figura. Lo que confirma nuevamente el relevante papel que está llamada a desempeñar en el Derecho de Sociedades de nuestro tiempo.

De acuerdo con los datos estadísticos proporcionados por el Registro Mercantil Central, correspondientes al año 2022 (último del que se dispone de ellos)[8], a finales de ese ejercicio y desde su reconocimiento legal, el total acumulado de sociedades constituidas como unipersonales ascendía, en España, a 753.528; mientras que, a esa misma fecha, habían perdido dicha condición o dejado de serlo 145.761 y la habían adquirido de forma sobrevenida 462.975 entidades. La combinación de estos datos nos permite realizar una primera estimación fiable del número total de sociedades unipersonales existentes a 31.12.2022 en nuestro país, que alcanzaría la cifra de 1.061.742 (resultado de sumar las constituidas y las sobrevenidas, restando las que dejaron de serlo).

---

8 Cfr. sus «Datos Estadísticos. Año 2022», publicados y accesibles en el sitio Web oficial del organismo (https://www.rmc.es/documentacion/publico/Estadisticas/ESTADISTICAS-2022.pdf).

Tabla 1: Número de sociedades unipersonales a 31.12.2022 por Comunidades Autónomas

CONSTITUIDAS A 31-12-2022			PÉRDIDAS A 31-12-2022			SOBREVENIDAS A 31-12-2022		
Nombre	total	%	Nombre	total	%	Nombre	total	%
Andalucía	131598	17,46	Andalucía	23497	15,2	Andalucía	57394	12,4
Aragón	14106	1,87	Aragón	3828	2,47	Aragón	11527	2,49
Asturias	8815	1,17	Asturias	2692	1,74	Asturias	6119	1,32
Balears, Illes	24841	3,3	Balears, Illes	6811	4,4	Balears, Illes	14683	3,17
Canarias	33392	4,43	Canarias	5851	3,78	Canarias	17634	3,81
Cantabria	5681	0,75	Cantabria	979	0,63	Cantabria	3412	0,74
Castilla - La Mancha	21783	2,89	Castilla - La Mancha	4523	2,92	Castilla - La Mancha	14677	3,17
Castilla y León	24954	3,31	Castilla y León	4277	2,76	Castilla y León	12681	2,74
Cataluña	125239	16,62	Cataluña	31734	20,5	Cataluña	97001	20,95
Comunitat Valenciana	91437	12,13	Comunitat Valenciana	19159	12,4	Comunitat Valenciana	52701	11,38
Extremadura	9931	1,32	Extremadura	2222	1,44	Extremadura	5351	1,16
Galicia	35349	4,69	Galicia	7460	4,82	Galicia	25702	5,55
Madrid, Comunidad de	169166	22,45	Madrid, Comunidad de	30383	19,6	Madrid, Comunidad de	107816	23,29
Murcia, Región de	22975	3,05	Murcia, Región de	3672	2,37	Murcia, Región de	10627	2,3
Navarra, Comunidad Foral de	5908	0,78	Navarra, Comunidad Foral de	1388	0,9	Navarra, Comunidad Foral de	5597	1,21
País Vasco	3201	0,42	País Vasco	677	0,44	País Vasco	2463	0,53
Rioja, La	25152	3,34	Rioja, La	5608	3,62	Rioja, La	17590	3,8
TOTAL NACIONAL	753.528		TOTAL NACIONAL	154.761		TOTAL NACIONAL	462.975	

Fuente: Datos estadísticos 2022 – Registro Mercantil Central

Según el Registro Mercantil Central, en 2022, se constituyeron en España 99.694 sociedades (de las que 96.655 adoptaron la forma de limitadas, 423 la de anónimas y 2.616 otras formas distintas)[9]. Pues bien, de ese número total, se constata que 45.890 fueron sociedades unipersonales, lo que supone un porcentaje del 46,03 por 100 del total. La consulta de los mismos datos en anualidades anteriores revela una clara tendencia al alza en la constitución de este tipo de sociedades mercantiles que en 2016 ascendieron a 36.985, en 2019 a 40.689 y en 2021 a 44.538.

Tabla 2: Relación porcentual de sociedades constituidas como unipersonales respecto al total

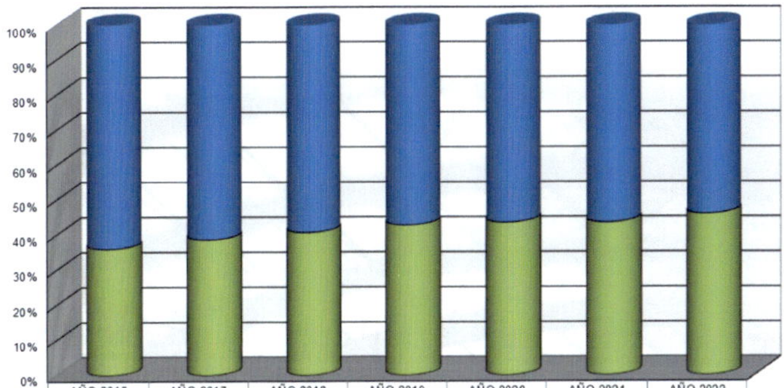

	AÑO 2016	AÑO 2017	AÑO 2018	AÑO 2019	AÑO 2020	AÑO 2021	AÑO 2022
NO Unipersonales	63,89	61,25	59,21	57,14	56,38	56,42	53,97
Unipersonales	36,11	38,75	40,79	42,86	43,62	43,58	46,03

SOCIEDADES CONSTITUIDAS COMO UNIPERSONALES EN LOS SIGUIENTES AÑOS						
AÑO 2016	AÑO 2017	AÑO 2018	AÑO 2019	AÑO 2020	AÑO 2021	AÑO 2022
36985	36945	39346	40689	34862	44538	45890

Fuente: Datos estadísticos 2022 – Registro Mercantil Central

---

9 Estos números varían ligeramente si nos atenemos a los datos, correspondientes a ese mismo año 2022, proporcionados por el Colegio de Registradores de la Propiedad y Mercantiles de España, publicados también en abierto y accesibles a través de la Web www.registradores.org y que se extienden además al año 2023. En su virtud, el número total de sociedades constituidas registralmente en 2022 fue de 100.197, con arreglo al siguiente cuadro (*Fuente: Colegio de Registradores de la Propiedad y Mercantiles*):

Constituciones — **NACIONAL** — **Ejercicios 2021-2023**

Capitales en euros (€)

AÑO	Totales	ANONIMAS Número	ANONIMAS Suscrito	ANONIMAS Desembolsado	LIMITADAS Número	LIMITADAS Suscrito	LIMITADAS Desembolsado	OTRAS Número	OTRAS Suscrito	OTRAS Desembolsado
2023	109.003	409	311.302.924	214.469.230	107.611	6.057.237.234	6.057.237.234	983	7.304.778	7.190.358
2022	100.197	416	281.138.073	229.645.365	98.720	4.956.990.532	4.956.990.532	1.061	37.683.213	25.198.713
2021	102.135	404	451.498.519	334.782.216	100.803	4.640.185.702	4.640.185.702	928	9.304.415	8.031.915

Por su parte, las estadísticas confeccionadas por el Colegio de Registradores de la Propiedad y Mercantiles arrojan también algunos datos muy interesantes en torno al tema[10]. Su análisis revela que, en el ejercicio 2023, hubo un total de 70.472 sociedades unipersonales «declaradas», dando a entender que dicha cifra se refiere tanto a las sociedades constituidas originariamente por una única persona como a las sobrevenidas, por haber pasado la totalidad de sus acciones o participaciones a ser propiedad de un mismo socio[11].

Tabla 3: Sociedades unipersonales declaradas en 2023 por Comunidades Autónomas

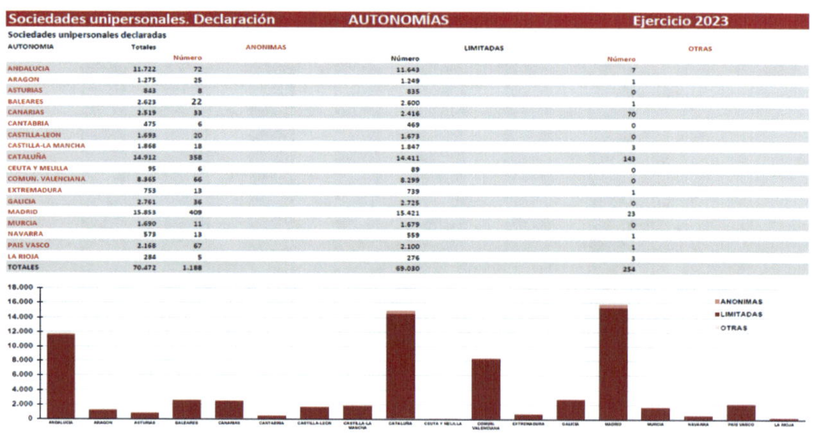

Sociedades unipersonales. Declaración — AUTONOMÍAS — Ejercicio 2023

Sociedades unipersonales declaradas

AUTONOMIA	Totales	ANONIMAS Número	LIMITADAS Número	OTRAS Número
ANDALUCIA	11.722	72	11.643	7
ARAGON	1.275	25	1.249	1
ASTURIAS	843	8	835	0
BALEARES	2.623	22	2.600	1
CANARIAS	2.519	33	2.416	70
CANTABRIA	475	6	469	0
CASTILLA-LEON	1.693	20	1.673	0
CASTILLA-LA MANCHA	1.868	18	1.847	3
CATALUÑA	14.912	358	14.411	143
CEUTA Y MELILLA	95	6	89	0
COMUN. VALENCIANA	8.365	66	8.299	0
EXTREMADURA	753	13	739	1
GALICIA	2.761	36	2.725	0
MADRID	15.853	409	15.421	23
MURCIA	1.690	11	1.679	0
NAVARRA	573	13	559	1
PAIS VASCO	2.168	67	2.100	1
LA RIOJA	284	5	276	3
TOTALES	70.472	1.188	69.030	254

Fuente: Estadística Mercantil (Ejercicio 2023), Colegio de Registradores de la Propiedad y Mercantiles

---

10 Cfr. su «Estadística Mercantil (Ejercicio 2023)», disponible en https://www.registradores.org/estaticasm/Estadistica/2023/EstadisticaMercantil.pdf.

11 Del total de 70.472 nuevas sociedades unipersonales constatas en 2023, una pequeña parte (en concreto 1.188) se clasifican como sociedades anónimas, 69.030 son sociedades de responsabilidad limitada; y las restantes 254 revisten sin mayor especificación «otras formas jurídicas», verdadero cajón de sastre en el que tendrían cabida un amplio abanico de posibilidades que abarca desde las formas societarias tradicionales de tipo personalista hasta algunas sociedades de capital especiales. En contraste con esa cifra, en dicho ejercicio, solo 17.116 habrían perdido la condición legal de unipersonales, por haber devenido pluripersonales y entiendo que también por la circunstancia de haberse extinguido.

Cabe destacar asimismo el amplio espectro de capitales sociales manejados y que oscilan entre los 3.000 euros correspondientes al 66 por 100 de las unipersonales limitadas hasta los más de 3.000.000 alcanzados por el 11 por 100 de las que adoptaron la forma de anónimas.

Tabla 4: Rango de cifras de capital de las sociedades unipersonales anónimas y limitadas declaradas en 2023

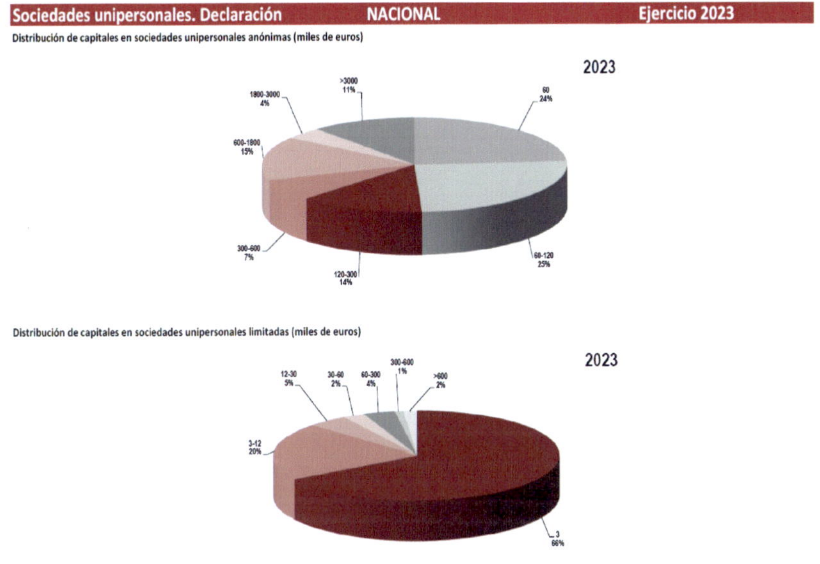

Fuente: Estadística Mercantil (ejercicio 2023) – Colegio de Registradores de la Propiedad y Mercantiles

Más allá de estos números, conviene recordar que las estadísticas tan solo recogen y se refieren a las sociedades unipersonales en sentido formal o estricto, con lo que no se estarían tomando en consideración aquellas sociedades –de favor– aparentemente pluripersonales, pero en las que un socio ostenta la práctica totalidad del capital y otro u otros aparecen, testimonialmente, como titulares de alguna acción o participación.

A la vista de tales datos y partiendo de la realidad insoslayable que se esconde detrás, resulta evidente la necesidad de replantear el análisis que venimos haciendo de la problemática de las sociedades de nuestro tiempo, desde la óptica de la unipersonalidad, tomando en consideración esta circunstancia nada excepcional y proyectándola sobre las cuestiones objeto de tratamiento en cada caso. Además, claro está, de poner en cuestión, una vez más, el modo en que estamos entendiendo y construyendo el Derecho de Sociedades[12].

---

12 Parafraseando la expresión empleada en su día por PAZ-ARES. *Vid.* C. PAZ-ARES, «¿Cómo entendemos y cómo hacemos el Derecho de Sociedades? (Reflexiones a propósito de la libertad contractual en la nueva LSRL)», en *Tratando de la Sociedad Limitada,* coordinado por C. Paz-Ares, Madrid, 1997, pp. 161 a 205.

Primera parte

Fundamento dogmático y admisión de la figura

I. DERECHO MERCANTIL, RIESGO EMPRESARIAL Y LIMITACIÓN DE RESPONSABILIDAD

En su lucha multisecular contra los grandes problemas del tráfico, el Derecho Mercantil ha mantenido siempre una particular *cruzada* contra los estragos que el riesgo y la incertidumbre de los mercados causan a los operadores económicos. Tanto es así que el propósito de remover o de atenuar las consecuencias negativas del riesgo se encuentra en el origen de muchas de las instituciones jurídico-mercantiles y constituye además una de las *constantes vitales* de su regulación, a lo largo de la historia.

En el ámbito de una relación jurídica, todo acreedor se enfrenta al riesgo de que el deudor incumpla su obligación; mientras que el deudor se expone, por su parte, al riesgo de perder su patrimonio por no cumplir sus obligaciones, a causa de la vigencia del postulado de responsabilidad patrimonial universal, en cuya virtud una persona responde del incumplimiento de sus obligaciones con todos sus bienes presentes y futuros. Tales riesgos se intensifican en el mercado, como «fábrica» de relaciones jurídicas y por tanto de derechos, obligaciones y responsabilidades.

El Derecho mercantil dispone de mecanismos cuya principal finalidad es la de contrarrestar, al menos en parte, los riesgos y peligros propios de la actividad económica. Por lo general, estas fórmulas se dirigen ora a la adopción de medidas tendentes a reforzar la posición de los acreedores y garantizarles el cobro de sus créditos; ora a mitigar o restringir la responsabilidad de los deudores, en caso de incumplimiento de sus obligaciones (el último la exoneración concursal del pasivo insatisfecho). En una obra clásica, Ehrenberg se refería ya a la limitación de responsabilidad del deudor como «uno de los postulados fundamentales, más complejos y de mayor importancia práctica del Derecho de obligaciones», al tiempo que señalaba su decisiva implantación en el ámbito jurídico-mercantil[13].

Ello no debe llevarnos a pensar que el Derecho mercantil antepone, por principio, el interés de los deudores al de los acreedores cuando se trata del cumplimiento de las obligaciones. Todo lo contrario. Ningún otro sector del ordenamiento se ha preocupado tanto de reforzar la posición de los acreedores y de protegerles frente a las situaciones de incumplimiento (*favor creditoris*). Pero la apuesta decidida del Derecho mercantil por la defensa del acreedor no debe concebirse como una defensa a ultranza de quienes ostentan posiciones de preeminencia en una relación obligatoria, sino la justa consecuencia del equilibrio que debe presidir la aplicación del Derecho, porque el grueso de las obligaciones mercantiles derivan de contratos sinalagmáticos y el acreedor en estos contratos es aquella parte que, habiendo cumplido su prestación o estando dispuesto a hacerlo, aspira legítimamente a que la contraparte cumpla también la suya; porque la razón de ser y la finalidad última de los contratos como principal fuente mercantil de obligaciones es su efectivo cumplimiento y el Derecho debe procurar que así sea[14].

La limitación de responsabilidad surgió, históricamente, como una prerrogativa concedida a los navieros para tratar de compensarlos por los graves peligros de la navegación marítima[15], que

---

13 *Vid.* V. EHRENBERG, *Beschränkte Haftung des Schuldners nach See– und Handelsrecht,* Jena, 1880, p. 468. En nuestra doctrina, pueden verse las interesantes reflexiones en torno al tema de J. RUBIO GARCÍA-MINA, en su *Curso de Derecho de sociedades anónimas,* Madrid, 1964, pp. 131 a 135.

14 *Vid.* L. M. PILOÑETA ALONSO, *Contratos mercantiles,* Tirant Lo Blanch, Valencia, 2020, pp. 88 y ss.

15 Fueron precisamente los grandes peligros de la navegación los que hicieron que se atribuyera a los navieros el beneficio de limitación de

terminaría aprovechando a los socios de las primeras compañías anónimas comerciales, constituidas bajo los auspicios de los monarcas para explotar las nuevas rutas comerciales; y, posteriormente, con la finalidad de favorecer la acumulación de capitales necesaria para el ejercicio de la actividad financiera. En el plano estrictamente societario, la atribución de este beneficio ha encontrado también justificación en la falta de intervención directa de los socios en la dirección de los asuntos de sus compañías[16]. Este

---

responsabilidad, mediante la técnica de la separación de patrimonios, dirigida a permitir al *comerciante marítimo* distribuir su patrimonio en dos masas diferentes: la «fortuna de mar» o patrimonio de explotación, que permanecía afecto a las resultas de la empresa marítima, y la «fortuna de tierra», al socaire de cualquier reclamación de sus acreedores marítimos. *Vid.* el propio V. EHRENBERG, *Beschränkte Haftung des Schuldners nach See– und Handelsrecht, cit.*, pp. 176 y ss. En torno al origen histórico y la variedad de regímenes de limitación adoptados en los principales sistemas de Derecho comparado, puede verse J. GIRÓN TENA, *El naviero: Directrices actuales de su régimen jurídico*, Bilbao, 1959, pp. 61 y ss; asimismo, J. GARRIGUES, *Curso de Derecho mercantil*, II, 7ª edic. por F. Sánchez Calero, Madrid, 1980, pp. 579 y ss. En la doctrina posterior, *vid.* asimismo J. L. GARCÍA-PITA Y LASTRES, *La limitación de responsabilidad civil del naviero*, Vitoria-Gasteiz, 1996, pp. 39 y ss. El Código de Comercio de 1885 lo configuraba como un derecho a eximirse de responsabilidad por la conducta del capitán en la custodia de los efectos cargados en el buque, mediante el *abandono* del mismo con todas sus pertenencias y los fletes devengados en el viaje. Cfr. arts. 587 y 590 del Código de Comercio. Sin embargo, en lo tocante a la responsabilidad (extracontractual) por abordaje, el criterio adoptado por nuestro codificador era el del *valor de la nave* (también con sus pertenencias y los fletes devengados en el viaje). Cfr. art. 837. Sobre la razones de este desajuste, *vid.* J.M. MUÑOZ PLANAS, «Código de Comercio y Derecho marítimo», en *Centenario del Código de Comercio*, vol. I, Madrid, 1986, pp. 389 a 420.

16 En efecto, con el desarrollo del tráfico mercantil, la limitación de responsabilidad se extendería también a la regulación propia de un tipo especial de sociedades (las comanditarias), en las que una parte de los socios podían limitar su participación en las pérdidas al capital invertido y exonerarse de cualquier otra responsabilidad por las deudas sociales, a cambio de verse privado de intervenir personalmente en la

panorama recibió un nuevo impulso con la codificación y la *liberalización* de la sociedad anónima. A finales del siglo XIX, con la entrada en vigor de la *GmbH-Gesetz*, hizo su aparición en Alemania un nuevo tipo societario, cuya principal virtud era la de extender el beneficio de limitación de responsabilidad al ámbito de la pequeña y mediana empresa, dando respuesta a las demandas de un amplio sector empresarial[17].

En esa misma época y analizando la nueva situación, un jurista suizo llamado Paul Speizer, al comentar precisamente el Proyecto alemán Ley de Sociedades de Responsabilidad Limitada, se preguntaba por qué cuando dos o más personas se asocian para

---

gestión de los negocios de la compañía. *Vid.* L. GOLDSCHMIDT, *Storia universale del Diritto commerciale*, trad. italiana de Scialoja y Pouchain, Turín, 1913, pp. 201 y ss. *Vid.* igualmente las puntualizaciones que hace a esta tesis J. GIRÓN TENA, *Derecho de sociedades*, vol. I, Madrid, 1976, pp. 527 y ss.

17 La nueva «sociedad de responsabilidad limitada» fue una creación —de laboratorio— de la doctrina alemana y dio lugar a la promulgación de la «GmbH-Gesetz» el 20 de abril de 1892 (estando el HGB todavía en elaboración). Sobre el tema, *vid.* P. KOBERG, *Die Entstehung der GmbH in Deutschland und Frankreich*, Colonia, 1992; asimismo, W. SCHUBERT, «Das GmbH-Gesetz von 1892: eine Zierde unserer Reichsgesetzsammlung. Das historische Geschehen um die GmbH von 1888 bis 1902», en *Festschrift 100 Jahre GmbH-Gesetz*, edit. por LUTTER, ULMER y ZÖLLNER, Colonia, 1992, pp. 1 a 49. En torno al extraordinario desarrollo posterior de la figura en todo el mundo, puede verse, en la misma obra colectiva, M. LUTTER, «Die Entwicklung der GmbH in Europa und in der Welt» (pp. 49 a 83). Por lo que respecta a la implantación de la sociedad de responsabilidad limitada en nuestro país, *vid.* C. PRIETO GONZÁLEZ, «Los orígenes de la sociedad de responsabilidad limitada en España: el Proyecto Fabra», en *Revista de Derecho Mercantil* 1968, pp. 215 a 245; A. BERCOVITZ RODRÍGUEZ-CANO, «Origen y evolución histórica de la sociedad de responsabilidad limitada», en *La Sociedad de Responsabilidad Limitada*, coord. por A. Bercovitz, Pamplona, 1998, pp. 37-39; y posteriormente R. JIMÉNEZ DE PARGA CABRERA, «La sociedad de responsabilidad limitada desde el *modernisme* al siglo XXI», Barcelona, 1999, esp. pp. 22-45.

ejercer la actividad empresarial pueden poner a salvo una parte de su patrimonio y, en cambio, el Derecho les obliga a arriesgarlo todo si actúan individualmente[18]. La interpelación no puede, en efecto, ser más certera. En el plano de los principios, una vez que se acepta jurídicamente la vigencia del postulado de limitación de responsabilidad y se permite servirse de él a todos los que ejercen el comercio en sociedad (participen o no en la gestión y dirección de los asuntos sociales), carece de sentido ya negar este mismo beneficio a los demás empresarios, aduciendo razones de orden puramente dogmático.

La discusión en torno a la admisión o no de la figura se suscitó también en España y no faltaron, entre los juristas y hombres de empresa, las propuestas de extensión del régimen de limitación de responsabilidad a los empresarios individuales[19]. En el año 1944, un

---

18 *Vid.* la cita en M. ROTONDI, «La limitation de la responsabilité personnelle dans l'entreprise individuelle», en *Revue Trimestrielle de Droit Commercial* 1968, pp. 1 a 21. Sobre el tema, *vid.* asimismo A. GRISOLI, *Las sociedades de un solo socio,* trad. de A. González Iborra, Madrid, 1976, pp. 110 y ss. En 1910, O. PISKO publicaba en la *Zeitschrift für das privat- und öffentliche Recht der Gegenwart* (1910, vol. XXXVII, pp. 609 y ss.) su trabajo sobre «*Die beschränkte Haftung des Einzelkaufmannes. Eine legislatorische Studie*», incluyendo una propuesta de regulación que, a la postre, serviría de base a la primera disciplina positiva de la figura del empresario individual de responsabilidad limitada, adoptada en 1926 por el Código civil del Principado de Lichtenstein (arts. 836 a 896). En torno al tema, *vid.* J. DUQUE DOMÍNGUEZ, «La 12ª Directiva del Consejo (89/67/CEE de 21 de diciembre de 1989) sobre la Sociedad de responsabilidad limitada de socio único en el horizonte de la empresa individual de responsabilidad limitada», en *Derecho mercantil de la Comunidad Económica Europea. Estudios en homenaje a José Girón Tena,* Madrid, 1991, pp. 241 a 289, part. pp. 250 y ss.

19 El primero en afrontar el tema fue J. ROIG Y BERGADÁ, en una conferencia pronunciada en el año 1918, con el título de «Aplicación del principio de la responsabilidad limitada a los comerciantes individuales», que posteriormente sería publicada como apéndice a su obra *Sociedades de responsabilidad limitada* (2ª edic., Barcelona, 1930). A. POLO también se haría eco de estas cuestiones al recensionar el

comerciante asturiano, Sixto García Álvarez, defendió su tesis doctoral en la entonces Universidad Central, dirigida por Garrigues, bajo el título de «La "O.I." (Persona jurídica mercantil), nuevo ente para el artículo 122 del código de comercio»[20].

Durante años, la cuestión se planteó en términos polémicos y fue objeto de un intenso debate doctrinal. Sin embargo, a partir del último cuarto del Siglo XX, asistimos a un entorno de opinión, a nivel doctrinal y jurisprudencial, cada vez más favorable al reconocimiento legal de la figura[21]. Esta situación vino acompañada de la constatación de la existencia en el mercado de múltiples sociedades consideradas de favor; y la proliferación de otras en las que la titularidad del capital se había concentrado, de hecho, en una sola persona; así como de la admisión expresa por la Ley de sociedades unipersonales de capital público. Esto motivó también que la discusión se fuera centrando, poco a poco, en el ámbito del

---

Handelsrecht de K. WIELAND (*Revista de Derecho Privado* 1932, pp. 124 y ss.), lo mismo que en sus *Leyes mercantiles y económicas* (vol. I, Madrid, 1956, pp. 873 y ss).

20 El trabajo de S. GARCÍA SÁNCHEZ fue publicado bajo el título *La «O.I.», Persona jurídica mercantil de fisonomía unipersonal*, en Espasa Calpe (Madrid, 1944). *Vid.* asimismo F. BOTER, «Sociedades unipersonales», en *Revista de Derecho Privado* 1947, pp. 31 a 39; F. TRÍAS DE BES, «La limitación de responsabilidad aplicada a las empresas individuales», en *Anuario de la Academia Matritense del Notariado*, vol. IV (1948), pp. 359 a 406, que incluye una propuesta de regulación; F. DE SOLÁ CAÑIZARES (que años atrás, en 1948, había publicado en la *Revue Trimestrielle de Droit Commercial* un estudio relativo a «*L'Entreprise individuelle à responsabilité limitée*», vol. I, pp. 376 a 387), «Las formas jurídicas de las empresas. La empresa individual limitada, el contrato de sociedad y la institución de las acciones», en *Revista de Derecho Mercantil* 1952 (núm. 39), pp. 293 a 348; L. VALLS-TABERNER, «Hacia la limitación de responsabilidad de la empresa individual», en *Revista Jurídica de Cataluña* 1952, pp. 110 a 119.

21 *Vid.* J. DUQUE DOMÍNGUEZ, «La 12ª Directiva del Consejo (89/67/CEE de 21 de diciembre de 1989) sobre la Sociedad de responsabilidad limitada de socio único en el horizonte de la empresa individual de responsabilidad limitada», *cit.*, pp. 255 y ss.

Derecho de sociedades y girara en torno a la conveniencia o no de admitir la validez de sociedades con un solo socio[22]. Todo lo cual explica la afirmación, bien certera, de que el reconocimiento de la sociedad unipersonal es una consecuencia, en último término, de la necesidad de adaptar el Derecho a la realidad de las empresas, el *ius scriptum* al *ius vivens*[23].

Entre los argumentos que han contribuido decisivamente a la admisión de la sociedad unipersonal se encuentra la propia idea

---

22 *Vid.* A. SRAFFA y P. BONFANTE, «Società anonime in faudem legis», en *Rivista del Diritto Commerciale* 1922 I, pp. 649 a 653. La preocupación por la utilización fraudulenta de la forma societaria llevó al propio C. VIVANTE («Contributto alla riforma delle società anonime», en *Rivista del Diritto Commerciale* 1934, I, pp. 309 a 333, part. pp. 314-317) a plantear como «solución» el reconocimiento legal de las sociedades anónimas de un solo accionista. Sólo así, dice VIVANTE, «*il diritto si mettera d'accordo colla realtà, solo rimedio per la serietà della sua funzione*» (p. 315). El gran maestro italiano llega a proponer, *de lege ferenda,* la adopción de una disciplina específica destinada a la regulación de la figura, admitiendo la constitución de la sociedad anónima por una sola persona y sometiéndola al cumplimiento de determinados requisitos de publicidad, como la indicación de la retribución y de la participación en los beneficios del único accionista, la adecuada constancia de esta cualidad y la necesidad de que el depósito de sus estados contables viniera acompañado del informe de un censor de cuentas.

23 La expresión es de J. B. JORDANO BAREA, «La sociedad de un solo socio», en *Revista de Derecho Mercantil* 1964 (núm. 91), pp. 7 a 34, part. pp. 10-11. La conexión entre el Derecho mercantil y los hechos económicos es innegable. Conviene recordar, una vez más, las palabras de GARRIGUES («El crédito en el Derecho», en *Temas de Derecho vivo,* Madrid, 1978) cuando sostiene que «todo fenómeno económico creado por una necesidad real de la vida se convierte, tarde o temprano, en un concepto jurídico, porque el Derecho es una forma total de la convivencia humana y cuando los hombres desarrollan cualquier actividad económica entran inmediatamente en relación con normas jurídicas»; para concluir afirmando que, si el Derecho deja de responder «al reto de la economía, la creación jurídica se convierte en un producto de gabinete, en un producto de laboratorio [...], porque carece de las raíces que nutren al Derecho en el campo de la economía» (pp. 279-280).

de igualdad, por considerar que su implantación habría de permitir al empresario individual disfrutar, en el ejercicio de la actividad mercantil, de las mismas ventajas que la limitación de responsabilidad ha venido reportando a quienes constituyen sociedades de capital[24]. A lo que hay que añadir la eficacia contrastada del sistema de restricción de riesgos que rige para las sociedades mercantiles de capital, que también pesó en la decisión de los legisladores de extender su aplicación a la nueva forma empresarial, prescindiendo de su componente asociativo, siguiendo el criterio de los juristas más atentos a la realidad económica.

Como es sabido, la limitación de responsabilidad en el ámbito de las sociedades mercantiles no se articula a través de la técnica de la exoneración de una parte del patrimonio del deudor, sino mediante el recurso a la forma jurídica de la sociedad de capital, aprovechando la atribución a este tipo de sociedades de personalidad jurídica, que es lo que permite, a la postre, a los socios *eximirse* de responsabilidad por las deudas contraídas por su sociedad en el mercado[25].

En puridad jurídica, no se trata de un sistema de limitación de responsabilidades sino de una consecuencia de la relatividad pro-

---

24 *Vid.* J.L. IGLESIAS PRADA, «La sociedad unipersonal y el proyecto de Ley de sociedades de responsabilidad limitada», en *La Reforma de la Sociedad de Responsabilidad Limitada*, Consejo General de los Colegios Oficiales de Corredores de Comercio, Madrid, 1994, pp. 905 a 939, part. p. 912. En la misma línea, J. DUQUE DOMÍNGUEZ («La 12ª Directiva del Consejo [89/667/CEE de 21 de diciembre de 1989] sobre la Sociedad de responsabilidad limitada de socio único en el horizonte de la empresa individual de responsabilidad limitada», *cit.*) considera *desproporcionado* y *radicalmente amenazador* aplicar al empresario individual el tradicional principio de la *responsabilidad personal e limitada*, atendiendo «a las condiciones en que se realiza la actividad empresarial en el momento presente» (p. 201).

25 Es así como «se produce el fenómeno de la disociación entre la titularidad y el control efectivo de los recursos económicos»: *vid.* F. CAPILLA RONCERO, *La persona jurídica: funciones y disfunciones*, Madrid, 1984, pp. 129-130.

pia de las obligaciones personales, que hace aparecer a un sujeto como irresponsable de las deudas de otro, a menos que se hubiera comprometido a garantizar su cumplimiento o las leyes se lo impusieran. Es precisamente esta diversidad de sujetos lo que, a la postre, impide a los acreedores sociales dirigirse frente al patrimonio privativo de los socios y a la inversa. La personalidad jurídica se ha convertido así en el artífice de la limitación del riesgo empresarial, sin necesidad de quebrar el postulado de responsabilidad patrimonial universal. Al autorizar la constitución de sociedades dotadas de personalidad propia y distinta, el Derecho sentó también las bases de un nuevo modo de limitar el riesgo empresarial. Esta concepción *instrumental* de la personalidad jurídica ha marcado profundamente la evolución del moderno Derecho de sociedades.

II. SUPERACIÓN DEL CONCEPTUALISMO DOGMÁTICO Y OPORTUNIDAD DE LA FIGURA

1. Oposición dogmática

Las mayores críticas a la admisión de la sociedad unipersonal han llegado siempre desde el plano del conceptualismo dogmático. Durante mucho tiempo, la sociedad se ha concebido por el Derecho —en sentido amplio— como un contrato de naturaleza asociativa por el que dos o más personas se obligan a colaborar en la consecución de un fin común que les reporte ganancias (*affectio societatis*), considerándola un tipo especial de asociación con ánimo de lucro. Algunos ordenamientos —como en nuestro— mantienen un concepto más restrictivo, exigiendo que dicha colaboración se concrete en la puesta en común de bienes o de industria, sin dejar por ello de poner el acento en el carácter eminentemente lucrativo de los fines que constituyen el objeto social[26]. En cual-

---

[26] *Vid.* J. CASTÁN TOBEÑAS, en Q. M. SCAEVOLA, *Código civil*, t. XXV, 1ª parte (arts. 1665 al 1678), Madrid, 1933, pp. 371 y ss; asimismo, F. CAPILLA RONCERO, en *Comentarios al Código civil*, dir. por M. ALBA-

quier caso, la pluralidad de sujetos ha constituido tradicionalmente como un «prius» o requisito esencial de toda sociedad, hasta el punto de que no cabría hablar propiamente de una sociedad que no diera lugar a la agrupación de varias personas.

La atribución a este concepto de sociedad de un carácter ontológico y la consideración de que —en cuanto tal— debía ser preservado como un dogma por la ciencia jurídica, ha llevado durante años a muchos autores a negar de plano la posibilidad de configurar jurídicamente como tal a personas o entidades carentes de un sustrato asociativo y pluripersonal que reputan inherente a cualquier tipo de sociedad.

La negativa a la admisión de la sociedad unipersonal ha buscado también amparo en las concepciones «antropomórficas» de la persona jurídica, que mantienen una idea absoluta de la misma y consideran su reconocimiento por el Derecho como el resultado de un proceso incondicionado e irreversible. Esta sacralización de la personalidad jurídica «por obra y gracia de la pandectística del siglo XIX» ha llevado a muchos autores a exigir el mantenimiento de una separación tajante entre socio y sociedad, defendido la necesidad de que exista entre ellos autonomía plena de decisión. Lo que vendría a poner en entredicho y permitiría calificar de «anómala» a cualquier sociedad subordinada.

Desde esta perspectiva, la sociedad unipersonal ha sido objeto de críticas «feroces». En un país tan ordenado como Alemania, se ha llegado a decir de ella que constituye una invención poco menos que *abyecta* de los juristas de la economía, cuya impenetrable estructura patrimonial la convierte en un *mal a erradicar de nuestra realidad económica*[27]. Hay incluso quien ha querido reducirla al absurdo afirmando que la generalización de este tipo de sociedades vendría a permitir a cualquier sujeto desdoblar su existencia en

LADEJO, t. XXI, vol. 11, Madrid, 1986, pp. 3 y ss. Sobre estos temas, *vid.* antes que nadie a J. GIRÓN TENA, *Derecho de sociedades*, t. I, Madrid, 1976, pp. 25 y ss.

27 *Vid.* H. BERG, *Neue Juristische Wochenschrift* 1974, p. 935.

dos personalidades diferentes: una respetable y otra perversa, recurriendo para ilustrar la «inmoralidad» de la figura al argumento de la famosa novela de Robert Louis Stevenson *El extraño caso del Doctor Jekyll y Míster Hyde*[28].

En nuestra doctrina, el más preclaro de los opositores a la figura fue sin duda el profesor De Castro y Bravo, para quien la sociedad unipersonal es un artilugio del capitalismo, cuya admisión equivaldría prácticamente a una *legalización del fraude*, por considerar carente de sentido y un *absurdo técnico* «hablar de dos patrimonios o de dos personalidades, una física y otra jurídica, sin más *ratio* que la conveniencia del mismo interesado»[29]. Esta posición

---

28 Lo mismo que el resultado de sus investigaciones permitió al Dr. Henry Jekyll elaborar una «droga» capaz de destronar la supremacía de las potencias que conformaban su espíritu y suplantar su *aspecto* por una *segunda apariencia*, no menos natural para él que la primera, el Derecho habría terminado también por legitimar a la persona para «constituirse» en «sociedad», aunque no con el objetivo de deslindar las «dos regiones del bien y del mal en que está dividida la naturaleza humana», sino de facilitar el ejercicio de la actividad empresarial y de paso liberar al socio de tener responder jurídicamente de las consecuencias de los actos cometidos por su particular *Mr. Hyde*, representado por la sociedad. Así lo mantuvo U. MEYER-CORDING (*Juristenzeitung* 1978, p. 10) quien, por cierto, en un alarde de erudición, atribuía el libro a Edgar Alan Poe. *Vid.* ya K. SCHMIDT, *Gesellschaftsrecht*, 3ª edic., Colonia, 1997, p. 1238, § 40.I.1; y entre nosotros, J. F. DUQUE DOMÍNGUEZ, «La 12ª Directiva del Consejo (89/67/CEE de 21 de diciembre de 1989) sobre la Sociedad de responsabilidad limitada de socio único en el horizonte de la empresa individual de responsabilidad limitada», cit., p. 260.

29 *Vid.* F. DE CASTRO Y BRAVO, «La sociedad anónima y la deformación del concepto de persona jurídica», en *Anuario de Derecho Civil* 1949 (octubre-diciembre), II-IV; y después también en su monografía *La persona jurídica*, 2ª edic., 1984, p. 37, nota 44. Sin embargo, con anterioridad, el Prof. DE CASTRO había mantenido un criterio diferente y en su trabajo sobre el «Autocontrato en el Derecho privado español» (*Revista General de Legislación y Jurisprudencia* 1927, II, pp. 334 a 455) sostuvo que, «en nuestro Derecho, no hay ninguna disposición contra la subsistencia de una sociedad por acciones reducida a un solo socio» y que «tampoco la hay en el terreno doctrinal, que en el práctico sería imposible de evitar

se corresponde con la idea que el Prof. De Castro mantiene de la propia sociedad anónima, como una figura *anómala* «que aparece en la historia del Derecho repentinamente, sin antecedentes ni justificación jurídica»[30].

En un artículo dedicado a la reforma del régimen propio de estas sociedades, coincidiendo con los trabajos que precedieron a la adopción de la Ley de Anónimas de 1951, De Castro llegó a proponer la inclusión entre las bases de la nueva regulación la intervención de una *pluralidad efectiva de voluntades* en la adopción de los acuerdos sociales[31]. En opinión de este autor, la ausencia de esa voluntad plural, «ya sea por existir un solo socio o porque éste tenga el control efectivo de la sociedad (mayoría de capital o en el Consejo, directamente o por medio de testaferro) o por ser dependiente de otra sociedad (abierta u ocultamente)» constituye

---

se fingiese una pluralidad inexistente y que, en cambio, podrían obtenerse algunos resultados beneficiosos de admitir la continuación de la sociedad» (p. 447). Para concluir, finalmente, citando a F. GINER DE LOS RÍOS (*Resumen de Filosofía del Derecho*, p. 147, núm. 43, I), cuando reconoce la validez de una sociedad en la que la pluralidad de socios no es actual pero sí posible: «Así cabe que la muerte arrebate, por ejemplo, todos los miembros de una corporación menos uno, el cual entonces representa la comunidad y sus derechos; pero ésta deberá considerarse disuelta si se hiciese imposible el acceso de nuevos miembros» (p. 448).

30 Hasta el punto de que —según sus palabras— la limitación de responsabilidad que el *Code de Commerce* francés dio en reconocer a sus socios, tenía «que parecer, a los ojos de los juristas, un privilegio más concedido a los comerciantes a costa de los no comerciantes, como tal *odioso* y sometido a interpretación restrictiva» (*La persona jurídica, cit.*, p. 25). DE CASTRO Y BRAVO dirige su alegato, fundamentalmente, contra las tesis mantenidas por F. FERRARA en su monografía *Persone giuridiche* (2ª edic., Turín, 1956).

31 *Vid.* su trabajo «¿Crisis de la sociedad anónima? Reflexiones sobre la proyectada reforma legislativa de la sociedad anónima», publicado en la *Revista de Estudios Políticos* 1950 (núm. 49) y posteriormente incluido en *La persona jurídica, cit.*, pp. 44 y ss. A ello cabe añadir todavía su apuesta por la desaparición de la sociedad de responsabilidad limitada, dejando la anónima como única forma de limitación de responsabilidad

un supuesto de simulación o desviación de la función propia de la figura, por lo que debiera dar lugar a la pérdida del beneficio de limitación de responsabilidad y obligar al «dueño» de la sociedad (*socio tirano* o *empresario oculto*) a tener que responder ilimitadamente de las deudas sociales[32].

En esta misma línea, un mercantilista de la talla de Vicente y Gella[33] mostró también su disconformidad con extender al empresario individual la aplicación del régimen de responsabilidad limitada alegando, entre otros motivos, que no venía justificado por ninguna necesidad económica y que carecía de ventajas prácticas; para terminar concluyendo que, probablemente, solo serviría para defraudar a algunos contratantes de buena fe. Según él, la figura contraviene la vigencia del postulado de la responsabilidad patrimonial universal, como primera manifestación jurídica del «principio de imputabilidad humana», porque el «tener que indemnizar al acreedor» no es otra cosa que la consecuencia en el orden económico de la «conducta del deudor»[34]. Su alegato no impide al profesor Vicente y Gella admitir la existencia en la práctica de sociedades de un socio y llega incluso a reconocer que «la concentración de todas las acciones en un solo accionista no es causa de disolución de la compañía anónima», ni supone su extinción. Pero ello no le impide criticar a quienes postulan, «como si lo posible fuese la medida de lo lícito, o simplemente de lo que conviene», que cualquier sujeto pueda *organizar* un negocio declarando lisa y llanamente que compromete en el mismo una suma determinada, por encima de la cual nada podrán reclamarle sus acreedores[35]. Para él, aun cuando existan dos personalida-

---

32 *Vid.* F. DE CASTRO Y BRAVO, *op. cit. ult.*, pp. 70-75.

33 *Vid.* A. VICENTE Y GELLA, «La responsabilidad limitada en la empresa individual», en *Revista de Derecho Mercantil* 1953 (núm. 47-48), pp. 153 a 195.

34 *Vid.* VICENTE Y GELLA, «La responsabilidad limitada en la empresa individual», *cit.*, pp. 156 y 158.

35 «Salvo en aquellas legislaciones que expresamente consignan como causa de disolución de la sociedad anónima el que el número de sus ac-

des jurídicas, en principio, diferentes no cabe hablar «ni de dos voluntades independientes ni de dos esferas de intereses contrapuestos»[36]. Para terminar afirmando que «por mucha que sea la independencia aparente y aun teórica que debamos reconocer a uno y otro ente», llevada a ciertos extremos, acabaría convertida en «un expediente cómodo para evadir las leyes y defraudar a tercero»[37].

De este modo, la razón fundamental que lleva a este autor a rechazar la atribución al empresario individual —bajo cualquier forma— del beneficio de la responsabilidad limitada es la exigencia jurídica que debe llevar a cualquier hombre o mujer a tener responder de sus actos u omisiones, unida al principio de que nadie es quien para fijar las consecuencias de su actividad[38]. Para afirmar seguidamente que el hecho de que el patrimonio «sea o

---

cionistas sea inferior a determinada cifra»: *vid.* A. VICENTE Y GELLA, «La responsabilidad limitada en la empresa individual», *cit.*, p. 169.

36 *Op. cit. ult.*, p. 170. De modo que «frente a la clara apariencia de dos figuras diferentes, de *dos personas*, se levantan las dos realidades, también innegables, de la voluntad común y del igualmente común interés», que deberían ser —según él— otros elementos integrantes del concepto de persona jurídica (p. 171).

37 *Op. cit. ult.*, p. 172. En consecuencia, por más que se trate de dos personalidades independientes, «la organización de sus respectivas responsabilidades no se inspira totalmente en esa absoluta independencia». Antes bien, el accionista individual resultará obligado con su propio patrimonio, al menos, en los casos de dolo o culpa grave y, en general, «siempre que mediante la aparente compañía se trate de realizar una operación que el titular de todas las acciones no podría llevar a cabo en su propio nombre» (p. 174). En este orden de cosas y dado que, en mayor o menor medida, «el propietario de todas las participaciones de una compañía puede resultar responsable con sus propios bienes por las obligaciones de la misma, no cabe considerar [...] el supuesto que nos ocupa como una verdadera limitación *de facto* de la responsabilidad civil» (p. 175).

38 *Vid.* VICENTE Y GELLA, «La responsabilidad limitada en la empresa individual», *cit.*, p. 176.

no suficiente para satisfacer a todos los acreedores no tiene ninguna importancia en relación con el sistema»[39].

2. *Justificación de la sociedad unipersonal*

La primera gran equivocación de la dogmática tradicional es partir de un concepto inmutable de lo que deba entenderse por sociedad, supuestamente válido para cualquier tiempo y lugar. La sociedad —como institución jurídica— será lo que el Derecho *quiera* que sea y estará llamada a desempeñar las funciones que el ordenamiento tenga a bien encomendarle[40]. Es un error pensar que el

---

39 *Vid.* VICENTE Y GELLA, «La responsabilidad limitada en la empresa individual», *cit.*, p. 158. Estas objeciones ya fueron certeramente contestadas por el Prof. DUQUE DOMÍNGUEZ («La 12ª Directiva del Consejo [89/67/CEE de 21 de diciembre de 1989] sobre la Sociedad de responsabilidad limitada de socio único en el horizonte de la empresa individual de responsabilidad limitada», *cit.*), que ha llevado a cabo una defensa en toda regla de la *empresa de responsabilidad limitada*, esgrimiendo argumentos difícilmente rebatibles en Derecho (pp. 260 y ss.) y poniendo de manifiesto no sólo el indudable provecho que su adopción habrá de reportar a la pequeña y mediana empresa sino también la influencia positiva que la figura está llamada a desarrollar en el plano de la *ética de los negocios* (pp. 271-273).

40 Es el ordenamiento jurídico el que reconoce la condición de sujetos de derechos y obligaciones a los seres humanos, atendiendo a sus cualidades naturales. La atribución formal o ficticia de personalidad jurídica a otras entidades, con todas sus consecuencias, constituye una potestad reservada al Derecho. En el plano teórico y conceptual, el Prof. TRAVIESAS apunta, sin embargo, la necesidad de que concurran dos requisitos para que pueda hablarse de *persona jurídica*: primero, la existencia de una entidad independiente de sus elementos componentes («incluso de los individuos humanos que la constituyan, aunque sea *un individuo único* el que, con otros elementos, integre la entidad no hombre, sujeto de derecho»); y segundo, el reconocimiento a la misma de derechos y obligaciones distintos de los que puedan corresponder a cuantos la componen. *Vid.* M. MIGUEL TRAVIESAS, «Las personas jurídicas», en *Revista de Derecho Privado,* 1921, núms. 94-95, pp. 193 a 210, part. pp. 195 a 198.

las instituciones jurídicas no pueden cambiar y que la misión de los juristas consiste precisamente en preservarlas y proporcionarles esa inmunidad temporal, manteniéndolas en su estado prístino. El Derecho —como dejó escrito el maestro VIVANTE— ha demostrado en múltiples ocasiones que es capaz de alargar el significado de las palabras y hasta de llegar a contradecir su sentido originario[41]. De manera que la sociedad «unipersonal» podrá constituir, al principio, una *contradictio in terminis* pero no una *contradictio in substantiae.* El reconocimiento legal de la figura acabará también por incidir en la propia idea de sociedad que dejará de ser una agrupación de personas para constituir una organización empresarial[42].

La nueva concepción de la sociedad no ha venido tanto a negar la realidad de las cosas como a instaurar un concepto diferente —más amplio y menos material— de sociedad mercantil, aprovechando y potenciando su naturaleza institucional, para configurarla como una técnica de organización de empresas, cuya utilización reporta ventajas organizativas y permite la limitación de riesgos, pero exige también el cumplimiento de importantes requisitos de índole patrimonial[43].

---

41 «Contributto alla riforma delle società anonime», *cit.*, p. 316.

42 Cfr. Las distintas acepciones del término *sociedad* que recoge actualmente el Diccionario de la Real Academia y que la definen como un «conjunto de personas» o como una «agrupación». En particular, la cuarta (bajo la referencia «com.»), que se refiere a ella como «agrupación comercial de carácter legal que cuenta con un capital inicial formado con las aportaciones de sus miembros».

43 El pragmatismo de las formas parece haber invadido nuestros ordenamientos y sus efectos no cesan. La doctrina alemana lleva años discutiendo en torno a la figura de la denominada sociedad sin socios (*Keinmann-Gesellschaft*). *Vid.* H.P. WESTERMANN, en SCHOLZ, *Kommentar zum GmbH-Gesetz*, vol. I, 8ª edic., p. 13 (*Einl.*, núm. 9) y pp. 1208-1209 (§ 34, núm. 44). Asimismo, T. RAISER, *Recht der Kapitalgesellschaften*, 2ª edic., Múnich, 1992, p.447 (§ 38, núm. 27); RITTNER, en ROWEDDER, *Gesetz betreffend die Gesellschaften mit beschränkter Haftung (GmbHG)*, Múnich, 1985, p. 21, *Einl.* núm. 96; A. HUECK, en BAUMBACH/HUECH *GmbH-Gesetz*, 15ª edic., Múnich, 1988, p. 410, § 33, núm. 14.

La otra gran equivocación de la dogmática tradicional es haber partido de un concepto absoluto y no contingente de «persona». Es evidente que el recurso jurídico a la personalidad jurídica, como técnica de separación de patrimonios, ha de sujetarse a ciertos límites[44]. Uno de los problemas fundamentales que, en la actualidad, tiene planteados el Derecho de sociedades reside justamente en la determinación de estos límites.

Si aceptamos la idea de que la personalidad jurídica es, en esencia, una invención del Derecho —esto es, el producto de una gran *fictio iuris*— y abandonamos del todo las construcciones «antropomórficas», nada impide ya entender que la atribución efectiva de esta *cualidad* —en modo alguno esencial— depende en último término de la potestad del legislador y no de otras consideraciones de orden conceptual[45]. Por consiguiente, la Ley bien puede

---

Vid. entre nosotros J. Mª DE EIZAGUIRRE, en *Disolución, liquidación y obligaciones*, dentro del *Comentarios a la Ley de Sociedades Anónimas*, dir. por F. SÁNCHEZ CALERO, t. VIII, Madrid, 1993, p. 54. En realidad, no hay que buscar mucho más porque ya existe. El Derecho reconoce personalidad jurídica a una entidad carente de miembros y surgida de la afectación de un patrimonio, de forma duradera, a fines de interés general. Me refiero a la fundación.

44 Como dice DE LA CÁMARA (*Estudios de Derecho Mercantil*, I, Madrid, 1972) «la llamada crisis de las personas jurídicas no se resuelve suprimiéndolas, sino desmitificándolas, es decir, reduciendo el significado y el alcance del concepto al que realmente debe tener» (pág. 107).

45 El Prof. PAZ-ARES, en un párrafo muy elocuente, se refiere a la configuración de la personas jurídica heredada de la pandectística alemana en los siguientes términos: «Al haber reificado el *nomen* "persona jurídica" y consiguientemente haber entendido que se trataba de un verdadero sujeto de derecho (un punto *final* de imputación), la ciencia jurídica y la praxis judicial daban un paso en falso, innecesario en cualquier caso, del que más tarde habrían de "arrepentirse". Decimos que daban un "paso en falso", porque en multitud de ocasiones la aplicación directa de tal punto de vista —el de la entera autonomía del sujeto "persona jurídica" del sujeto socio— conducía a soluciones de los conflictos manifiestamente inconvenientes e irracionales, de las que quizá es exponente paradigmático la alcanzada en el célebre caso de la jurisprudencia

disponer su utilización en el ámbito mercantil para favorecer el ejercicio de determinadas actividades y separarlas de quiénes las llevan materialmente a cabo. En este orden de cosas, la persona jurídica deja de ser —si es que lo fue en algún momento— un dogma *natural*, para convertirse en un instrumento *formal* al servicio de unos fines, que pueden ser tanto públicos como privados[46]. Para el Derecho mercantil, la personalidad jurídica es un instrumento técnico que permite dotar de autonomía a los patrimonios destinados a la realización de actividades de carácter empresarial, así como favorecer el ejercicio de los derechos y el cumplimiento de las obligaciones derivados de ellas[47]. De ahí que su aplicación se haya ido extendiendo en mayor o menor medida a las sociedades mercantiles, de acuerdo también con el mayor o menor grado de subjetivación que les atribuyen sus respectivos ordenamientos. Así concebida, la persona jurídica se nos presenta —en palabras de A. POLO— como un «*ingenioso mecanismo* de la vida modera», de cuyas ventajas tratan de aprovecharse los individuos y las so-

---

inglesa *Salomon v. Salomon and Co.* Y decimos también que habrían de "arrepentirse", porque para hacer frente a tales situaciones hubieron de levantar un nuevo edificio conceptual de papel-cartón: la ambigua y poco sólida doctrina del levantamiento del velo (*lifting the veil*) o de superación (*superamento*) o de penetración (*Durchgriff*) o de desconocimiento de la personalidad jurídica (*disregard of the legal entity*)». *Vid.* C. PAZ-ARES RODRÍGUEZ, «Sobre la infracapitalización de sociedades», en *Anuario de Derecho Civil* 1983, pp. 1587 a 1639, part. pp. 1592-1593.

46 *Vid.* F. FERRARA, *Le persone giuridiche*, 2ª edic., Turín, 1956, pp. 32 y ss. Para una exposición sucinta de las diversas concepciones de la persona jurídica, *vid.* en nuestra doctrina, F. CAPILLA RONCERO, *La persona jurídica: funciones y disfunciones, cit.*, pp. 39 y ss.

47 *Vid.* J. GIRÓN TENA, *Derecho de sociedades*, t. I, Madrid, 1976, p. 160; asimismo, M. DE LA CÁMARA ÁLVAREZ, *Estudios de Derecho mercantil*, t. I, Madrid, 1972, p. 107; C. PAZ-ARES RODRÍGUEZ, en *Comentario del Código civil*, t. II, Ministerio de Justicia, Madrid, 1991, p. 1375 (art. 1669); J. Mª EMBID IRUJO, «Perfiles, grados y límites de la personalidad jurídica en la Ley de Sociedades Anónimas», en *Estudios de Derecho Mercantil en Homenaje al Profesor Manuel Broseta Pont*, t. I, Valencia, 1995, pp. 1023 a 1045, part. pp. 1044-1045.

ciedades para satisfacer sus intereses particulares[48]. La sociedad unipersonal sólo se entiende partiendo de esta concepción eminentemente *técnica* e *instrumental* de la personalidad jurídica.

Detrás de los planteamientos contrarios a la extensión del ámbito de aplicación de las sociedades de capital, late la vieja idea de que la limitación de riesgo constituye un *privilegio* concedido a algunos empresarios y, en cuanto tal, una excepción a los postulados generales de responsabilidad patrimonial, que sólo estaría justificada cuando el beneficiario —en este caso el socio— no interviene en la gestión y administración de los asuntos sociales, pero nunca respecto a quienes mantienen un control efectivo sobre la empresa[49]. Con ello se viene a afirmar también la necesi-

---

48 *Vid.* A. POLO, en su excelente Prólogo a la traducción de Puig Brutau a la obra de R. SERICK, *Apariencia y realidad en las sociedades mercantiles* (Barcelona, 1958).

49 Este viene siendo también un argumento *decisivo* para la aplicación jurisprudencial de la denominada doctrina del levantamiento del velo o desconocimiento de la personalidad jurídica, especialmente en la etapa que precede a la admisión legal de la figura de la sociedad unipersonal anónima o de responsabilidad limitada. *Vid.* ya F. VÁZQUEZ MATEO, «Derecho del trabajo de la concentración», en *Documentación laboral* 1985 [abril/agosto], pp. 117 a 158. Se ha dicho de la sociedad anónima de un solo socio que es *una de las expresiones más típicas de levantamiento del velo* (la cursiva es nuestra), «por cuanto en ella *la coincidencia de intereses entre sociedad y sustrato personal de la misma es patente*», lo que hace de ella la «forma anómala de sociedad más apta para que la presencia de la persona jurídica produzca efectos distorsionantes en la aplicación de reglas jurídicas del más variado género». *Vid.* R. DE ÁNGEL YÁGÜEZ, *La doctrina del «levantamiento del velo» de la persona jurídica en la jurisprudencia*, 4ª edic., Madrid, 1997, p. 280. Ahora bien, una vez admitida la legalidad de la figura, es evidente que la situación de *unipersonalidad* no puede determinar, por sí sola, la aplicación de la doctrina del desconocimiento de la personalidad. Según C. BOLDÓ RODA (*Levantamiento del velo y persona jurídica en el Derecho privado español*, 3ª edic., Pamplona, 2000, pp. 363 y ss., part. p. 376), un análisis de la jurisprudencia revela ya que lo *esencial* para que tenga lugar el levantamiento del velo es la utilización de la forma societaria para cometer *fraude*. Sin embargo, durante años, nadie puede

dad de que exista una verdadera voluntad social, distinta de las voluntades particulares de los socios y producto final de la combinación de todas ellas, para evitar que quiebre la *necesaria* correlación entre poder y responsabilidad, de modo que quien decida tenga siempre que responder de lo decidido, sin eludir las consecuencias de sus actos[50]. Ahora bien, la aplicación de un régimen tan restrictivo acabaría privando del beneficio de limitación de responsabilidad a buena parte de las sociedades mercantiles de capital, que basan su funcionamiento ordinario precisamente en la existencia de mayorías de control estables.

La apuesta del Derecho mercantil ha sido otra bien distinta y toma como fundamento la idea de conceder las ventajas propias de la forma societaria y permitir el ejercicio de actividades empresariales limitando —que no eludiendo— el riesgo de pérdidas patrimoniales a quienes acrediten un adecuado nivel de capitalización y se comprometan a mantener un fondo de garantía. Por consiguiente, la responsabilidad limitada no es incompatible con el ejercicio efectivo del poder de decisión en el seno de la empresa, sino que dependerá, en último término, del cumplimiento de los requisitos que, al efecto, establece la ley.

Por lo demás, considero que la búsqueda de cualquier solución a la compleja problemática de la responsabilidad patrimonial del deudor no debe situarse en el plano abstracto de los principios[51] sino en

---

negar la propensión mostrada por nuestros Tribunales a apreciar la existencia de este tipo de fraude cuando se trataba de sociedades totalmente controladas por un socio y, muy especialmente, de sociedades unipersonales en situación de insolvencia, hasta el punto de que la combinación de ambos elementos (unipersonalidad e insolvencia) se ha configurado como un firme indicio y *presunción* de fraude. *Vid.* los comentarios jurisprudenciales de R. DE ÁNGEL YÁGÜEZ, *op. cit. ult.*, pp. 284 y ss.

50 Como reza el dicho popular: «el que la hace que la pague».

51 Principios, por lo demás, tan *contingentes* como el de responsabilidad patrimonial universal, cuya aplicación ya fue exceptuada en diversos supuestos por los Códigos civil y de Comercio; y que la propia legislación concursal ha venido a contrarrestar confiriendo a la persona natural la

el más pragmático de la puesta en marcha de fórmulas adecuadas dirigidas a garantizar el efectivo cumplimiento de las obligaciones. Más allá de cualquier postulado general, el *sistema* funcionará cuando haya patrimonio bastante para saldar las deudas contraídas. De ahí que, a pesar de sus inconvenientes, el régimen patrimonial de las sociedades mercantiles de capital siga siendo, aun hoy, el que mejor se acomoda a las exigencias del *mundo de los negocios*.

Más allá del plano dogmático, la crítica que cabe hacer hoy al reconocimiento positivo de la sociedad unipersonal es de política legislativa y se refiere a la oportunidad o no de su legalización y a la técnica utilizada para ello. Este tipo de críticas acompañan siempre a los cambios de regulación.

3. Oportunidad de la figura

La adecuada configuración jurídica de las sociedades de capital constituye uno de los temas de nuestro tiempo; y el reconocimiento de las sociedades integradas por un solo socio no deja de ser una manifestación —más— de la vitalidad de una institución jurídica que, lejos de entrar en decadencia, reafirma día a día su utilidad y su vigencia; aunque sea a costa —esta vez— de perder su tradicional sustrato asociativo y rendirse al individualismo que impregna la vida moderna. Así las cosas, la sociedad de un solo socio se nos presenta como el último estadio en la evolución de la sociedad mercantil como forma jurídica de empresa.

La preocupación por la vigencia del postulado general de *responsabilidad patrimonial universal* o por la aplicación del binomio *poder–responsabilidad* no debe hacernos olvidar que el fin último de todo derecho y de cualquier obligación jurídica no es otro que su efectivo cumplimiento; y que dicho cumplimiento no queda garantizado por meras declaraciones de principio.

---

posibilidad de beneficiarse de la exoneración del pasivo insatisfecho; y decretando la extinción de la persona jurídica en caso de insuficiencia manifiesta de activo.

Partiendo de esta última premisa, el Derecho mercantil ha venido combinado la implantación de los regímenes de limitación responsabilidad, propios de las sociedades de capital, con la adopción de medidas *de garantía*, dirigidas a reforzar la capacidad patrimonial de los empresarios y a informar al mercado acerca de su nivel de solvencia[52]. Para ello, ha puesto en conexión la inversión de capital necesaria para el ejercicio de actividades de carácter empresarial (*Betriebsfond*) con la exigencia de un patrimonio de garantía (*Haftungsfond*), con el que poder hacer frente al cumplimiento de las obligaciones contraídas en el tráfico, a fin de evitar situaciones de infracapitalización. De acuerdo con esto, las sociedades que permiten a sus socios eximirse de responsabilidad por las deudas sociales son también las que el Derecho mercantil somete a un régimen más estricto de capitalización, imponiéndoles el deber —o si se quiere la condición— de mantener en su patrimonio bienes y derechos con que hacer frente al pago efectivo de sus deudas[53].

El Derecho mercantil condiciona la atribución del beneficio de limitación de responsabilidad a la adopción de determinadas garantías tendentes, precisamente, a asegurar la capacidad patrimonial del deudor y reforzar la posición de sus acreedores. La legislación de sociedades de capital no permite sin más a los socios capitalistas restringir su responsabilidad y «parapetarse» detrás de la personalidad jurídica de su sociedad para no tener que cumplir que la misma contrae en el tráfico. En contrapartida, les impone el cumplimiento de ciertos requisitos de capitalización, la efectiva cobertura patrimonial de su cifra de capital social con activos de su balance y el mantenimiento de esta situación a lo largo de toda la vida de la sociedad. A tal fin, se establecen diversos mecanis-

---

52 *Vid.* J. MASSAGUER, «El capital nominal. Un estudio del capital de la sociedad anónima como mención estatutaria», en *Revista General de Derecho* 1990, pp. 5547 a 5604, part. p. 5549.

53 *Vid.* C. PAZ-ARES RODRÍGUEZ, «Sobre la infracapitalización de sociedades», en *Anuario de Derecho Civil* 1983, pp. 1587 a 1639, part. pp. 1595 y ss.

mos, que van desde los controles de legalidad a cargo de notarios y registradores mercantiles hasta la imposición a los administradores de la obligación de instar la disolución de la sociedad por causas económicas y las graves consecuencias de la calificación de su concurso de acreedores como culpable.

El reconocimiento en Derecho de la validez de sociedades que no surgen de una relación asociativa o que en un momento dado dejan de estar integradas por varias personas comporta también la sumisión de estas entidades al régimen y las garantías previstas para las sociedades mercantiles de capital. Aunque ello tampoco debe ser óbice para que su implantación venga acompañada también del establecimiento de controles patrimoniales adecuados, porque resulta evidente que el carácter subordinado y dependiente de este tipo de sociedades las hace especialmente vulnerables y puede auspiciar situaciones de fraude o de abuso de la personalidad jurídica.

III. ADMISIÓN DEFINITIVA DE LA SOCIEDAD UNIPERSONAL EN NUESTRO SISTEMA

En España, la gran mayoría de la doctrina mercantil se mostró, durante años, contraria a admitir la legalidad de la sociedad unipersonal por considerarla, en el plano de la «lege data», una figura anómala e irregular, cuando no contraria al orden natural de las cosas[54]. La constatación de la existencia en la práctica de

---

[54] Sirva de muestra el trabajo expositivo de J. APARICIO RAMOS, *Para un estudio de la sociedad unipersonal*, Oviedo, 1961 (que constituyó de lección inaugural pronunciada por D. Julián con ocasión de la apertura del curso académico 1961-62 de la Universidad de Oviedo. *Vid.* asimismo J.B. JORDANO BAREA, «La sociedad de un solo socio», en *Revista de Derecho Mercantil* 1964 (núm. 91), pp. 7 a 34; URÍA en el *Comentario a la Ley de Sociedades Anónimas*, vol. II, 30 edic. por A. MENÉNDEZ y M. OLIVENCIA, Madrid, 1973, pp. 796 y ss; J. RUBIO, *Curso de Derecho de sociedades anónimas*, Madrid, 1964, pp. 429 y ss; M. DE LA CÁMARA ÁLVAREZ y J.M. DE PRADA GONZÁLEZ, «Sociedades comerciales», en

sociedades participadas por una sola persona era vista con recelo por la mayor parte de los autores, reconociéndoles todo lo más carácter provisional y transitorio. Ello no impidió, sin embargo, que otro sector muy cualificado de nuestra doctrina societaria se acercara al tema en *clave diferente*, con ocasión del estudio de las sociedades unipersonales de capital público, reconocidas desde antiguo en nuestro ordenamiento[55].

La situación cambió radicalmente con el reconocimiento positivo de la figura. La consagración definitiva en nuestro Derecho de la sociedad unipersonal llegó de la mano de la Ley 2/1995, de Sociedades de Responsabilidad Limitada, de 23 de marzo de 1995*56*. Esta norma dedicó a la regulación de la figura su último

---

Revista de Derecho Notarial 1973 (julio-diciembre), pp. 7-403, part. pp. 7 y ss; I. ARROYO, «La sociedad unipersonal en el Derecho español», en *Revista Jurídica de Cataluña* 1982, pp. 133 a 141; A. AURIOLES MARTÍN, «La sociedad anónima unipersonal en la reciente jurisprudencia», *cit.*; E. BADÍA LABAL: «Sociedades unipersonales y accionista único», en *Revista Jurídica de Cataluña* 1986, pp. 781 a 791; J. BISBAL i MÉNDEZ, «La sociedad anónima unipersonal», en *La reforma de la Ley de Sociedades Anónimas* (dir. por A. Rojo Fernández-Río), Madrid, 1987, pp. 71 a 103. En torno a estos planteamientos doctrinales, *vid.* la exposición ordenada de C. BOLDÓ RODA, *Levantamiento del velo y persona jurídica en el Derecho privado español, cit.*, pp. 331 y ss.

55 *Vid.* especialmente J. GIRÓN TENA, *Derecho de sociedades anónimas*, Valladolid, 1952; asimismo M. BROSETA PONT, «La sociedad anónima pública unipersonal como instrumento de la actividad económica del Estado», en *Ponencias españolas al VII Congreso Internacional de Derecho Comparado*, Barcelona, 1966, pp. 403 y ss; E. VERDERA Y TUELLS, «La sociedad de inversiones mobiliarias en el exterior, SA Simex», en *La empresa pública*, vol. II, 1970, pp. 1049 y ss; J. DUQUE DOMÍNGUEZ, «La sociedad privada municipal», en *Revista de Estudios de la Vida Local* 1973 (núm. 179), pp.1 y ss.

56 Diez años antes, en 1985, se había presentado sin éxito ante el Parlamento una proposición de Ley sobre el Régimen Jurídico de las Empresas Individuales de Responsabilidad Limitada (cfr. Boletín Oficial de las Cortes Generales [Senado], núm. 2.234a, II Legislatura, de 1 de febrero del mismo año), cuyo principal objetivo era el de otorgar a los

Capítulo (el XI), en el que se contenía la disciplina específica de la sociedad unipersonal de responsabilidad limitada (arts. 125 a 129), y añadió otro Capítulo —también el XI— a la Ley de Sociedades Anónimas, extendiendo la aplicación de dicha disciplina a la sociedad anónima unipersonal (art. 311). El reconocimiento legal de la figura en España alcanzó, de este modo a los dos tipos principales de sociedad de capital: la sociedad anónima y la sociedad de responsabilidad limitada.

En el camino hacia el reconocimiento de la figura, marcó un antes y un después la aprobación de la XII^a^ Directiva Comunitaria en materia de sociedades (de 21 de diciembre de 1989) que apostó de forma decidida por su implantación y ordenó a los Estados miembros disponer lo necesario para el establecimiento de un sistema general de limitación de responsabilidad en favor del empresario individual. El propósito armonizador no impidió al legislador europeo conceder a los Estados la posibilidad de optar entre la admisión de la sociedad unipersonal de responsabilidad limitada y la técnica del patrimonio afecto al ejercicio de una actividad empresarial, siempre que se respetaran los requisitos y garantías previstos en su texto. Al admitir la legitimidad de la figura, la entonces Comunidad Europea no hacía más que seguir el camino emprendido años antes en la legislación de varios Estados miembros[57].

---

pequeños y medianos empresarios la posibilidad de limitar su responsabilidad a los bienes afectos al negocio, desvinculando su patrimonio privado de las vicisitudes de la empresa. El contenido de la regulación era una adaptación de la normativa relativa a las sociedades de responsabilidad limitada, con leves particularidades, y se inspiraba en el modelo francés. *Vid.* A. AURIOLES MARTÍN, «La sociedad unipersonal en la reciente jurisprudencia (A propósito de la sentencia del Tribunal Supremo de 27 de noviembre de 1985)», en *Revista de Derecho Mercantil* 1986 (núm. 179-180), pp. 185 a 204, part. pp. 186-187, nota 1.

57 En Alemania, aunque la *Einmann-GmbH* no aparece mencionada expresamente en la *GmbH-G* hasta la reforma de la Ley de 4 de junio de 1980, la unipersonalidad sobrevenida o la constitución mediante socios de favor (*Strohmanngründung*) habían sido admitidas por la doctrina

Al socaire de los nuevos planteamientos del Derecho comunitario, surgió un movimiento en la doctrina española abiertamente favorable a la admisión en nuestro sistema de la sociedad unipersonal, destacando sus convenientes y ventajas[58]. Estas tesis halla-

---

y la jurisprudencia, en tanto que «*Rechtsforbildung praeter legem*», desde mucho antes. *Vid.* por todos V. EMMERICH, en SCHOLZ, *Kommentar zum GmbH-Gesetz*, 8ª edic., Colonia, 1993, pp. 134 y ss. Tras la Directiva, Alemania reformó de nuevo su legislación societaria por medio de las Leyes de 18 de diciembre de 1991 y de 2 de agosto de 1994. En Dinamarca, la Ley de Sociedades de Responsabilidad Limitada, de 13 de junio de 1973 autorizó ya la fundación unipersonal de este tipo de sociedades; su adaptación al Derecho comunitario se efectuó por medio de la Ley de 8 de mayo de 1991. En Francia, lo hizo la Ley de 11 de julio de 1985 que modificó el texto de la Ley de sociedades comerciales de 1966, así como determinados preceptos del *Code Civil.* En Holanda, el reconocimiento de la figura se llevó a cabo por Ley de 16 de mayo de 1986, de reforma del Código Civil, completándose más tarde por la Ley de 19 de diciembre de 1991. A su vez, en Portugal, el Decreto-Ley de 25 de agosto de 1986 introdujo el llamado *estabelecimiento individual de responsabilidade limitada* fue introducida. En Bélgica, la admisión se llevó a cabo por la Ley de 14 de julio de 1987. Una relación completa de estos textos legales puede verse en la recopilación preparada por J.J. SAGASTI AURREKOETXEA, *Legislación comparada sobre la sociedad de responsabilidad limitada y de accionista único y sobre las agrupaciones de interés económico,* editada por el Ministerio de Justicia (Madrid, 1996); y en el *Appendice* de la monografía de C. IBBA, *La società a responsabilità limitata con un solo socio,* Turín, 1995, pp. 183 y ss.

58 *Vid.* A. ALONSO UREBA, «La sociedad unipersonal», en *La reforma del Derecho español de sociedades de capital,* coord. por Alonso Ureba, Chico Ortiz y Lucas Fernández, Madrid, 1987, pp. 217 y ss; M. BOTANA AGRA, «La sociedad de responsabilidad limitada de socio único en los Derechos comunitario y español», en *Cuadernos de Derecho y Comercio* 1990 (núm. 8), pp.31 a 55; J. DUQUE DOMÍNGUEZ, «La 12ª Directiva del Consejo (89/67/CEE de 21 de diciembre de 1989) sobre la Sociedad de responsabilidad limitada de socio único en el horizonte de la empresa individual de responsabilidad limitada», en *Derecho mercantil de la Comunidad Económica Europea. Estudios en homenaje a José Girón Tena,* Madrid, 1991, pp. 241 a 289. M. SACRISTÁN REPRESA, «Concepto y número mínimo de fundadores. Sociedad unipersonal», en *Derecho de*

ron bien pronto el refrendo de la antigua Dirección General de los Registros y del Notariado, a raíz sobre todo de su Resolución de 21 de junio de 1990, que otorgó carta de naturaleza a una sociedad anónima devenida unipersonal, al autorizar la inscripción en el Registro Mercantil de una modificación de sus estatutos promovida por el socio único de una sociedad anónima. La convalidación que entonces se hizo de la figura no respondía tanto al contenido del Derecho vigente (que guardaba silencio sobre el tema) como a lo que entonces se denominaron imperativos de la razón práctica. La Dirección General defendió la admisión de este tipo de sociedades aludiendo a necesidades muy dignas de ser tenidas en cuenta, en las que se contiene todo un manifiesto en torno al fin práctico de la institución[59].

---

sociedades anónimas, t. I (*La fundación*), Madrid, 1991, pp. 457 y ss. Esta es también la tesis adoptada por el Prof. MUÑOZ PLANAS en su conferencia (inédita) «Sociedad limitada de socio único», pronunciada en Oviedo el 10 de mayo de 1991, en el marco de las *Jornadas sobre temas actuales del Derecho de la empresa en el ámbito comunitario*, que en su día despertó mi interés por la figura y que, con la generosidad de un maestro, puso a mi disposición la primera vez que me ocupé del tema, con ocasión de mi lección de acceso a la plaza de profesor titular de universidad.

59 La Resolución de la Dirección General destila elocuencia. De acuerdo con su tenor: «Por un lado, se encuentran las exigencias del propio funcionamiento del sistema económico. Desde esta perspectiva, la sociedad unipersonal permite al pequeño empresario concurrir al mercado en igualdad de condiciones, sin que ello resulte perjudicial —o, por lo menos, especialmente perjudicial en relación a las sociedades anónimas pluripersonales— para terceros. Por otra parte, la sociedad unipersonal subviene a importantes necesidades organizativas de la empresa. Abre la posibilidad del organicismo de terceros (artículo 71 II LSA); facilita la conservación de la empresa más allá de la vida del socio único y simplifica el proceso hereditario; permite autorizar jurídicamente unidades empresariales, facilitando así su transmisión; ofrece la posibilidad de reorganizar las empresas en el seno de los grupos de sociedades; etc. Y hay, en fin, exigencias del propio tráfico jurídico que reclaman el reconocimiento de la figura. En este sentido, ha de tenerse en cuenta que la prohibición de la sociedad unipersonal generaría una

En la actualidad y tras la reforma llevada a cabo por el Real Decreto Legislativo 1/2010, de 2 de julio, la regulación de las sociedades anónimas y de las sociedades limitadas ha quedado refundida en la vigente Ley Sociedades de Capital, que se ocupa específicamente de la sociedad unipersonal en el Capítulo III de su Título Primero («Disposiciones Generales»). Integran el Capítulo dedicado a «La Sociedad Unipersonal» los artículos 12 a 17, divididos en dos Secciones: la primera (arts. 12, 13 y 14) con la misma rúbrica que el Capítulo («La sociedad unipersonal») y la segunda relativa al «Régimen jurídico de la sociedad unipersonal (arts. 15, 16 y 17). Aunque resulta evidente que, más allá de lo que pueda resultar de su regulación específica, este tipo de sociedades se hallan sometidas a la disciplina general aplicable a las sociedades de capital, con alguna que otra particularidad derivada de su estructura unipersonal.

---

gran incertidumbre en el tráfico, puesto que el carácter unipersonal de la sociedad carece de publicidad y los terceros podrían verse en dificultades para saber a quién exigir el cumplimiento o la satisfacción de sus derechos. La negación de personalidad jurídica a la sociedad unipersonal significaría, además, abrir el patrimonio social al ataque de los acreedores personales del socio con daño para los acreedores de la empresa». En torno al tema, *vid.* A. ALONSO UREBA, «La 12ª Directiva comunitaria en materia de sociedades relativa a la sociedad de capital unipersonal y su incidencia en el Derecho, doctrina y jurisprudencia española, con particular consideración en la RDGRN de 21 de junio de 1990», en *Derecho mercantil de la Comunidad Económica Europea. Estudios homenaje a José Girón Tena,* Madrid, 1991, pp. 63 a 118, part. pp. 106 y ss.

Segunda parte

Régimen positivo de la sociedad unipersonal

I. CONCEPTO LEGAL Y BASES REGULATORIAS

En esencia, la sociedad unipersonal es un tipo especial de sociedad de capital (anónima o limitada) integrada por un único socio. La Ley reputa, en efecto, «unipersonal» a la sociedad «anónima» o de «responsabilidad limitada» cuyas acciones o participaciones pertenecen en propiedad a un único socio, ya sea persona natural o jurídica. De este modo, si la titularidad legítima de una acción o de una participación confiere a una persona la condición de socio, la concentración en una única persona de la titularidad de la totalidad de las acciones o participaciones que integran el capital de una sociedad anónima o de responsabilidad limitada constituye a esta en unipersonal[60].

El capital de la sociedad unipersonal está dividido en acciones o en participaciones, al igual que cualquier otra sociedad anónima o limitada, y se integrará por las aportaciones patrimoniales, susceptibles de valoración económica, llevadas a cabo por el socio único o los socios que hubiera tenido antes de devenir unipersonal. Al propio tiempo y como en toda sociedad de capital, el socio no tendrá que responder personalmente de las deudas sociales[61].

---

60 Cfr. arts. 91 y 12 LSC, respectivamente.

61 Cfr. art. 1 LSC. Frente a lo previsto en el Código de Comercio respecto a los socios de las sociedades colectivas (arts. 127 y 237) y parcialmente de las comanditarias (art. 148). Responsabilidad personal que el Código Civil no llega a imponer expresamente a los socios de las sociedades civiles (*sic*). Cfr. art. 1698 CC.

Así concebida, la figura de la sociedad unipersonal es bien distinta y no debe confundirse con la del empresario individual de responsabilidad limitada que, con escasa fortuna, ha querido implantar en nuestro ordenamiento la Ley 14/2013, de 27 de septiembre, de Emprendedores. En lo fundamental, porque no constituye, propiamente, ningún sistema de limitación de responsabilidad dirigido a exonerar una parte del patrimonio del empresario de las resultas de su actividad mercantil, sino que se configura como una fórmula que permite atribuir al socio único, constituido en sociedad unipersonal, una segunda personalidad jurídica, propia y distinta de la suya, a la que imputar los resultados del ejercicio de la actividad económica llevada a cabo en nombre y bajo forma societaria, sin tener que exceptuar la vigencia del principio de responsabilidad patrimonial universal, frente a lo que sucede con el empresario individual de responsabilidad limitada.

Las sociedades unipersonales son sociedades mercantiles de capital, dotadas de personalidad jurídica propia y distinta. Su legalización por el Derecho afecta, en primer lugar, al concepto tradicional de persona jurídica, que el Código Civil atribuye (art. 35) a las «asociaciones de interés particular», ya sean civiles, mercantiles o industriales, a las que la Ley conceda «personalidad propia», independiente de la de «cada uno de los asociados»[62].

Como es sabido, las sociedades se configuran, por el Derecho común como una modalidad de *asociaciones*; y la normativa del Código de Comercio y las Leyes mercantiles especiales sirven de cierre al sistema, cuando confieren personalidad jurídica a diversas categorías de sociedades, en el justo marco de lo prevenido en

---

62 *Vid.* J. CASTÁN TOBEÑAS, *Derecho civil español común y foral*, t. IV (*Derecho de obligaciones*), 13ª edic. por J. Ferrandis Vilella, Madrid, 1986, pp. 574 y ss; M. ALBALADEJO, *Derecho civil*, t. I, vol. 11, 14ª edic., Barcelona, 1996, pp. 385 y ss. F. CAPILLA RONCERO, en *Comentarios al Código civil*, dir. por M. ALBALADEJO y S. DÍAZ ALABART, 2ª edic., t. I, vol. 3, Madrid, 1993, pp. 849 y ss.

el artículo 35 del Código Civil. Pero si las sociedades mercantiles han podido concebirse históricamente como asociaciones, ya no cabe afirmar lo mismo de la sociedad anónima y de la sociedad de responsabilidad limitada, en la medida en que la Ley admite que puedan estar participadas por una sola persona natural o jurídica. No hay, sin embargo, contradicción entre lo nuevo y lo viejo, porque el hecho de que el Código Civil —que es una Ley— atribuya personalidad jurídica a las asociaciones de personas que revistan la forma de sociedades mercantiles, en nada obsta a que otra norma con el mismo rango, como antes la Ley como la 2/1995 y ahora el Real Decreto Legislativo 1/2010, hagan lo propio con las sociedades de un solo socio, aun cuando no sean asociaciones.

La introducción de la figura afecta, asimismo, al propio concepto de sociedad mercantil de capital, al admitirse la posibilidad de que existan sociedades anónimas o limitadas integradas por una única persona y no por varias. De este modo, el reconocimiento legal de este tipo de sociedad de capital ha venido también a «trastocar», sin derogarlo, el concepto jurídico tradicional de «sociedad», contenido en los artículos 1665 del Código Civil y 116 del Código de Comercio. Buena prueba de ello es lo acontecido en otros regímenes de Derecho comparado.

En Francia, la Ley 85-697, de 11 de julio, modificó la definición tradicional de sociedad, contenida en el *Code Civil* (art. 1832), a fin de dotar de mayor coherencia a su Derecho de Sociedades; y, tras afirmar que toda sociedad «se halla constituida por dos o más personas que convienen en virtud de un contrato afectar a una empresa común bienes o industria con el objetivo de repartir el beneficio o aprovechar el ahorro que de ello pudiera resultar», admitió expresamente la posibilidad de que una sociedad se constituya, en los casos legalmente previstos, por el acto de voluntad de una sola persona[63].

---

[63] Cfr. su art. 1832: «La société est instituée par deux ou plusieurs personnes qui conviennent par un contrat d'affecter à une entreprise commune des biens ou leur industrie en vue de partager le bénéfice

En Bélgica, el vigente *Code des sociétés et des associations* de 2019 establece que la sociedad se constituye por un «acto jurídico» por el cual una o varias personas llevan a cabo una aportación. También que la misma se haya provista de un patrimonio y tiene por objeto el ejercicio de una o varias actividades determinadas; y que entre sus fines está el de distribuir o procurar a sus «associés» una ventaja patrimonial directa o indirecta[64].

En Italia, el tema de resolvió de un modo más sutil. El Decreto Legislativo de 3 de marzo de 1988 se limitó tan solo a modificar la rúbrica del artículo 2247 del *Codice civile* —que venía siendo *Nozione*— por la de «Contrato di societá», manteniendo por lo demás el mismo contenido definitorio, aunque referido ahora no a la sociedad como institución sino al contrato en sí. De este modo y a raíz de la reforma, la antigua definición de sociedad (como aquel contrato por el que «dos o más personas ponen bienes o servicios para el ejercicio en común de una actividad económica con el fin de repartirse los resultados»)[65] pasó a ser la definición

---

ou de profiter de l'économie qui pourra en résulter.— Elle peut être instituée, dans les cas prévus par la loi, par l'acte de volonté d'une seule personne.— Les associés s'engagent à contribuer aux pertes». *Vid.* G. RIPERT y R. ROBLOT, *Traité de Droit commercial*, t. I, 15ª edic. a cargo de M. Germain, París, 1993, p. 546; asimismo, Y. GUYON, *Droit des affaires*, t. I, (*Droit commercial général et Sociétés*), 10ª edic., París, 1998, p. 91. La cuestión se ha planteado de modo similar en Bélgica, como consecuencia de la reforma del art. 1832 llevada a cabo por la Ley de 14 de julio de 1987. *Vid.* M. COIPEL, «Introduction à l'étude de la Loi du 14 juillet 1987», en *La S.P.R.L. Unipersonnelle. Approche théorique et pratique*, dirigido por H. MICHEL, Bruselas, 1988, pp. 1 a 89, part. pp. 22 y ss.

64 Cfr. su artículo 1.1: «Une société est constituée par un acte juridique par lequel une ou plusieurs personnes, dénommées associés, font un apport. Elle a un patrimoine et a pour objet l'exercice d'une ou plusieurs activités déterminées. Un de ses buts est de distribuer ou procurer à ses associés un avantage patrimonial direct ou indirect».

65 Cfr. artículo 2247: «Con il contratto di societá due o piú persone conferiscono beni o servizi per l'esercizio in comune di una attivitá economica allo scopo di dividerne gli utili». En una muestra más de la reconocida «finezza» de los juristas italianos.

del contrato de sociedad. Ello ha permitido al legislador separar la sociedad, propiamente dicha, de lo que es el contrato societario, para dar a entender que este último no es el único origen posible de una sociedad y que la esta también pueden surgir de un acto *extracontractual*; y aunque no faltó algún autor que planteó (a la vista de lo sucedido en Francia o en Bélgica) la *necesidad* de corregir la definición de sociedad en el *Codice civile66*, con buen sentido, la doctrina italiana considera que el nuevo tenor del artículo 2247 otorga carta de naturaleza a las sociedades de origen no contractual[67].

La cuestión se planteó de modo diferente en Derecho alemán, que se limitó a admitir la validez de la *Einmanngründung* o fundación unipersonal, en la que el «contrato de sociedad» pasa a ser sustituida por una declaración unilateral de voluntad realizada ante notario, formalizada en escritura pública; constatándolo así de forma unánime la doctrina[68].

El legislador español, tan reacio a introducir cambios en el articulado de los Códigos a la hora de llevar a cabo sus reformas, dejó inalterado el texto del artículo 1665 del Código Civil, que continúa definiendo la sociedad (*sic*) como «un contrato por el cual dos o más personas se obligan a poner en común dinero, bienes o industria, con ánimo de partir entre sí las ganancias»[69].

---

66 Es el caso de SCOTTI CAMUZZI, «*L'unico azionista*», en *Tratatto delle s.p.a.* dirigido por G.E. Colombo y G.B. Portale, vol. II, Turín, 1991, pp. 665 y ss.

67 *Vid.* G. MARASÀ, «*Su una proposta di riforma dell'art. 2247 c.c. La nuova nozione di società*», en *Giurisprudenza Commerciale*, 1992, I, pp. 1005 y ss. *Vid.*, asimismo, C. IBBA, *La società a responsabilità limitata con un solo socio (Commento al d.lg. 3 marzo 1993 n. 88)*, Turín, 1995, pp. 1 y ss; también I. CHIEFFI, *La società unipersonale a responsabilità limitata*, Turín, 1996, pp. 19-20, nota 15.

68 *Vid.* por todos U. JOHN, *Die Gründung der Einmann-GmbH*, Colonia, 1986, pp. 11 y ss.

69 Con lo fácil que hubiera sido decir que el «contrato de sociedad es aquel por el cual, etc. etc.» en vez de mantener lo de que «la sociedad

El mantenimiento de esta concepción tradicional de la sociedad no contribuye, desde luego, a la cohesión del sistema y supone otro paso atrás en la aspiración del Derecho Civil y de su Código a seguir conformando el tronco del Derecho común. Por lo que esa equiparación entre sociedad y contrato ha de entenderse circunscrita a la sociedad civil propiamente dicha. Por lo demás y dado que hay sociedades mercantiles que no se basan en ningún contrato, siempre se puede argumentar que una «ley posterior modifica otra anterior»; o bien apelar a la especialidad de las sociedades mercantiles y de su ámbito normativo.

El tenor literal del artículo 116 del Código de Comercio —que también se mantiene— no plantea el mismo problema ni afecta a la lógica interna del sistema porque se refiere al «contrato de compañías» y no a la sociedad en sí, de modo que nada obsta a que el contrato en cuestión siga concibiéndose como aquel —contrato— «por el cual dos o más personas se obligan a poner en fondo común bienes, industria o alguna de estas cosas, para obtener lucro»; y se le atribuya carácter mercantil siempre que se constituya con arreglo a las disposiciones de ese Código. Porque una cosa es la sociedad mercantil y otra el contrato de sociedad.

En efecto, el reconocimiento de la sociedad anónima o de responsabilidad limitada de un solo socio, llevado a cabo por la Ley de Sociedades de Capital, supone que este tipo de sociedades no siempre tienen su origen en un contrato y también se pueden constituir por el «acto unilateral» de una sola persona[70]. La concepción tradicional de la sociedad mercantil como un contrato hace ya tiempo que se ha visto superada por la regulación institucional de la figura, que ha hecho de la sociedad anónima y de la

---

es un contrato…». En cualquier caso, lo cierto es que, en nuestro Derecho, la sociedad –al menos la de capital– ya no es siempre un contrato.

70 Cfr. art. 19 LSC, relativo a la «constitución de las sociedades», cuyo primer párrafo dispone que «las sociedades de capital se constituyen por contrato entre dos o más personas o, en caso de sociedades unipersonales, por acto unilateral».

sociedad limitada formas jurídicas de empresa o técnicas de organización especialmente aptas para el desarrollo de actividades empresariales. Lo que ha sucedido con ellas es que su disciplina se ha terminado desvinculando del contrato asociativo que, durante siglos, estuvo a la base de su constitución e informó su funcionamiento, para adquirir carácter institucional y llevar a cabo una regulación casi integral de la figura; y dar entrada finalmente a la posibilidad de su adopción por una sola persona.

Nada de lo dicho debe extrañar ya a nadie, porque los conceptos jurídicos de «sociedad» o de «persona jurídica» no son ontológicos e inmutables, sino instrumentos en manos del Derecho susceptibles de diverso tratamiento, en función de los fines que se pretendan. De ahí que no hay ningún obstáculo que impida al Derecho positivo atribuir el estatus de «sociedad» y disponer la aplicación de su normativa a nuevas situaciones. Lo propio cabe decir también acerca de la «personalidad jurídica». La condición de sujeto de derechos y de obligaciones hace bastante tiempo que ha dejado de ser un atributo exclusivo del ser humano, para erigirse en una construcción jurídica y predicarse también de muchos organismos e instituciones creados o configurados por el Derecho, empezando por el propio Estado. La atribución de personalidad jurídica no deja de ser una técnica destinada a servir como criterio de imputación de derechos y obligaciones, a la que el Derecho recurrió en su día para favorecer la constitución de sociedades y, con ello, la explotación conjunta de actividades empresariales, mediante la puesta en común de esfuerzos y recursos en aras a la consecución de unos fines.

Ello no obsta a que la legislación específicamente aplicable a estas sociedades de explotación recurra a fórmulas o mecanismos dirigidos a reforzar su solvencia, así como a proteger la seguridad del tráfico y con ello los intereses de los acreedores. Cuestión esta, sin duda, harto compleja debido sobre todo al delicado equilibrio existente entre la facultad de empresario de limitar sus riesgos y el derecho de los acreedores a la realización de sus derechos, sorteando el riesgo de impago y previniendo las situaciones más graves de insolvencia.

En realidad, esta problemática es común a todas las sociedades de capital, pero en las pluripersonales el interés propio de los acreedores cuenta, a nivel interno, con el contrapeso de los socios que, al defender su parcela de interés en la sociedad, postulan también el interés de la propia sociedad y evitan que pueda acabar subordinado al interés de alguno de ellos. Pero, en una sociedad unipersonal, la posición exclusiva del socio único y la consiguiente inexistencia de controles internos capaces de limitar su poder al frente de la sociedad podría permitir al mismo instrumentalizarla y servirse de ella para sus fines, llevándola a realizar actos o negocios en su propio provecho y perjudiciales para los intereses de la sociedad, así como indirectamente para los intereses de los acreedores sociales. El análisis del funcionamiento de las sociedades unipersonales nos ha enseñado que la total subordinación de la sociedad a la voluntad de su único socio o de un grupo cohesionado de ellos puede dar pie a situaciones de fraude y causar daños al interés propio de la sociedad.

II. SOCIEDADES UNIPERSONALES ORIGINARIAS Y SOBREVENIDAS

1. Unipersonalidad «formal»

Más allá del binomio entre sociedad unipersonal anónima o de responsabilidad limitada, la normativa relativa específica de este tipo de sociedades de capital sienta la distinción entre sociedad unipersonal originaria y sociedad unipersonal sobrevenida.

La Ley considera sociedad anónima o limitada unipersonal tanto la constituida originariamente por una sola persona (fundación unipersonal) como la constituida por dos o más socios cuyas acciones o participaciones hayan pasado, en un momento dado, a ser titularidad de una sola persona (devenida unipersonal). El socio único podrá ser tanto una persona natural como una persona jurídica, aunque solo se haga mención a ello en el caso de la sociedad unipersonal originaria.

Al disponerlo así, se opta por un criterio eminentemente formal de unipersonalidad, que dejaría fuera en principio a las sociedades de favor (con porcentajes mínimos de capital atribuidos a socios de favor) o a sociedades controladas indirectamente por una misma persona (como la formada por una persona y su sociedad unipersonal o por varias sociedades unipersonales con idéntico socio único). Tan solo se incluye una salvedad en el sentido de considerar, sentando la correspondiente «fictio iuris», titularidad del socio único las acciones o participaciones propias tenidas por la sociedad unipersonal en autocartera. Lo que no deja de ser una consecuencia lógica del régimen legal al que vienen sometidas, a nivel interno, las acciones (art. 148 LSC) y las participaciones (art. 142 LSC) propias[71]. La técnica empleada por el legislador resulta claramente perfectible y habría sido más adecuado definir la sociedad unipersonal como aquella sociedad anónima o de responsabilidad limitada integrada por un único socio, con independencia de su origen y sin hacer ninguna referencia a las acciones o participaciones propias que pudiera tener en autocartera.

En este panorama formal y «acartonado», destaca la doctrina de la Dirección General de Seguridad Jurídica y Fe Pública que niega carácter unipersonal a las sociedades con acciones o participaciones tenidas en copropiedad por dos o más personas, en justa correspondencia con la atribución que la Ley hace (art. 91 LSC) de la condición de socio al titular y, en estos casos, a los cotitula-

---

71 La Ley establece que las acciones propias, tenidas por la sociedad en autocartera, verán suspendido el ejercicio del derecho de voto y de los demás derechos políticos, mientras los derechos económicos inherentes a aquellas pasan a atribuirse proporcionalmente al resto de las acciones (excepción hecha del derecho de asignación gratuita de nuevas acciones). Cfr. art. 148 letra a> LSC. Paralelamente y tratándose de las participaciones propias, la consecuencia legal es que todos los derechos correspondientes a las mismas «quedarán en suspenso». Cfr. art. 142.1 LSC.

res de acciones o participaciones, junto con los correspondientes derechos legales y estatutarios; y ello con independencia de que hayan procedido, conforme a Derecho, a la designación de una persona para el ejercicio de los derechos de socio, porque esa designación se enmarca en una relación de mandato o representación y no comporta la transmisión por los poderdantes de su condición de socio[72]. Esta norma regirá también en los supuestos de comunidad matrimonial de bienes, en los que la copropiedad es compartida por ambos cónyuges. El reconocimiento por la sociedad de la condición de socio a los diferentes copropietarios requiere que la misma tenga constancia de la existencia de este tipo de situaciones de comunidad, por resultar de la documentación que sirva de título a la condición de socio. Lo que permitirá a la entidad reflejarlas en el correspondiente Libro-registro[73].

---

72 Legalmente, lo que confiere a una persona o a varias la condición de socio es la titularidad legítima de cada acción o cada participación, con la consiguiente atribución de los derechos legales y estatutarios. Cfr. art 91 LSC. La designación, por parte de los copropietarios de acciones o participaciones, de una sola persona para el ejercicio de los derechos de socio, no priva a estos copropietarios de su condición de socios ni de su responsabilidad solidaria frente a la sociedad de cuantas obligaciones se deriven de tal condición. Cfr. art. 126 LSC.

73 La condición de socio corresponde al titular o cotitulares de las acciones o participaciones (art. 91 LSC), por lo que —en los casos de cotitularidad— la ostentarán todos y cada uno de los copropietarios; y ello con independencia de a quién de ellos hubiera sido designado por los otros para el ejercicio de los derechos de socio (art. 126 LSC). Esta regla será también de aplicación a los supuestos de comunidad matrimonial de bienes (como el de gananciales) en los que la cotitularidad de tales acciones o participaciones sea compartida por ambos cónyuges. Ahora bien, la atribución de la condición de socio a estos cónyuges exigirá que su titularidad resulte de la pertinente documentación y, tratándose de la escritura de constitución de la sociedad o del contrato de compraventa de las acciones o participaciones, que ambos hayan concurrido a su otorgamiento. Por el contrario, si la adquisición —originaria o derivativa— se hubiera llevado a cabo por uno solo de los cónyuges y solo él apareciera como socio frente a la sociedad, el otro no

La concepción eminentemente formal que la Ley mantiene de la sociedad unipersonal en nada obsta a la posibilidad de extender analógicamente la aplicación de la normativa propia de este tipo de sociedades, en su aspecto sustantivo, a otras sociedades de capital en situaciones asimilables, cuando se aprecie «identidad de razón» entre unos y otros supuestos[74]. Esta afirmación introduce un factor de incertidumbre en el sistema, pero que resulta necesario para contrarrestar el recurso abusivo a la sociedad de capital en perjuicio de terceros.

2. *Títulos de unipersonalidad*

La posibilidad de constituir originariamente una sociedad anónima o de responsabilidad limitada como unipersonal aparece contemplada expresamente por la Ley al sentar la distinción entre aquellas sociedades de capital que se constituyen «por contrato entre dos o más personas» y las que lo hacen por medio de un «acto unilateral»[75], exigiendo en ambos casos el otorgamiento de escritura pública y su preceptiva inscripción en el Registro Mercantil.

El tránsito de una sociedad formada por dos o más socios a sociedad unipersonal se produce cuando todas las acciones o participaciones de la misma pasan a ser propiedad de un único socio, ya sea persona natural o jurídica. La imputación legal a estos efectos al único socio de las acciones o participaciones propias tenidas en autocartera de la sociedad, hace que el camino hacia la unipersonalidad sobrevenida no sea exclusivamente el de la adquisición derivativa, voluntaria o forzosa, por actos «inter vivos» o «mortis causa» de las cuotas de capital por parte de la misma persona. También lo será la adquisición por la propia sociedad de las acciones o participaciones de todos sus socios a excepción de uno.

---

lo será, aun cuando las acciones o las participaciones tengan carácter ganancial. Cfr. Resolución DGRN 20.12.2019.

[74] Cfr. art. 4.1 CC.

[75] Cfr. art. 19.1 LSC.

La legislación de modificaciones estructurales contempla, por su parte, una fórmula basada en la segregación dirigida a permitir la constitución de una sociedad unipersonal, mediante la aportación por una sociedad ya constituida de la totalidad de su patrimonio o de una parte del mismo (susceptible de conformar una unidad productiva), a una nueva sociedad cuyas acciones o participaciones pasarían a ser, de acuerdo con los mecanismos propios de esta modalidad de escisión, titularidad de la sociedad que se escinde y que tendría, por ello mismo, carácter unipersonal[76].

---

76 El artículo 61 del Real Decreto-Ley 5/2023, de 28 de junio, define la segregación como «el traspaso en bloque por sucesión universal de una o varias partes del patrimonio de una sociedad, cada una de las cuales forme una unidad económica, a una o varias sociedades, recibiendo a cambio la sociedad segregada acciones, participaciones o cuotas de las sociedades beneficiarias». La unipersonalidad se produciría, pues, siempre que la sociedad o sociedades beneficiarias de la segregación fueran de nueva creación porque pasarían a tener como socio único a la sociedad segregada.
De igual modo, el artículo 62 contempla la aplicación de las normas de la escisión a la operación por la que una sociedad transmite todo su patrimonio en bloque «a otra sociedad de nueva creación», recibiendo como contrapartida la totalidad de las acciones o participaciones de socio del esta última, como sociedad beneficiaria de la escisión.
Al citado Real Decreto-Ley corresponde el «mérito» de aparecer en el BOE bajo uno de los títulos más largos que se recuerdan de nuestro Derecho positivo. A saber: «Real Decreto-ley 5/2023, de 28 de junio, por el que se adoptan y prorrogan determinadas medidas de respuesta a las consecuencias económicas y sociales de la Guerra de Ucrania, de apoyo a la reconstrucción de la isla de La Palma y a otras situaciones de vulnerabilidad; de transposición de Directivas de la Unión Europea en materia de modificaciones estructurales de sociedades mercantiles y conciliación de la vida familiar y la vida profesional de los progenitores y los cuidadores; y de ejecución y cumplimiento del Derecho de la Unión Europea».

III. DENOMINACIÓN DE LA SOCIEDAD UNIPERSONAL

En materia de denominación, la sociedad unipersonal de capital no presenta mayores peculiaridades y se halla sometida al régimen general aplicable a las sociedades anónimas y de responsabilidad limitada. La Ley impide (art. 7.1) a una sociedad unipersonal adoptar una denominación idéntica a la de cualquier otra sociedad preexistente. Ni siquiera la de su socia única, cuando sea otra sociedad. En este punto, las sociedades unipersonales se rigen por la normativa legal y registral propia de las sociedades de capital en general. Por consiguiente, les afectan las mismas prohibiciones de «denominaciones oficiales» (art. 405 RRM), de «denominaciones que induzcan a error» (art. 406 RRM) y de «identidad» (art. 407 RRM), en el sentido amplio con que la concibe el Reglamento y con las salvedades previstas cuando la solicitud de denominación se realiza a instancia o con autorización de la sociedad afectada por la nueva denominación (art. 408). Este último criterio permitirá a las sociedades unipersonales adoptar denominaciones similares —nunca coincidentes— a las de sus sociedades matrices. En concreto, formadas por «las mismas palabras «en diferente orden, género o número», añadiendo o suprimiendo términos o expresiones genéricas o accesorias, artículos, adverbios, preposiciones, conjunciones, acentos, guiones, signos de puntuación u otras partículas similares, de escasa significación; así como recurriendo al empleo de palabras distintas con la misma expresión o notoria semejanza fonética.

En este sentido, lo que sí cabría es la posibilidad de que una sociedad unipersonal adoptara como denominación social el nombre y apellidos de su socio único, seguida de la indicación relativa a su forma societaria. Esta circunstancia va implícita en la factibilidad de que la sociedad unipersonal adopte una denominación subjetiva (art. 401 RRM). El Reglamento del Registro Mercantil permite, en efecto, que la denominación de la sociedad o entidad sujeta a inscripción incluya «total o parcialmente» el nombre o el seudónimo de una persona con su consentimiento, presumiéndose el mismo cuando la persona nominada sea socia de la misma. Lo que encaja perfectamente con la circunstancia de que lo sea de forma única y exclusiva. Ahora bien, el socio único que hubiera adoptado como denominación societaria su propio nombre cuando, por cualquier causa pierda la condición de socio o de socio único «no podrá exigir la supresión de su nombre de la denominación social, a menos que se hubiera reservado expresamente este derecho». Aunque nada impide al mismo estipular con el adquirente o adquirentes de sus acciones o participaciones lo que tenga a bien con ocasión de la transmisión voluntaria de las mismas.

Resulta, por otra parte, claro que la denominación de una sociedad unipersonal debe incluir la indicación de la forma social —anónima o limitada— que adopte o su representación gráfica reducida en forma de abreviatura; y que ni la una ni la otra incluyen el término «unipersonal» o la letra «U» como pretendida abreviatura de este último. La Ley de Sociedades de Capital (art. 6) y el Reglamento del Registro Mercantil (art. 403) son claros y no dejan lugar a dudas: las sociedades unipersonales son «S.A.», «S.L» o «S.R.L.», exactamente igual que las demás sociedades anónimas o de responsabilidad limitada[77]. La letra «U» no constituye ninguna abreviatura oficial o legalmente reconocida del carácter «unipersonal» de una sociedad de capital. En consecuencia, su utilización en la práctica tampoco basta por sí sola para dar cumplimiento al deber que la Ley impone (art. 13.2) a este tipo de entidades de hacer constar expresamente, en toda su documen-

---

[77] La denominación de las sociedades unipersonales no presenta, en este sentido, ninguna particularidad, aunque existe el «error popular» bastante difundido, en el que incurren todavía hoy bastantes de estas sociedades, de añadir una «U» a la abreviatura de la forma jurídica adoptada. El imperativo legal de transparencia, por el que estas sociedades han de informar al mercado de su carácter unipersonal, no alcanza a los términos de la denominación bajo la que han de girar en el tráfico, que no se distingue de la de cualquier otra sociedad anónima o de responsabilidad limitada.

tación empresarial y en los anuncios de preceptiva publicación, su condición de sociedades unipersonales; y, aun cuando pudiera sostenerse la existencia de una cierta praxis en tal sentido, resultaría muy difícil mantener que nos hallamos ante una conducta suficientemente generalizada para llegar a constituir un uso o costumbre mercantil.

IV. PUBLICIDAD Y TRANSPARENCIA

1. Imperativo de transparencia

La Ley impone a la sociedad de un solo socio el deber de hacer pública su situación de unipersonalidad y configura esta exigencia como una condición ineludible en orden al pleno reconocimiento de la figura. El reconocimiento público del carácter unipersonal de estas sociedades constituye no solo una consecuencia de su naturaleza societaria mercantil sino también un requisito necesario para la aplicación a las mismas del régimen jurídico propio de las sociedades de capital[78].

A estos efectos, la Ley de Sociedades de Capital prevé dos mecanismos de publicidad aplicables a este tipo de sociedades: uno de carácter registral o específico (a cargo del Registro Mercantil) y otro de tipo documental o genérico.

2. Publicidad registral

La publicidad registral de la sociedad unipersonal alcanza no solo a la constancia de esta circunstancia sino también a la identidad de su socio único y se proyecta sobre cuatro (4) situaciones diferentes, relativas a esta modalidad de sociedades de capital:

Primera.—La constitución originaria de una sociedad de capital como unipersonal.

---

78 Cfr. art. 13 LSC.

Segunda.—La conversión de una sociedad anónima o de responsabilidad limitada integrada por varios socios en sociedad unipersonal, como consecuencia de la concentración de la titularidad de sus acciones o participaciones en una sola persona.

Tercera.—La pérdida de la condición de sociedad unipersonal, como consecuencia de la irrupción de nuevos socios.

Cuarta.—El cambio de socio único, como consecuencia de la transmisión de las acciones o participaciones por parte del anterior.

Estas circunstancias se harán constar en el Registro Mercantil mediante las pertinentes inscripciones, de acuerdo con lo establecido en los documentos públicos que permitan su acreditación (art. 18.1 CCom). La fundación unipersonal tomará como base la escritura pública de constitución de la sociedad, conteniendo el negocio jurídico unilateral otorgado por el socio único fundador (art. 21 LSC) ante el notario autorizante, con la voluntad efectiva de dicho socio de constituir la sociedad de que se trate (art. 56.1 letra a> LSC). En ella habrá de constar la identidad del único socio fundador (art. 22.1 letra a>) y las demás menciones legales (art. 22), así como el texto de los estatutos (art. 23). La inscripción en el Registro Mercantil de dicha escritura notarial requerirá, como en cualquier otra sociedad, la calificación positiva de su legalidad por parte del Registrador Mercantil (art. 18.2 CCom).

Las demás situaciones (superveniencia, cambio de socio único y pérdida de la condición unipersonal de la sociedad) se harán constar en el Registro Mercantil mediante su declaración formalizada en instrumento público por quien tenga la facultad de hacerlo que serán, en principio, las personas capacitadas para proceder a la certificación de las decisiones o los acuerdos sociales en los que se basa la inscripción; pudiendo hacerlo, además, el socio único cuando se trate de sus propias decisiones (art. 15.2 LSC)[79].

---

[79] Cfr. asimismo art. 108.1 apartado segundo y art. 109.3 del Reglamento de Registro Mercantil.

La Ley de Sociedades de Capital obliga (art. 14.1) sobre todo a dejar constancia en el Registro Mercantil de la unipersonalidad de una sociedad anónima o de responsabilidad limitada que hubiera perdido su anterior condición pluripersonal y devenido sociedad unipersonal. El legislador ha considerado esencial la indicación «oficial» de esta condición y el efectivo cumplimiento de la obligación de inscribir en el Registro Mercantil el carácter «unipersonal» de este tipo de sociedades. De ahí que la infracción de este deber comporte para el socio único la pérdida del beneficio de irresponsabilidad y le constituya en responsable personal, ilimitada y solidariamente de las deudas contraídas por la sociedad durante su periodo de unipersonalidad. Adviértase que esta consecuencia resulta aún más severa que la prevista para los socios de una sociedad colectiva[80] o de una sociedad de capital devenida irregular[81], cuya responsabilidad por las deudas sociales será subsidiaria.

La pérdida de la exención de responsabilidad personal no es exclusiva de las sociedades unipersonales y este no es, ni mucho menos, el único supuesto en que la Ley impone a los socios el deber de tener que responder personalmente de las deudas de su sociedad de capital. Lo propio ocurre en otras situaciones legalmente previstas[82].

---

80 Cfr. art. 237 CCom.

81 Cfr. art. 39 LSC.

82 Así sucede, por ejemplo, con la sociedad irregular (art. 39 LSC). También como consecuencia de la falta de realidad o la defectuosa valoración de las aportaciones no dinerarias realizadas al capital tanto de una sociedad limitada (art. 73) como de una anónima (art. 77 LSC); o, tratándose de una sociedad limitada, cuando se lleva a cabo una reducción de capital mediante restitución del valor de las aportaciones a alguno de los socios (art. 331). Los socios también responden personalmente del pasivo sobrevenido, tras haber procedido la sociedad al reparto entre ellos de sus cuotas de liquidación (art. 399 LSC); o si se procede a la transformación de una sociedad de capital en colectiva o comanditaria. Cfr. art. 21 de la Ley de Modificaciones Estructurales.

El presupuesto de hecho de la responsabilidad personal de socio único es la circunstancia de no haber procedido a inscribir en el Registro Mercantil la declaración de unipersonalidad de la sociedad, dentro de los seis (6) meses siguientes a la adquisición por la misma del carácter unipersonal, para que pueda ser conocida por todos. Por la misma razón y *a sensu contrario*, cuando aquella circunstancia se hubiera hecho constar dentro de ese plazo en el Registro Mercantil, mediante la correspondiente inscripción, el socio único no responderá personalmente de las deudas de la sociedad unipersonal.

La norma dispone también (art. 14.2) que, una vez inscrita la unipersonalidad, cesará la responsabilidad del socio único y el mismo no tendrá que responder de las deudas contraídas por la sociedad con posterioridad, pero sin llegar a afirmar su exoneración por las anteriores. Esta previsión legal debe entenderse referida al supuesto de que la inscripción de la situación de unipersonalidad se hubiera producido fuera del término semestral previsto en la norma. En consecuencia, una vez activada la responsabilidad personal del socio único, esta se proyectará durante todo el periodo de unipersonalidad, desde el inicio de la situación y con carácter retroactivo hasta la inscripción registral de la declaración de unipersonalidad de la sociedad en el Registro Mercantil, cuyo efectos serán únicamente «ex nunc» y no borrarán la responsabilidad del socio único por las deudas de la sociedad contraídas durante el periodo de no inscripción, por lo que el socio único solo dejará de responder de las deudas sociales contraídas con posterioridad a la fecha de inscripción extemporánea (sin que desaparezca la anterior).

La responsabilidad personal del socio único por falta de inscripción de la unipersonalidad se circunscribe a las obligaciones sociales «contraídas» por la sociedad en el periodo de unipersonalidad; pero no a las que pudiera haber contraído la sociedad con anterioridad o posteriormente a dicha situación. Este criterio «cronológico» puede suscitar múltiples problemas interpretativos y resulta de difícil aplicación tratándose, por ejemplo, de deudas continuadas.

La publicidad registral de la sociedad unipersonal alcanza, asimismo, a los datos esenciales comunicados al Registro Mercantil Central para su incorporación al Boletín Oficial del Registro Mercantil, tanto en lo que respecta a la primera inscripción de la sociedad[83], como a los actos posteriores relativos a la sociedad ya inscrita[84].

3. Publicidad documental

La exigencia legal de publicidad documental o material se concreta en la imposición (art. 13.2) a las sociedades unipersonales, tanto originarias como sobrevenidas, del deber de hacer constar su condición de tales en toda la documentación, correspondencia, notas de pedido y facturas que emitan, así como en todos los anuncios que hayan de publicar por disposición legal o reglamentaria (lo que dejaría fuera los de carácter publicitario o promocionales). Sin embargo, la extensión genérica de este deber legal de información a «toda su documentación» amplía enormemente el ámbito de aplicación del precepto y obliga a la sociedad a dejar constancia de su situación en cualquier documento que sirva de soporte al ejercicio de su actividad.

Lo que no prevé la norma son las consecuencias de su infracción. En tal sentido, no resulta fácilmente admisible plantear la aplicación al caso de lo establecido —para un supuesto diferente— en el Código de Comercio (art. 24), dado el carácter sancionador de esta regulación y con arreglo al principio de «odiosa restringenda»[85]. Tampoco parece razonable sostener que la ausencia

---

83 Cfr. art. 387.2 RRM.

84 Cfr. art. 388.2 RRM.

85 El artículo 24 del Código de Comercio se refiere a la exigencia de que los empresarios y demás entidades sujetos a inscripción obligatoria, hagan constar en toda su documentación, correspondencia, notas de pedido y facturas, el domicilio y los datos identificadores de su inscripción en el Registro Mercantil. En el caso concreto de las sociedades Mercantiles y demás entidades inscribibles, se deberá indicar, además, su forma jurídica y la eventual situación de liquidación en que pudie-

de esta información podría terminar por viciar el consentimiento contractual de un tercero de buena fe, aduciendo su desconocimiento del carácter unipersonal de la sociedad. Ni desde luego sancionar al socio único con la pérdida del beneficio de limitación de responsabilidad.

La exigencia de esta medida deriva de la conveniencia de reforzar la transparencia de las sociedades unipersonales, facilitando la difusión en el mercado de su condición de tales, como presupuesto para la efectiva aplicación de su normativa específica. Sería, por ello mismo, muy conveniente establecer una sanción adecuada para la infracción de los deberes legales de publicidad material impuestos a la sociedad unipersonal. Lo que pasaría —a mi juicio— por llevar a cabo una reforma «técnica» del artículo 24 del Código de Comercio, para subsumir expresamente tal conducta en el tenor del precepto, actualizando y fijando en euros el importe de la sanción pecuniaria prevista. Otra cosa distinta será dotar al Ministerio competente de medios adecuados para su efectiva aplicación.

V. EL «INTERÉS SOCIAL» EN LA SOCIEDAD DE CAPITAL UNIPERSONAL

1. Personalidad jurídica y patrimonio propios

El Derecho de Sociedades —como el propio Derecho Mercantil— está hecho de intereses. La ponderación de los diversos

---

ran encontrarse; y si mencionan su capital, el que tengan suscrito y desembolsado. El incumplimiento de tales obligaciones dará lugar a la imposición de una sanción en forma de multa cuya cuantía puede oscilar de «50.000 a 500.000 pesetas» (*sic*), previa instrucción de expediente por el Ministerio de economía y hacienda, con audiencia de los interesados y conforme a la legislación de procedimiento administrativo. En su actual versión, el precepto fue introducido en el Código por la Ley 19/1989, de 25 de julio, de Reforma parcial y adaptación de la legislación mercantil a las Directivas en materia de sociedades de la —entonces— Comunidad Económica Europea.

intereses que concurren en el ámbito interno de una sociedad y los que puedan aflorar en sus relaciones frente a terceros constituyen, junto con la resolución de los conflictos a que pueden dar lugar, la «tarea esencial» de la normativa societaria[86].

El Derecho atribuye a las sociedades unipersonales, en tanto que sociedades mercantiles de capital, personalidad jurídica y con ello la capacidad de ser titulares de derechos y obligaciones. Esto les permite dotarse y disponer de su propio patrimonio, que funciona con plena autonomía respecto al de cada uno de sus socios y destinarlo a los fines lucrativos incluidos en su objeto social.

La personificación supone la concesión a la sociedad de una vida formalmente separada y de un interés particular sobre sus asuntos. El patrimonio social, aun formando un «fondo común», no constituye ni puede ser considerado ya un patrimonio conjunto, como ocurre en las comunidades de bienes, porque el Derecho atribuye a la persona societaria, directamente, la titularidad de todos y cada uno de los bienes y derechos que lo integran. El patrimonio de la sociedad es también un patrimonio de garantía con el que la misma responde frente a sus acreedores del cumplimiento de las obligaciones jurídicas contraídas a su nombre y bajo su firma, por las personas legal o voluntariamente autorizadas al efecto.

La primera consecuencia de todo ello es el nacimiento de un interés propio de la sociedad, distinto de los intereses de cualesquiera otras personas que entren en relación con ella, incluidos sus socios. El interés de la sociedad difiere así no solo de los intereses del socio o socios que la integran, sino también de los intereses de las personas con quienes entabla relaciones jurídicas con motivo u ocasión de su actividad.

---

86 Cualquiera que sea el medio técnico e institucional al que se recurra para ello. *Vid.* J.M. EMBID IRUJO, «Tipos sociales capitalistas y conflictos de interés», en *Conflictos de intereses en las sociedades de capital: socios y administradores,* dirigido por L. Hernando Cebriá, Madrid-Barcelona-Buenos Aires-São Paulo, 2022, pp. 31 a 72, part. pp. 32-33.

Esos otros intereses no tienen por qué resultar homogéneos y pueden manifestarse o agruparse de diverso modo. Así cabe hablar del interés particular de un socio o de los intereses de la mayoría o de una minoría de ellos. Algo similar sucede con los acreedores, cuyos intereses podrían concurrir enfrentados, conjuntados o separados. La legislación de sociedades alude además y se ocupa específicamente de los intereses de los administradores y los de las personas vinculadas con ellos; y hasta del interés público y su incidencia en determinadas fases de la vida de la sociedad.

2. *Interés social e intereses de terceros*

La imputación formal a la sociedad de capital de un interés propio y distinto no tiene por qué contradecir ni desvirtuar el interés conjunto de sus socios o partícipes ni tampoco el que puedan tener sus acreedores al cobro de sus créditos, porque la fortaleza patrimonial de la sociedad beneficia, por su orden y a su debido momento, tanto a unos como a otros.

La divergencia o superposición de intereses de terceros («stakeholders») no debe llevarnos a presuponer que tales intereses, individualmente considerados, han de resultar siempre contradictorios y están llamados, en todo caso, a entrar en conflicto con el interés propio de la sociedad. Hemos de tener en cuenta, asimismo, que no existe un concepto absoluto de lo que haya de entenderse por «interés social» y que la definición concreta de este no debe plantearse en términos categóricos o excluyentes, sino relativos.

El interés de cualquier sociedad pasa por maximizar el valor de su patrimonio empresarial, mediante la optimización de su negocio y la obtención del mayor beneficio posible, con la finalidad última de favorecer a sus socios o partícipes. A su vez, estos últimos aspiran a lucrarse con la sociedad, obteniendo la mayor rentabilidad posible de su inversión societaria. Hasta aquí, los intereses de una y otros no solo no son excluyentes sino que resultan perfectamente armonizables. Sin embargo, el interés de los socios no es el único a considerar. En el ejercicio de su actividad, la persona jurídica societaria va a entablar relaciones jurídicas y económicas con otras personas, de las que acabarán derivándose obligaciones, de cuyo cumplimiento habrá de responder la sociedad con todos sus bienes presentes y futuros; de modo que su patrimonio dejará de estar únicamente en función de sus socios y quedará también afecto al cumplimiento de dichos compromisos. La afección del patrimonio de la sociedad al cumplimiento de las obligaciones sociales y la supeditación inicial del mismo a la satisfacción de los intereses de sus acreedores resulta aún más intensa en aquellas sociedades —de capital— que responden por sí solas del cumplimiento de sus obligaciones y cuya posición deudora no viene garantizada personalmente por los socios.

Así pues y por lo general, el interés de la sociedad suele resultar acorde con el sumatorio de los intereses de los socios o con el interés del socio único, en tanto que titulares del capital social, habida cuenta de que la buena marcha y los resultados positivos de la empresa redundarán en un incremento del patrimonio de la sociedad, con el consiguiente aumento de valor de las cuotas de los socios.

Al propio tiempo, fuera del ámbito estricto de sus respectivas relaciones de negocio, el interés de la sociedad puede resultar también perfectamente conciliable con el de sus acreedores, que hallarán en la fortaleza patrimonial de la entidad la mejor garantía del cobro de sus créditos; o con el de los trabajadores (incluido el personal de alta dirección) que podrían beneficiarse de la favorable situación económica de su empleadora, mediante la percepción de incentivos o negociando una mejora de sus condiciones laborales. Lo mismo cabe argumentar en relación al interés público, si nos atenemos a la función de los poderes públicos de promover y preservar el buen funcionamiento de los mercados; o en su vertiente recaudadora.

3. *Convergencia y divergencia de intereses*

Hay, sin embargo, contextos en los que la sociedad y las personas o grupos de interés (socios, acreedores, trabajadores y terceros en general) que se relacionan con ella mantendrán posiciones contradictorias. En determinados supuestos y en función de las circunstancias, el interés propiamente societario puede entrar en colisión con cualquier otro interés concurrente, incluido el de socios. En estos casos, será el Derecho el encargado de fijar los criterios de prevalencia y de adoptar los mecanismos dirigidos a la resolución de tales situaciones de conflicto. El primero de tales conflictos se dará entre socios y acreedores sociales, porque la autonomía y responsabilidad patrimonial de la sociedad hace que el interés lucrativo de los primeros colisione con el interés de los segundo por ver satisfechos sus créditos. Lo que sitúa también a la sociedad en una posición de encrucijada.

En los casos en que la confluencia entre el interés de la sociedad y el interés —individual o conjunto— de terceras personas dé lugar a situaciones discrepantes, corresponde al Derecho determinar el modo de proceder y fijar el orden de prevalencia entre ellos, atendiendo a las circunstancias que concurran en cada caso. En este sentido, resulta innegable el papel protagonista que la legislación societaria atribuye al interés de los socios, como parte esencial de la causa y el objeto de cualquier sociedad mercantil, erigido además en criterio rector de su funcionamiento, siempre eso sí que se cumplan los requisitos legales de solvencia de la sociedad. Ello explica el poder de disposición de los socios o del socio único sobre el patrimonio social y su derecho a participar en las ganancias de la empresa y en el patrimonio resultante de la liquidación, afectado por el riesgo de pérdidas. Sin embargo, los intereses de los socios quedarán postergados por el Derecho cuando la sociedad vea amenazada la función de garantía que está llamada a desempeñar su capital social. Especialmente si la misma deviene en estado de insolvencia y queda sometida a los dictados de la legislación concursal. Escenarios en los que la posición de preeminencia pasará a estar ocupada por los intereses de los acreedores, ordenados legalmente, en detrimento de los socios.

La complejidad del mapa de intereses que llegan a confluir en un entorno societario mercantil puede dificultar en gran medida la resolución de las situaciones de conflicto, a causa del solapamiento entre ellos y al diverso juego de la normativa tuitiva de cada uno. El Derecho será, en efecto, el encargado de ordenar con arreglo a criterios de jerarquía o competencia la prevalencia de uno u otros. De entrada, es preciso distinguir básicamente dos situaciones. En una sociedad «in bonis» (plenamente solvente y con capacidad para disponer de los bienes y derechos que integran su patrimonio), se dará prevalencia, en principio, al interés de su socio único o al mayoritario de los socios, de acuerdo con sus principios configuradores, siempre y cuando se cumplan los requisitos legales dirigidos fundamentalmente a la defensa del capital social y a la tutela de los legítimos intereses de la minoría (como valedores del interés social). Esta primacía se manifiesta claramente a través de los derechos políticos y económicos atribuidos legalmente al socio único o a la mayoría del capital social, lo que les permite no sólo gestionar las actividades de explotación del objeto y la consecución de los fines propios de la sociedad, sino también a disponer el reparto del excedente patrimonial de la misma, ya sea en forma de dividendos o de cuota de liquidación.

Sin embargo, cuando la sociedad de capital deviene insolvente y pierde la disponibilidad sobre sus activos, se produce un verdadero «giro copernicano» y la prevalencia se atribuye a los intereses de los acreedores sociales, no en régimen de paridad sino por el orden jerárquico que les confiere la legislación concursal, cuyos efectos se proyectan incluso con carácter retroactivo a las operaciones llevadas a cabo por la sociedad durante el periodo considerado «de sospecha» mediante el ejercicio de las denominadas acciones de reintegración.

El interés social y su defensa se hallan en conexión directa con el deber de lealtad que la legislación de sociedades de capital impone a los administradores en el desempeño de sus funciones de gobierno corporativo[87]. La mayor afirmación del interés social resi-

---

[87] *Vid.* J. JUSTE MENCÍA, «Articulo 227. Deber de lealtad», en *Comentario de la Reforma del Régimen de las Sociedades de Capital en materia de Gobierno Corporativo (Ley 31/2014). Sociedades no cotizadas, cit.*, pp. 361 y ss.

de, precisamente, en la obligación expresa que la Ley impone a los administradores de desempeñar el cargo y desarrollar sus funciones (de gestión y representación de la sociedad) «subordinando, en todo caso, su interés particular a interés de la empresa» (*sic*)[88].

El interés social está a la base, además, del deber de colaboración llamado a regir la conducta de los socios y sus relaciones societarias. Lo que explica también que la lesión del interés social «en beneficio de uno o varios socios o de terceros» constituya, a pesar del debate que suscita su determinación, uno de los motivos fundamentales de impugnación de los acuerdos sociales[89]. La contradicción con el interés social constituye, asimismo, el principal indicio en orden a la detección de situaciones de conflicto de intereses[90].

4. Recapitulación: la sociedad unipersonal y su interés

Así entendido, el interés social no es algo predicable exclusivamente de las sociedades de base asociativa, por considerar que su determinación requiere la ponderación o composición de los intereses dispares de sus socios y precisa operaciones alguna operación de cálculo o el recurso al criterio mayoritario como principio configurador del tipo societario. También las sociedades anónimas y de responsabilidad limitada unipersonales tienen su propio

---

88 Cfr. art. 225 LSC. *Vid.* J. JUSTE MENCÍA, «Artículo 224. Deber general de diligencia», en *Comentario de la Ley de Sociedades de Capital,* dir. J.A. García-Cruces e I. Sancho Gargallo, Tomo III, Valencia, 2021, pp. 3093 a 3103, part. pp. 3100 a 3102.

89 *Vid.* J. ALFARO y J. MASSAGUER, «Artículo 204. Acuerdos impugnables», en *Comentario de la Reforma del Régimen de las Sociedades de Capital en materia de Gobierno Corporativo (Ley 31/2014)..., cit.,* pp. 194 y ss.

90 El «interés social» es el «elemento fijo» de cualquier conflicto de interés de carácter societario porque siempre está presente en este tipo de situaciones y la vulneración del mismo constituye la primera premisa de este tipo de situaciones. Su fijeza le permite servir de «medida» a la hora de determinar la existencia o no de un conflicto social cualquiera que sea la persona titular del interés supuestamente enfrentado al de la sociedad. *Vid.* EMBID IRUJO, «Tipos sociales capitalistas y conflictos de interés», *cit.*, p. 34.

interés, distinto del interés del socio único y que, en función de las circunstancias, podrá resultar o no coincidente con él.

La titularidad que el socio ostenta en ellas sobre la totalidad del capital social y la concentración, en estas sociedades de capital, del interés de sus partícipes o «shareholders» en una sola persona no hace desaparecer el interés «propio y distinto» de la sociedad ni permite identificarlo sin más con el de su único socio. Por muy total que sea, la eventual coincidencia entre el interés de la sociedad unipersonal y el del socio no elimina la divergencia jurídica que existe entre ambos, como consecuencia de la dualidad —también jurídica— de personalidades.

La configuración legal de la sociedad de capital unipersonal como sujeto jurídico y la atribución a la misma de un patrimonio separado, con el que responder universalmente del cumplimiento de sus obligaciones, hace que su interés no pueda identificarse con el de su socio, de la misma manera que el interés de una sociedad pluripersonal no es asimilable a la suma de los intereses de sus socios, por muy acordes que sean. La existencia de un interés específicamente societario, distinto del interés de sus socios, es una consecuencia natural y lógica de la atribución legal a las sociedades de personalidad jurídica, unida a su capacidad de ser titulares de su propio patrimonio, con el que hacer frente al cumplimiento de las obligaciones que asumen en el mercado o les impone el Derecho.

Lo expuesto resulta plenamente aplicable a la sociedad unipersonal. Las sociedades de un solo socio no son, en modo alguno, inmunes a estos principios regulatorios. Antes bien, la configuración interna y el funcionamiento de este tipo de sociedad formal viene a confirmar su vigencia. El punto de partida vuelve a ser la necesidad de distinguir entre el interés de la sociedad, propiamente dicha, y el interés del socio[91]. Sostener otra cosa equivale a

---

91 *Vid.* F. CARBAJO CASCÓN, «Deber de lealtad de los socios y conflictos de intereses con la sociedad», en *Diálogos com Coutinho de Abreu. Estu-*

afirmar que la sociedad unipersonal solo está llamada a reportar utilidad al socio único y que su situación patrimonial y financiera no afecta también a terceras personas. La condición del socio único de titular exclusivo del capital de una sociedad anónima o de responsabilidad limitada no evita que confluyan en ella otros intereses. En la medida en que dicha sociedad, por ser de capital, responde ella sola del cumplimiento de sus obligaciones, el interés social no puede coincidir ya con el de su socio porque el patrimonio social no está en función exclusivamente del socio único sino que debe servir también para que la misma pueda hacer frente, por sí y ante sí, al pago de lo que adeuda a sus acreedores, satisfaciendo de ese modo el interés de estos. Todo lo cual nos permite concluir que el socio único no es, en puridad jurídica, el único interesado en la sociedad o lo que es lo mismo: que su interés no puede hacerse coincidir con el interés de la sociedad ni lo agota.

Así pues, no es dable sostener jurídicamente que la sociedad unipersonal y el socio único mantienen el mismo interés por el simple dato de que este último ostenta la titularidad del cien

---

dos oferecidos no Aniversário do Professor, Coimbra, 2020, pp. 251 a 290, pássim. Frente a quienes postulan una concepción de capital social en «clave contractualista» más o menos matizada con los «postulados institucionalistas de la empresa», el Prof. CARBAJO CASCÓN defiende la tesis intermedia de reconocer la existencia de un «interés propio de la sociedad de capital», basado en la conservación de su patrimonio y en garantizar la continuidad de la empresa societaria en aras a maximizar su rentabilidad en el largo plazo, tratando con ello de aunar la satisfacción directa de los intereses comunes de los socios con la satisfacción indirecta de los grupos de terceros interesados en la buena marcha de la empresa social. Así entendido, desde esta «perspectiva objetivada», el interés propio de la sociedad estaría llamado a convertirse en «pauta o guía para la actuación» tanto de administradores como de socios, además de en «referencia útil» para los tribunales de justicia a la hora de resolver las demandas de responsabilidad contra los administradores por actuaciones contrarias al interés social y las acciones de impugnación de acuerdos y decisiones sociales lesivos para el interés social (p. 253).

por cien del capital social, como si el patrimonio de la sociedad fuera por eso cosa exclusiva del socio y no estuviera afecto al pago o cumplimiento de las obligaciones que esta sociedad de capital haya contraído con terceros haciendo uso de la capacidad de obrar que, como persona jurídica, le confieren la Ley y el Derecho[92].

La falta de correspondencia y eventual discordancia entre el interés de la sociedad de capital unipersonal y el del socio único no solo abre la puerta a considerar la posibilidad real de que se susciten situaciones de conflicto de intereses entre ambos, sino que también da pie a cuestionar las operaciones que la sociedad, inducida por el socio único, pueda llevar a cabo con personas especialmente vinculadas a este último. No se trata de añadir al funcionamiento de estas sociedades nuevos campos de fricción o controversia, sino de tomar en consideración los diversos escenarios, a fin de facilitar la detección de conductas susceptibles de ser reputadas de antijurídicas y buscar los medios adecuados para la remoción de sus efectos, permitiendo a las personas que vean perjudicados sus intereses legítimos hacer valer la tutela de sus derechos.

El reconocimiento y la atribución a la sociedad de capital en sí de un interés objetivable, propio y distinto del que pudiera co-

---

92 *Vid.* sin embargo A. EMPARANZA SOBEJANO, «Conflictos de intereses en la sociedad unipersonal», en *Conflictos de intereses en las sociedades de capital: socio y administradores, cit.*, pp. 73 a 89. En palabras de este autor «debe afirmarse tajantemente que no media conflicto de intereses entre la sociedad y el socio cuando este adopte los acuerdos correspondientes a la junta en el seno de una sociedad unipersonal, por mucho que versen sobre alguno de los aspectos contemplados en el art. 190.1 LSC» (p. 78). De igual modo y con respecto al eventual ejercicio por el socio único del cargo de administrador, EMPARANZA sostiene que la aplicación al mismo del deber de lealtad «puede resultar algo artificioso» puesto que, a su juicio, «su actuación como administrador siempre se va a efectuar en interés de la sociedad» (p. 79). La razón es que, para él, los intereses de la sociedad son los del socio único «al ser el único integrante de la compañía» (p. 80).

rresponder al socio único o a los socios que la integran, resulta no solo acorde con la normativa relativa a este tipo de sociedades sino que contribuirá sin duda a facilitar su aplicación, permitiendo discernir con mayor claridad lo que reporta utilidad a la sociedad y a su patrimonio, aisladamente considerados, y las posiciones de interés del resto de las personas que traban relaciones con ella.

La objetivación del interés social no deja de ser otra consecuencia de su personificación y debe ponerse en consonancia con la naturaleza instrumental de la figura. Aunque, a nadie se le oculta, que su afirmación constituye un nuevo paso en el decidido y parece que irrefrenable proceso de institucionalización de la sociedad de capital como forma jurídica de empresa.

VI. ORGANIZACIÓN INTERNA DE LA SOCIEDAD UNIPERSONAL

1. Estructura orgánica

Las sociedades de un solo socio mantienen la estructura orgánica de las sociedades de capital anónimas y limitadas, aunque con importantes particularidades derivadas del hecho mismo de la unipersonalidad. La titularidad que, directa o indirectamente, el socio único ostenta sobre la totalidad del capital social le proporciona una posición incontestable dentro de la sociedad y le confieren un control casi omnímodo sobre ella. Lo que está llamado a incidir decisivamente en la configuración orgánica y el funcionamiento interno de este tipo de sociedades.

La unipersonalidad incide de un modo especial en la organización societaria y debe ser tenida muy en cuenta por el intérprete a la hora de abordar el estudio de su régimen jurídico. El Derecho no puede desconocer la concentración de poder que se da en estas sociedades ni el estado de subordinación en que se encuentran respecto al socio único. Antes al contrario, el análisis cabal de la posición jurídica del socio único en la sociedad unipersonal permitirá determinar su grado de implicación en la actividad empresarial que la misma lleva a cabo en el mercado y, llegado el momento, servirá también para delimitar la posible responsabilidad en que haya podido incurrir ese socio, tanto frente a la sociedad como, en su caso, frente a terceros.

El análisis de la posición jurídica del socio único en la estructura orgánica de la sociedad unipersonal deviene crucial porque nos permitirá, a la postre, determinar su grado de implicación en la actividad empresarial que la misma lleva a cabo en el mercado y, llegado el momento, servirá también para delimitar la posible responsabilidad en que haya podido incurrir aquel, tanto frente a la sociedad como, en su caso, frente a terceros.

2. El socio único como «sustituto» de la Junta general de socios

2.1. Asunción por el socio único de las competencias de la Junta

Las sociedades unipersonales no tienen Junta General de Socios. En este tipo de sociedad de capital, el socio único sustituye al órgano general de socios y asume todas sus competencias como órgano soberano de la sociedad, integrado por los «dueños» del patrimonio separado atribuido a la persona jurídica[93]. La primera consecuencia de la posición de preeminencia que el socio único detenta en la sociedad unipersonal es la atribución que la Ley hace (art. 15.1) al mismo de las funciones propias de la Junta General. En consecuencia, la Junta General entendida como *reunión de socios, debidamente convocada, para deliberar y decidir, por la mayoría legal o estatutariamente establecida, en los asuntos propios de su competencia*[94] no existe en las sociedades unipersonales y pasa a ser

---

[93] *Vid.* J. ALFARO ÁGUILA-REAL, «La junta, los acuerdos sociales, la prohibición de unanimidad y el reconocimiento de derechos de veto a los socios, en *Estudios orgánicos de las sociedades de capital. Liber Amicorum Fernando Rodríguez Artigas y Gaudencio Esteban Velasco,* coordinado por J. Juste y C. Espín, vol. I, pp. 685 a 718, part. pp. 697 a 699.

[94] En relación a la sociedad anónima, *vid.* todavía URÍA/MENÉNDEZ/MUÑOZ PLANAS, *La Junta General de accionistas,* en *Comentario al régi-*

sustituida legalmente por un órgano conformado por la voluntad individual del socio único. El órgano de socios pierde en ellas su carácter colectivo y colegiado para pasar a configurarse como un órgano individual, en el sentido de que su voluntad se corresponde con la de una única persona, lo que incidirá evidentemente en su régimen de funcionamiento.

La Junta General no existe ni puede existir en estas sociedades de capital porque en una anónima o limitada unipersonal no hay varios socios que deban reunirse *jurídicamente* para adoptar acuerdos y conformar la voluntad societaria. Sus competencias son asumidas por un órgano diferente, compuesto por el único titular del capital social, que pasa a ocupar su lugar en el esquema organizativo de la sociedad. Y aunque ello no afecta a la estructura orgánica de las sociedades anónimas y limitadas unipersonales, sí altera de forma sustancial el régimen de funcionamiento de su órgano primario[95].

---

men legal de las sociedades mercantiles, dir. por URÍA, MENÉNDEZ y OLIVENCIA, vol. V, Madrid, 1992, p. 23. En general, en torno a estas cuestiones, por lo que respecta a la sociedad de responsabilidad limitada, *vid.* G. ESTEBAN VELASCO, «Algunas reflexiones sobre la estructura orgánica de la sociedad de responsabilidad limitada en la nueva Ley», en *Derecho de sociedades de responsabilidad limitada. Estudio sistemático de la Ley 2/1995*, I, Madrid, 1996, pp. 549 a 585; asimismo, *vid.* E. GALÁN CORONA, «La Junta General», en *La reforma de la sociedad de responsabilidad limitada*, Consejo General de los Colegios Oficiales de Corredores de Comercio, Madrid, 1994, pp. 493 a 522, part. p. 498; F. RODRÍGUEZ ARTIGAS, «La Junta General de socios», en *Derecho de sociedades de responsabilidad limitada. Estudio sistemático de la Ley 2/1995*, I, *cit.*, pp. 587 a 642, part. pp. 591-592; M. DE LA CÁMARA, *Curso sobre sociedades de responsabilidad limitada.*, Madrid, 1998, pp. 159 y ss.

95 Por eso, no podemos compartir la opinión de F.J. ARANGUREN URRIZA («Sociedad unipersonal de responsabilidad limitada», *cit.*, p. 1444) cuando *alude* a la «aplicabilidad» del régimen común de la junta general a las sociedades unipersonales en los supuestos —cotitularidad de acciones o participaciones, sociedades municipales o socio único-persona jurídica— en que «la decisión en junta pueda corresponder a un órgano colegial». Tratándose de una sociedad unipersonal, el modo

Por ello mismo, tampoco es dable sostener que la Junta General se mantiene en ellas, apoyándose en el carácter de órgano *necesario* que le atribuyen las leyes[96]. Esta afirmación contradice la propia naturaleza de las cosas y, llevada a sus últimas consecuencias, supondría tanto como extender la aplicación de las garantías que rodean el funcionamiento de las juntas generales al órgano formado por el socio único, incurriendo en un formalismo a todas luces innecesario; y si, finalmente, el sentido común nos hace negar la aplicación al socio de tales preceptos estaríamos ante un planteamiento paradójico[97]. En el fondo lo que subyace es un pro-

---

de adoptar *decisiones* el socio único cae fuera del ámbito societario y no viene sometido a las reglas de funcionamiento de la junta general.

96 *Vid.* A. ALONSO UREBA, «La 12ª Directiva comunitaria en materia de Sociedades relativa a la sociedad de capital unipersonal y su incidencia en el Derecho, doctrina y jurisprudencia española, con particular consideración en al RDGRN de 21 de junio de 1990», *cit.*, pp. 91-92. *Vid.* también R. CABANAS TREJO y J.M. CALAVIA MOLINERO (coord.), *Ley de sociedades de responsabilidad limitada*, Barcelona, 1995, pp. 754-755; J. BOQUERA MATARREDONA, *La sociedad unipersonal de responsabilidad limitada*, Madrid, 1996, p. 122; J.D. RODRÍGUEZ MARTÍNEZ, en *La sociedad de responsabilidad limitada*, coord. por A. Bercovitz Rodríguez-Cano, Pamplona, 1998, p. 704; F. CARBAJO CASCÓN, *La sociedad de capital unipersonal*, Cizur Menor (Navarra), 2002, pp. 446 y ss. Inicialmente, mantuvo la misma opinión A. RONCERO SÁNCHEZ («La sociedad de capital unipersonal», *cit.*, p. 1150), llegando a afirmar la «plena normalidad en el funcionamiento de la Junta general» y declara aplicable a la sociedad unipersonal (como antes había hecho ALONSO UREBA), el *régimen general sobre funcionamiento de la Junta General*, «salvo en aquellos aspectos que sean incompatibles con la unipersonalidad». Más recientemente, el Prof. RONCERO ha rectificado y admitido que «considerar la subsistencia de la junta general como órgano integrado por un solo miembro probablemente resulte una construcción excesivamente artificiosa e innecesaria». *Vid.* A. RONCERO SÁNCHEZ, «Artículo 15. Decisiones del socio único», en *Comentario de la Ley de Sociedades de Capital*, dir. por J. A. García-Cruces e I. Sancho Gargallo, Tomo I. Valencia, 2021, p. 514.

97 Resultan, desde luego, muy interesantes las reflexiones en torno a estas cuestiones planteadas por PAZ ARES en su trabajo «Cómo entendemos

blema de tipo metodológico. Quizás sea en el campo del Derecho de sociedades donde el método dogmático ha arraigado con más intensidad, para lo bueno y para lo malo, en el moderno Derecho mercantil. A mi modo de ver, tampoco tiene mucho sentido tratar de aplicar al órgano social formado por el socio único el régimen particular de las juntas universales[98], pensadas para supuestos bien distintos de la adopción de decisiones (y no de acuerdos) por parte de una sola persona.

La regulación jurídica del órgano de socios experimenta así, en la sociedad unipersonal, una modificación importante porque, como órgano societario, el socio único no se halla sometido al régimen convocatoria, constitución y funcionamiento aplicable a la Junta general de socios de las sociedades pluripersonales. Técnicamente, ni siquiera es admisible la ficción de equiparar al socio único con una Junta universal porque su composición nunca va a ser plural. La legislación de sociedades de capital configura la junta general como un órgano colectivo del que forman parte todos los socios y dicho carácter pluripersonal determina el contenido de buena parte de su disciplina, desde el régimen de convocatoria y constitución, hasta el de funcionamiento y adopción de acuerdos, pasando por el de su posible impugnación. Pero no tiene sentido intentar aplicar esta normativa al socio único cuando actúa como órgano social, por más que ejerza funciones propias de la Junta General[99].

---

y cómo hacemos el Derecho de sociedades», publicado en la obra (que él mismo coordina) *Tratando de la sociedad limitada*, Fundación Cultural del Notariado, Madrid, 1997, pp. 159 a 205.

98 Como han postulado autores como ALONSO UREBA («La 12ª Directiva..., *cit. ult.*, p. 92) o BOQUERA MATERREDONA (*op. cit. ult.* p. 128), o el propio CARBAJO CASCÓN, *op. cit. ult.*, p. 446).

99 Lo que subsiste es el ámbito de competencias de la misma. *Vid.* O.J. JIMÉNEZ SÁNCHEZ y A. DÍAZ MORENO, *Sociedad unipersonal de responsabilidad limitada*, en *Comentario al régimen legal de las sociedades mercantiles*, dir. por URÍA, MENÉNDEZ y OLIVENCIA, t. XIV, vol. 5, Madrid, 1998, p. 154. Con buen sentido práctico, ESTURILLO alude a un

Es el socio único, subrogado en el lugar de la Junta general, el llamado a ejercer todas y cada una de las competencias propias de esta, incluida por supuesto la de nombrar o cesar a los administradores[100]. También será el socio único quien tenga la potestad de impartir instrucciones al órgano de administración y prohibirle tomar decisiones o adoptar acuerdos sobre determinados asuntos de gestión sin su autorización[101]. Dada su configuración individual, no cabe aplicar al socio único ningún requisito de quórum para su válida constitución como órgano de la sociedad; ni el régimen de mayorías legales o estatutarias, simples o cualificadas que rige en las Juntas, porque el socio único decide todo sin ninguna discrepancia posible.

Las decisiones adoptadas por el socio único en el ejercicio de las competencias de la Junta general de socios habrán de consignarse por escrito en un acta, para su debida constancia y por razones de seguridad jurídica. El acta en cuestión deberá estar firmada por el propio socio único o por su representante voluntario o legal, porque nada impide al socio servirse de otra persona para desempeñar su labor de órgano de la sociedad; y si fuera una persona jurídica, dicha representación será además necesaria.

La naturaleza unipersonal del órgano de socios incide además en el modo de configurar la representación del socio único. La posibilidad de este último de hacerse representar en el ejercicio de las competencias propias del órgano de socios no tiene porqué venir sometida a las normas relativas a la representación volunta-

---

órgano decisorio formado por el socio único como «sustitutivo del que en las pluripersonales está constituido por la llamada Junta General»: *vid.* A. ESTURILLO LÓPEZ, *Estudio de la sociedad de responsabilidad limitada,* Madrid, 1996, p. 656. De igual modo, niega también rotundamente que pueda hablarse de «junta» en las sociedades de un socio, P. ÁVILA NAVARRO, *La sociedad limitada,* t. II, Barcelona, 1999, p. 1028.

100 Así como cualesquiera otros que determinen la Ley o los estatutos. Cfr. art. 160 LSC.

101 Cfr. art. 161 LSC.

ria de los socios en la Junta General de la sociedad anónima o de la sociedad limitada[102]. No se advierte ningún inconveniente para que el socio único disponga su representación por un tercero conforme a las reglas generales de la representación en Derecho Privado y confiera poder para el ejercicio de sus competencias en seno de la sociedad a una persona, natural o jurídica, de forma individual; o a varias personas, para que la ejerzan mancomunada o solidariamente.

La posición del socio único en el lugar de la Junta general y la atribución al mismo de todas las competencias del órgano de socios da idea del amplísimo poder que aquel está llamado a acumular en el seno de la sociedad. El socio único podrá intervenir en todos los asuntos y tomar sus decisiones sin restricción alguna, porque no es posible hacer valer en una sociedad unipersonal la normativa legal dirigida a prevenir situaciones de conflicto de intereses en el seno del órgano de socios, que prohíbe a un socio ejercitar el derecho de voto correspondiente a sus acciones o participaciones a la hora de adoptar «acuerdos» en torno a los asuntos legalmente tipificados como de conflicto de intereses. Por la misma razón, tampoco cabría la impugnación de los acuerdos adoptados con el voto decisivo de un socio afectado por otras situaciones de conflicto de intereses[103].

Al propio tiempo, perderá buena parte de su sentido el régimen legal aplicable a la adopción de los «acuerdos» de modificaciones estatutarias y estructurales de la sociedad, en particular las normas dirigidas a la protección de las minorías sociales. Tan solo se mantendrán plenamente vigentes las relativas a la tutela de los acreedores.

---

102 En este sentido, tampoco cabe ni tendría sentido hablar en la sociedad unipersonal de solicitud pública de representación porque no hay en ella varios socios a quienes representar. Lo que torna inaplicable la regulación de este tipo de representación contenida en el artículo 186 LSC.

103 Cfr. art. 190 LSC.

2.2. Régimen de funcionamiento y actuación

La propia Ley prevé las pautas fundamentales de actuación del socio como órgano social, cuando establece (art. 15.1) que *ejercerá las competencias de la Junta General* y que *sus decisiones se consignarán en acta, bajo su firma o la de su representante.* En puridad jurídica no cabe hablar de *acuerdos* del socio único, porque la adopción de un acuerdo presupone la existencia de una voluntad colectiva[104]. Pero el socio único es un órgano unipersonal que no llega a acuerdos, sino que toma decisiones. Lo que resta es tan sólo una cuestión de atribución jurídica[105], en este caso orgánica.

La decisión del socio único reviste la naturaleza propia de una declaración jurídico-negocial de voluntad que la Ley, en una nueva «fictio iuris», imputa a la persona jurídica y convierte, dentro del extenso ámbito de competencias atribuido al órgano de socios, en «voluntas societatis». La declaración de voluntad del socio único tampoco precisa manifestarse bajo la forma estándar de un voto y adoptarse en el cuadro de ninguna votación, porque se configura como la decisión unitaria de una sola persona en torno a cada asunto y no requiere confrontación con las decisiones de otros socios. Ello no obsta a que, la decisión en cuestión pueda, a su vez, ser el producto material de una voluntad colectiva, porque la representación del socio único se hubiera conferido legal o voluntariamente a varias personas o incluso tener que fraguarse en el seno del órgano colegiado de otra persona jurídica. En cualquiera de estos casos, la diferencia estriba en que la formación de la voluntad unitaria del socio no se regirá por las normas aplicables a una hipotética Junta General de Socios porque este órgano no existe en una sociedad unipersonal.

La voluntad del órgano será siempre coincidente porque las decisiones del socio único son, por esencia, unánimes y no pue-

---

104 *Vid.* J. GIRÓN TENA, *Derecho de sociedades*, I, *cit.*, pp. 308 y ss.

105 *Vid.* K. SCHMIDT, *Gesellschaftsrecht, cit.*, pp. 1248-1249, § 40 III 2c.

den albergar ningún tipo de discrepancia interna. Nada de lo cual atenta contra la vigencia del principio mayoritario como pauta de actuación básica —que no exclusiva— de una sociedad de capital, ni contraviene los principios configuradores de la sociedad de capital, tras el reconocimiento legal de la sociedad anónima y de la sociedad limitada integradas por un solo socio que, habida cuenta de su posición exclusiva, no precisará consensuar mayoritariamente con otros sus decisiones societarias[106].

De acuerdo con la regulación específica de las sociedades unipersonales, el socio único decide libremente en todos aquellos asuntos que le atribuyen la Ley y los estatutos sociales, dondequiera que el mismo se encuentre y sin necesidad de convocatoria, ni de orden del día. De modo que los administradores tendrán expedita la vía para acudir a él y consultarle todas aquellas cuestiones que tengan por conveniente, sin necesidad de convocarlo a ninguna Junta[107]. Así expuesto, el sistema pudiera comportar cierta inseguridad, dado que el socio siempre podría alegar la existencia de supuestas decisiones que avalen o desautoricen los actos sociales. Esto plantea un problema, sobre todo, de forma,

---

106 He aquí un nuevo argumento para negar que el principio mayoritario constituya un principio configurador de las sociedades de capital y deba concebirse como un postulado legal absoluto e inamovible, en vez de admitir la posibilidad de que pueda ser moldeado abiertamente por los socios en el contrato de sociedad, dentro del ámbito de su autonomía de la voluntad. La exigencia de consensos en determinados asuntos no constituye ningún impedimento para el ejercicio de una actividad empresarial ni paraliza el normal funcionamiento orgánico de una sociedad y puede perfectamente ser adoptado como pauta de decisión tanto por los socios como por la propia Ley. *Vid.* J. ALFARO ÁGUILA-REAL, «La junta, los acuerdos sociales, la prohibición de unanimidad y el reconocimiento de derechos de veto a los socios», *cit.*, pp. 710 a 718.

107 Lo que les permitirá instarle, siempre que lo consideren pertinente, para que se pronuncie sobre determinados asuntos y tome las decisiones pertinentes. *Vid.* G.J. JIMÉNEZ SÁNCHEZ y A. DÍAZ MORENO, *Sociedad unipersonal de responsabilidad limitada, cit.*, pp. 164-165.

que el legislador español ha tratado de resolver mediante la exigencia —contenida en su día en la Directiva[108]— de que el socio único consigne sus decisiones en acta, bajo su firma o la de su representante[109].

La preceptiva consignación por escrito, en un acta, de las decisiones del socio único contribuirá a dotarlas de una mayor consistencia, evitando situaciones de incertidumbre y dificultando su manipulación. Ha llegado a sugerirse por algún autor la conveniencia de exigir su constancia —al menos por lo que respecta a algunas decisiones— en un acta notarial[110], pero la medida vendría a dificultar estos procesos de decisión y terminaría lastrando el propio funcionamiento de la sociedad unipersonal. En la práctica, nada impide además al socio único, cuando lo considere oportuno, otorgar sus decisiones ante notario y formalizarlas —como cualquier otra sociedad de capital— en acta notarial[111]; pero su imposición en todos los casos resultaría, cuando menos,

---

108 La Directiva la toma de la *GmbH-Novelle* alemana, de 4 de julio de 1980, que fue la que introdujo el requisito de la forma escrita para las decisiones sociales adoptadas por el socio único, al disponer (§ 48 III) que en «el supuesto de que todas las participaciones se encuentren en manos de un socio o, asimismo, de la sociedad, el socio único está obligado a levantar acta y firmarla inmediatamente después de la adopción de una resolución».

109 La firma puesta por el socio o su representante sobre el acta de las decisiones equivale a la aprobación de la misma y permite su ejecución, en el sentido del artículo 202.3 LSC. Sobre la redacción del acta conteniendo tales decisiones, *vid.* A. ESTURILLO LÓPEZ, *Estudio de la sociedad de responsabilidad limitada, cit.*, p. 662.

110 *Vid.* A. ALONSO UREBA, «La 12ª Directiva comunitaria en materia de Sociedades relativa a la sociedad de capital unipersonal y su incidencia en el Derecho, doctrina y jurisprudencia española, con particular consideración en la RDGRN de 21 de junio de 1990», *cit.*, p. 92. Asimismo, A. RONCERO SÁNCHEZ, «La sociedad de capital unipersonal», *cit.*, pp. 1150-1151; y, más recientemente, en *Comentario de la Ley de Sociedades de Capital,* dir. por J.A. García-Cruces e I. Sancho Gargallo, t. I, Valencia, 2021, p. 522.

111 Cfr. art. 203 LSC.

desproporcionado. No se olvide, además, que la constancia en acta de una decisión no exime a la sociedad de tener que elevarla a documento público cuando fuera exigible, por ejemplo, para practicar su inscripción en el Registro Mercantil.

El acta de decisiones del socio único debe reflejar la voluntad del mismo como órgano de la sociedad y no debe confundirse con el acta de ninguna supuesta Junta universal porque no lo es. Por consiguiente, tampoco puede certificarse como si lo fuera[112]. La normativa registral establece, asimismo, que el acta en que se consignan las decisiones del socio único debe extenderse o transcribirse en el Libro de actas correspondiente, haciendo constar la fecha y el lugar de su adopción, el contenido de tales decisiones y la circunstancia de si han sido adoptadas personalmente o por medio de representante[113].

La mención que hace la Ley de la facultad conferida al socio único de consignar en acta sus decisiones por medio de otro debe entenderse como un reconocimiento —por lo demás elemental— de su derecho a hacerse representar en el ejercicio de las funciones sociales, más allá del régimen restrictivo previsto para la representación de los socios en Junta general. La plasmación escrita en acta debidamente firmada o su adecuada certificación constituye un requisito necesario para la eficacia de las decisiones del socio único, aunque no tendría mucho sentido que este pudiera hacer valer la ausencia de forma para eludir las consecuencias desfavorables de tales decisiones.

La Ley confiere, asimismo, al socio único la facultad de ejecutar y formalizar sus decisiones como órgano de la sociedad,

---

112 Cfr. bien el tenor del artículo 97.2 RRM en conexión con lo dispuesto en el propio artículo 15.2 de la LSC.

113 Cfr. nuevamente el contenido del artículo 97.2 y el artículo 106 del Reglamento del Registro Mercantil. El Libro de actas a que alude el Reglamento es uno de los que, con arreglo al artículo 26 del Código, deberán llevar las sociedades mercantiles para hacer constar los *acuerdos* que adopten sus «órganos colegiados».

sin tener que recurrir a los administradores para hacerlo[114]. Esta medida contribuirá, sin duda, a dotar de mayor funcionalidad al órgano de socio, aunque sus efectos alcanzan tan solo al ámbito propio de las competencias de este y no puede interpretarse como la concesión al socio de un poder general de actuación al frente de la sociedad.

Por «formalizar» hay que entender tanto la facultad de aprobar el acta conteniendo sus propias decisiones o las de su representante, como la de proceder a la adecuada documentación y elevación a documento público de tales decisiones, incluyendo la posibilidad de instar, en su caso, su inscripción registral, cuando resulte pertinente[115]. En la misma línea, el Reglamento del Registro Mercantil extiende también al socio único la facultad de certificar las actas en las que se consignen sus decisiones[116].

Más difícil de aprehender resulta, en cambio, facultad que la Ley confiere al socio único de «ejecutar» las decisiones que adoptadas en el marco de las competencias que tiene atribuidas como «órgano de socio». La sociedad de un solo socio es, por su propia naturaleza, una sociedad de carácter marcadamente personalista, cuyo rasgo más acentuado es precisamente el control que el mismo detenta sobre ella o está en condiciones de

---

114 La atribución al socio único de la facultad de ejecutar y formalizar sus decisiones como órgano social alcanza no solo a las consignadas en acta bajo su firma sino también a las que lo hayan sido bajo la firma de su representante. Ello no obsta a la posibilidad de que la ejecución y formalización de las decisiones del socio único se lleve a cabo también por los administradores de la sociedad unipersonal. Cfr. art. 108.1 RRM.

115 *Vid.* A. RONCERO SÁNCHEZ, «Sociedad unipersonal de responsabilidad limitada», en *La reforma del Derecho de sociedades de responsabilidad limitada,* número monográfico de la *Revista de Derecho de Sociedades,* 1994, pp. 129 a 149, part. p. 145; asimismo, H. SÁNCHEZ RUS, «La sociedad de un solo socio», en *Revista General del Derecho,* 1994 (núm. 603), pp. 12.911 a 12.957, part. p. 12.951.

116 El socio único compartirá dicha facultad con los administradores de la sociedad con cargo vigente. Cfr. 109.3 RRM.

detentar, como titular de la totalidad del capital social. Se explica así que el socio único mantenga un amplio poder de decisión dentro de la sociedad y ello le permita recurrir tanto a las vías legales como a otras de carácter estatutario para intervenir activamente en la administración de los asuntos sociales, impartiendo instrucciones o exigiendo ser consultado respecto a múltiples cuestiones.

Es en este marco en el que debe situarse y entenderse la mención que hace la Ley (art. 15.2) a la posibilidad de que el socio único *ejecute* las decisiones que él mismo adopta en la esfera de sus competencias sociales. Por un momento, el legislador se olvida de la separación tradicional de funciones que deriva de la estructura orgánica de las sociedades de capital y permite al socio participar directamente, al lado de los Administradores, en determinadas actividades propias de la gestión y administración de su empresa[117]. Ahora bien, el tenor del precepto no permite concluir que, en las sociedades unipersonales, el órgano de administración es un órgano meramente potestativo; o que la legitimación conferida al socio único para ejecutar sus decisiones sociales supone el establecimiento de una nueva forma de organizar la administración societaria[118].

A pesar del «afecto intelectual» que los juristas solemos profesar a las construcciones puras y a la simetría, no creo que pue-

---

[117] El precepto ha sido criticado por RONCERO SÁNCHEZ («La sociedad de capital unipersonal», *cit.*, pp. 1153 y ss.), al tiempo que califica la medida de *desafortunada y fuertemente perturbadora*, afirmando que su origen «parece conectarse con una visión restrictiva de la sociedad unipersonal, considerada exclusivamente como un instrumento al servicio de la limitación de responsabilidad del empresario individual [...]» (p. 1155).

[118] A esta conclusión errónea llega J.C. MARTÍN ROMERO, «La sociedad unipersonal de responsabilidad limitada», en *Revista General de Derecho* 1994, pp. 5553 a 5602, part. pp. 5582-5583. Con buen sentido, RONCERO combate dicha afirmación alegando que «esta medida [...] no implica que en los casos de unipersonalidad se modifique la estructura organizativa de la sociedad de responsabilidad limitada hasta la total desfiguración de este tipo societario» (*op. cit. ult.*, p. 1156.)

dan hallarse razones —irrebatibles— para negar al titular de la totalidad del capital social la posibilidad de intervenir, si lo desea, en la dirección interna de su empresa. Es una consecuencia, en cierto modo lógica, de su posición de dominio sobre la sociedad y no conculca ningún principio configurador del Derecho de sociedades. En las sociedades pluripersonales, la intromisión de la junta general en las tareas de administración puede plantear problemas, tanto legales como de carácter material; pero, tratándose de un solo individuo que concentra sobre sí todo el poder de decisión de los socios, nada obsta a que el mismo pueda asumir directa o indirectamente funciones directivas en la sociedad[119].

Investido de las funciones de Junta general, será el socio único quien se encargue —directamente por sí o a través de representante— de censurar la gestión social, aprobar las cuentas anuales y decidir sobre la aplicación del resultado. Para ello, no se requiere ni resulta necesario que los administradores convoquen una junta dentro de los seis primeros meses de cada ejercicio. El acto de comunicación de los estados contables y su aprobación o rechazo por una sola persona no requieren, desde luego, la convocatoria formal de ningún tipo de reunión. Los Administradores cumplirán su obligación de rendición de cuentas remitiendo al socio

---

119 No considero por ello aceptable la tesis de JIMÉNEZ SÁNCHEZ y DÍAZ MORENO (*Sociedad unipersonal de responsabilidad limitada, cit.*, p. 192) cuando argumentan que el régimen de responsabilidad de los administradores constituye un límite a las competencias del socio único que —en su opinión— se circunscriben «sustancialmente a aprobar, ratificar o autorizar las decisiones del órgano de administración; pero nunca podrá adoptar decisiones directas de gestión». Con lo cual «poco campo» quedaría ya para la ejecución por él de este género de decisiones, «puesto que no son en sí mismas ejecutables». Para estos autores, como el socio único no asume, en cuanto tal, responsabilidad frente a los terceros —«mientras que sí lo hacen los administradores»— no puede tener atribuidas *competencias decisorias de gestión.* En mi opinión, falla la premisa de ese razonamiento, porque el socio único dista mucho de ser irresponsable jurídicamente de sus actos y decisiones, así como de los daños que con ellas pueda causar a la sociedad

único las cuentas anuales y la propuesta de aplicación del resultado, junto con el informe de gestión en su caso, puesto que la Ley exige que tales extremos sean sometidos al órgano de socios para su aprobación.

A estos efectos, resulta por lo demás evidente que el derecho de información del socio único no admite ni se halla sujeto a ningún tipo de limitación, pudiendo solicitar y hasta exigir de los administradores, todas aquellas informaciones y aclaraciones que estime precisas, viniendo los mismos obligados a proporcionárselas sin restricción alguna; y ello no solo cuando le sometan la aprobación de las cuentas anuales de la sociedad sino ante cualquier otra situación o circunstancia. El efectivo cumplimiento por parte de los administradores de las peticiones de información que tenga a bien dirigirles el socio único viene refrendado, en último término, por la potestad de este de ordenar su cese en el cargo en cualquier momento, sin necesidad siquiera de motivar la decisión de hacerlo[120].

El proceso de rendición de cuentas carecerá de sentido cuando sea el propio socio único el que tenga atribuidas en la sociedad las funciones de administración, al igual que sucede en aquellas sociedades mercantiles en las que la condición de administrador recae en todos y cada uno los socios.

La actuación del socio único como órgano de la sociedad unipersonal hallará un límite importante en la atribución explícita que la propia Ley hace del poder de representación de las sociedades de capital —en juicio y fuera de él— a los administradores, con las competencias que se tipifican en ella[121]. Aunque ello no

120 El socio único, en el ejercicio de las competencias de la junta general, puede disponer el cese de los administradores en cualquier tiempo y lugar, consignándolo en un acta; e incluso proceder por sí mismo a la formalización de su decisión. Cfr. art. 15. Sin importar la «mayoría reforzada» que, eventualmente y tratándose de una sociedad limitada unipersonal, puedan prever los estatutos. Cfr. art. 223.2 LSC.

121 En la forma determinada en los estatutos, de acuerdo con las reglas de atribución establecidas en el artículo 233; y extendiendo esa repre-

será óbice para que, en cualquier momento, el socio único tome la decisión de cesar al administrador, previamente designado, por no cumplir sus instrucciones y disponga, además, los trámites necesarios para hacer efectiva esta decisión. Además, nada impide al socio único designarse a sí mismo como administrador y arrogarse así la representación de «su» sociedad.

Las decisiones del socio único como órgano social no resultarán además fácilmente impugnables conforme a los parámetros establecidos en la Ley, salvo que lo sean por «terceros que acrediten un interés legítimo», habida cuenta de la inexistencia de otros socios en la sociedad y la posibilidad —solo teórica— de que lo hagan los administradores, sometidos al poder de control y cese de aquel[122].

3. El socio único administrador

Lo mismo que en cualquier otra sociedad de capital, el ejercicio de las funciones de dirección y gestión corresponde en la unipersonal al órgano encargado de la administración. Ello no obstante y dado el protagonismo que en la misma puede llegar a asumir el socio único, la línea de separación entre las funciones propiamente administrativas y las de control y supervisión no resulta, evidentemente, tan tajante. Esta circunstancia ha incidido en la disciplina positiva de la figura, porque la Ley no puede negar al verdadero y único propietario de una sociedad la posibilidad de *inmiscuirse* en la dirección de los asuntos sociales, aun cuando no tenga la condición legal de administrador. Claro está que la participación del socio en el gobierno de *su* sociedad no podrá trascender del ámbito propiamente interno para invadir la

---

sentación legal sus competencias a todos los actos comprendidos en el objeto social delimitado en los estatutos e incluso a actos no comprendidos en el objeto social, tratándose de terceros de buena fe que hayan obrado sin culpa grave. Cfr. arts. 233 y 234 LSC.

122 Cfr. art. 206 LSC.

esfera externa o negocial, en la que los administradores ostentan por Ley la representación general de aquella. En efecto, la representación de la sociedad, en juicio y fuera de él, corresponde por ley a sus administradores, por lo que el socio único no está, en cuanto tal, habilitado para concluir negocios jurídicos en nombre y por cuenta de la sociedad. La atribución al mismo de poderes de representación debe llevarse a efecto por los cauces ordinarios. Sin representación legal o apoderamiento debidamente conferido, la única posibilidad que tiene el socio único de obligar a la sociedad en los contratos que celebra con terceros es que sean posteriormente ratificados por ella, a no ser que se le pueda configurar jurídicamente como *factor notorio.*

La posición central que el socio único ocupa en la sociedad unipersonal se traducirá, muchas veces, en su *autodesignación* como administrador. El socio se implicará de este modo plenamente en el funcionamiento de la sociedad, pasando a detentar *de derecho* el poder efectivo de dirección sobre su empresa. En tanto que administrador, los poderes del socio único al frente de la sociedad no tendrán más límites que los establecidos en la Ley.

Es, por lo demás, evidente que la asunción efectiva por el socio único de funciones de gobierno y su participación efectiva en la dirección de la sociedad, cuando no vayan acompañadas de su designación formal como administrador, le constituirá jurídicamente y a los correspondientes efectos en administrador de hecho.

En cualquiera de ambos casos, ya sea como administrador de derecho o como administrador de hecho, el socio único vendrá sometido al régimen jurídico propio de los administradores, asumiendo frente a la sociedad las obligaciones previstas en la Ley y en los estatutos sociales. Esto incluye tanto el deber general de desempeñar su cargo y cumplir sus obligaciones legales y estatutarias con la diligencia de un ordenado empresario (atendiendo a la naturaleza del cargo y a las funciones que tuviere atribuidas)[123],

---

[123] Cfr. art. 225 LSC, relativo al deber general de diligencia.

como también el de desempeñarlo con la lealtad de un fiel representante, obrando de buena fe y en el mejor interés de la sociedad[124]. No hay ningún título o motivo que permita sostener la inaplicabilidad al socio único administrador del deber de lealtad que la Ley impone a los administradores. La situación no difiere sustancialmente de la que se puede llegar a plantear en el seno de los grupos de sociedades.

En el caso de la sociedad unipersonal, la posibilidad de salvar el incumplimiento por el socio administrador de la prohibición legal de incurrir en conflicto de intereses con la sociedad y el deber también legal de evitar este tipo de situaciones pasará por obtener la dispensa de la sociedad. Esta dispensa resultará fácil de lograr en este tipo de sociedades puesto que su concesión correrá a cargo, en último término, del propio socio único[125].

Nada de lo anterior, convierte la decisión de la sociedad unipersonal, adoptada por medio del socio único, de dispensarle como administrador de sus deberes de lealtad, en una medida totalmente arbitraria. Antes bien, la decisión del socio único de dispensarle de sus obligaciones legales le constituirá en responsable personalmente de los daños y perjuicios que puedan derivarse para la sociedad unipersonal de las actuaciones que lleve a cabo como administrador en contra del interés social. Por mucho que se considere que la autorización de la sociedad exime al administrador de su deber de lealtad, lo que puede es eximir al socio único de las consecuencias de su decisión[126].

---

124 Cfr. art. 227, cumpliendo además las obligaciones básicas que se derivan del mismo (art. 228) y los preceptos dictados en su desarrollo (arts. 229, 230 y 231), todos ellos de la Ley de Sociedades de Capital.

125 Cfr. art. 230 LSC, que atribuye con carácter general la competencia de dispensar a los administradores de la prohibición legal de evitar situaciones de conflicto de interés y autorizar a los mismos para llevar a cabo las correspondientes actuaciones a la Junta y, en algunos casos, al órgano de administración.

126 Para RONCERO, el deber de lealtad se configura sobre la premisa de que existe «una mínima alteridad entre el interés social y el interés

4. *Responsabilidad del socio único por su actuación al frente de la sociedad*

La atribución a la sociedad de personalidad jurídica propia y distinta no sólo le otorga la condición de sujeto de derechos y obligaciones frente a terceros, sino que viene también a reafirmar su autonomía respecto al socio, a pesar de la evidente conexión patrimonial que existe entre ambos. De este modo, la titularidad que el socio ostenta sobre la totalidad del capital social no basta para contrarrestar o anular las consecuencias de orden jurídico que puedan derivar de los vínculos y relaciones —en este caso *orgánicos*— que mantiene con *su* sociedad. Es el «estipendio» que el Derecho impone al socio a cambio de exonerarle personalmente de responsabilidad por las deudas sociales. La adopción de la forma de sociedad anónima o de sociedad de responsabilidad limitada y la consiguiente separación de patrimonios no sólo tiene «ventajas» para el socio sino también inconvenientes, que han de ser asumidos por el partícipe. En consecuencia, lejos de constituir un motivo de fraude, la dualidad de personalidades terminará por convertirse en una de las principales garantías del sistema.

---

perseguido por el administrador». Lo que —según él— cabe apreciar en las sociedades pluripersonales y hasta en los supuestos de grupo de sociedades, también cuando el administrador es socio (incluso mayoritario o de control); pero que esa «alteridad» se diluye en una sociedad unipersonal administrada por su socio único. Hasta el punto de que, en su opinión, mantener en este caso que el administrador no puede llevar a cabo las conductas del artículo 229 o considerar que «solo podrá llevarlas a cabo si existe una decisión de dispensa autorizada por él mismo en su condición de socio único, que habría que suponer implícitamente concedida, no pasaría de ser un puro artificio». A mi juicio sí se da esa alteridad en el caso de la sociedad unipersonal y su socio único. No se trata de una alteridad material sino formal o jurídica, que constituye el «tributo» que debe pagar el socio a cambio del desdoblamiento de su personalidad. Por lo demás, la propia construcción societaria es un artificio jurídico.

A pesar de la ausencia de controles internos, el socio único no lo puede todo al frente de la sociedad; y su actuación se halla limitada fundamentalmente por el respeto a la Ley, a los estatutos y a los legítimos intereses de los acreedores sociales. El perjuicio a estos últimos se produce cuando, en virtud de decisiones del socio, la sociedad sufre un perjuicio *ilícito* y deviene incapaz de cumplir sus obligaciones, debido a la insuficiencia de su patrimonio. Desde el momento en que la sociedad y el socio son personas distintas y pueden ser titulares de derechos y obligaciones diferentes, el *interés social* no debe confundirse con el beneficio personal del socio, por más que el mismo aparezca como titular de todo el capital social. La razón última de ello es el propio régimen de «limitación» de responsabilidad, puesto que la sociedad responde del cumplimiento de sus obligaciones únicamente con sus bienes y el resto del patrimonio del socio permanece «inmune» a las reclamaciones que puedan plantear los acreedores por el incumplimiento de las obligaciones sociales.

En principio y al igual que ocurre en las demás sociedades[127], el socio único asume frente a la suya un deber genérico de lealtad y de respeto a los intereses de su sociedad, así como la obligación

---

127 En Alemania, la cuestión (*Treupflicht und Schädigunsverbot*) ha sido objeto de intensos debates tanto el ámbito general del Derecho de asociaciones como especialmente en relación a las *AG*, y cuenta desde hace años con una importante doctrina y jurisprudencia, tanto en el ámbito general de las asociaciones como en relación a los diversos tipos societarios. *Vid.* K. SCHMIDT, *Gesellschaftsrecht*, 3ª edic., Colonia, 1997, pp. 588 y ss. (§ 20 IV). Respecto a la sociedad unipersonal, *vid.* M. WINTER, «Eigeninteresse und Treupflicht bei der Einmann GmbH in der neueren BGH-Rechtsprechung», en *Zeitschrift für Unternehmens– und Gesellschaftsrecht* 1994, pp. 570 a 594. En nuestra doctrina, el tema ha sido tratado sobre todo por J. GIRÓN TENA, *Derecho de sociedades*, t. I, Madrid, 1976, pp. 295 a 298, 423 a 428 y 558-559. *Vid.* más recientemente, F. CARBAJO CASCÓN, «Deber de lealtad de los socios y conflictos de intereses con la sociedad», *cit.*, que no duda en configurar la «lealtad al interés social» como la pauta básica de comportamiento de socios y administradores (pp. 253 y ss).

de no causar daños a la misma. La sociedad es, en cuanto tal, es la primera beneficiaria de estas obligaciones y, a través suyo, lo serán también los terceros con quienes mantenga relaciones negociales. Por eso mismo, no cabe negar su aplicación a las sociedades unipersonales alegando la «coincidencia» sustancial entre el interés de la sociedad y el del socio único, desde el momento en que la conducta de éste al frente de la sociedad no sólo le afecta a él, sino que puede también afectar indirectamente a terceras personas y, muy particularmente, a los acreedores sociales. Cierto que la consecución de los fines sociales pasa fundamentalmente por la obtención de beneficios, pero es evidente que no todo *beneficio* obtenido por el socio podrá considerarse legítimo y desde luego no lo será el que no vaya acompañado del cumplimiento efectivo por parte de la sociedad de las obligaciones que haya podido contraer con terceros en el tráfico.

Este tipo de exigencias hallan su fundamento último en el campo de los principios. El deber de lealtad del socio deriva del postulado general de buena fe en el ejercicio de los derechos (art. 7 CC) y que está destinado a servir como pauta o criterio de integración jurídico-negocial (art. 1258 CC)[128]. A lo que habría que añadir, asimismo, el postulado general de *neminem laedere* (art. 1902 CC). Uno y otro constituyen, por su propia naturaleza, el marco primario de las relaciones entre la sociedad y el socio, sirviendo de marco al contenido de los derechos y las obligaciones —legales o contractuales— que se establezcan entre ellos, completando las previsiones legales y estatuarias que los contienen.

Las legislaciones imponen a los socios determinadas obligaciones frente a la sociedad y, de acuerdo con ellas, suelen hacerlo también los estatutos sociales, estableciéndose asimismo mecanis-

---

[128] *Vid.* C. PAZ ARES, en *URÍA / MENÉNDEZ Curso de Derecho Mercantil*, Tomo I, 2ª edición, Madrid, 1999, p. 443; asimismo, J.L. GARCÍA-PITA Y LASTRES, «Notas sobre el conflicto de intereses en una sociedad limitada unipersonal atípica», en *Cuadernos de Derecho y Comercio* 2000 (núm. 31), pp. 11 a 58, part. pp. 20 y ss.

mos de control con el fin de preservar el cumplimiento de unas y otros. En ocasiones, se trata de medidas tendentes a invalidar los actos constitutivos de la infracción, pero no van acompañadas de la exigencia a los culpables de una reparación de los daños que hayan podido causar a la sociedad[129]. La activación de tales medidas está en manos de la mayoría de control de la sociedad, aunque con frecuencia podrá llevarse a cabo también por las minorías. Otras veces, la Ley autoriza expresamente a la sociedad para dirigirse frente a los infractores y reclamarles el pago de lo adeudado junto con la indemnización de los daños y perjuicios causados[130]. En las sociedades pluripersonales, el incumplimiento por el socio de sus obligaciones legales o estatutarias puede acarrearle, incluso, la expulsión de la sociedad[131]. De un modo u otro, todas estas obligaciones se enmarcan en el deber general de lealtad y la prohibición de causar daños a la sociedad a los que hemos hecho referencia.

La principal manera de garantizar la reacción ante tales incumplimientos, así como el ejercicio de las medidas legales y estatutarias previstas al efecto, es el establecimiento de una base amplia de legitimación para actuar en defensa del *interés social*. Ahora

---

129 El ejemplo paradigmático de ello son, sin duda, las acciones de impugnación de acuerdos sociales.

130 Así ocurre, por ejemplo, cuando la sociedad anónima reclama a un socio moroso el desembolso de la aportación comprometida, junto con el abono del interés legal y de los daños y perjuicios derivados de la morosidad; o incluso cuando procede a enajenar las acciones afectadas, por cuenta y riesgo del socio infractor. Cfr. art. 84 LSC.

131 En general, sobre el tema, *vid.* R. GARCÍA VILLAVERDE, *La exclusión de socios*, Madrid, 1997, part. pp. 173 y ss. En relación a la sociedad limitada (arts. 98 y cc. de la Ley), *vid.* el propio GARCÍA VILLAVERDE, «Exclusión de socios», en *Derecho de sociedades de responsabilidad limitada, cit.*, t. II, 1023 a 1049. Asimismo, J. ALFARO ÁGUILA-REAL, «Conflictos intrasocietarios (Los justos motivos como causa legal no escrita de exclusión y separación de un socio en la sociedad de responsabilidad limitada)», en *Revista de Derecho Mercantil* 1996 (núm. 222), pp. 1079 a 1141.

bien, esto plantea especiales problemas en el caso de las sociedades unipersonales, a causa de su «perfecta» sumisión al socio y nos obliga a buscar *otras* fórmulas alternativas. Si por algo se caracterizan estas sociedades es por hallarse totalmente subordinadas a la voluntad de su único socio, lo que las imposibilita para exigirle el cumplimiento de cualquier obligación legal o estatutaria, sin que cuenten a nivel interno con otros socios o mecanismos eficaces, dada la posición de sumisión del órgano de administración, en disposición de hacerlo, velando por la restauración del interés societario.

Así las cosas, la cuestión se centra en determinar si es posible exigir responsabilidades al socio único por los daños *ilícitos* que pueda causar a la sociedad unipersonal, con ocasión del ejercicio de sus funciones en el seno de la misma. Entiendo que la respuesta a esta pregunta no puede ser más que positiva y que dicho régimen de responsabilidad halla su fundamento último y general en el deber de lealtad que todo socio contrae frente a su sociedad, que constituye un elemento esencial en cualquier negocio jurídico societario y resulta consustancial a la posición del socio.

En el plano positivo, esta consecuencia jurídica se desprende claramente del deber que el Código Civil impone a «todo socio» de «responder a la sociedad de los daños y perjuicios que esta haya sufrido por culpa del mismo» (art. 1686), en lo que constituye uno de los principios configuradores del Derecho de Sociedades, que el carácter supletorio de las disposiciones del Código Civil permite hacer extensible a cualquier tipo de sociedad. El precepto viene a ratificar la vigencia del Derecho de Obligaciones en el ámbito societario y no deja de constituir una concreción de la responsabilidad impuesta a cualquier deudor por los daños y perjuicios que pueda causar a otros en el cumplimiento de sus obligaciones, cuando contraventa lo establecido en ellas por causas que le sean jurídicamente imputables, de conformidad con lo prevenido en el artículo 1101 del Código Civil. Por ello mismo, su alcance va más allá y no debe quedar limitado a la adopción de la «culpa» que corresponda a las circunstancias de la relación societaria (no de la diligencia de un buen padre de familia) como pauta o criterio general de imputación de responsabilidad del socio[132], que constituye otra consecuencia —por lo demás lógica— de lo anterior. Postulado este que resulta, desde luego, más lógico y acorde con el sistema de principios que el de la «culpa grave», empleado años antes por el Código de Comercio (art. 144) cuando fija la pauta de conducta del socio en la sociedad mercantil colectiva. Lo que ha llevado a nuestra mejor doctrina a considerarlo prevalente[133].

En consecuencia, la falta de cumplimiento por parte del socio de sus obligaciones sociales y, en general, la infracción de la lealtad que debe a la sociedad en sus actuaciones respecto a la misma, en la medida en que perjudiquen los legítimos intereses de ésta y,

---

132 En consecuencia y como sostiene PAZ-ARES, «la responsabilidad de los socios por incumplimiento de sus deberes contractuales se rige por las normas generales que disciplinan la responsabilidad contractual», con alguna que otra particularidad (legitimación, concurrencia de daños, ausencia de interés societario autónomo): *vid.* C. PAZ-ARES, «Artículo 1686», en *Comentario del Código Civil,* dirigido por Paz-Ares, Díez-Picazo, Bercovitz y Salvador, Tomo II, Ministerio de Justicia, Madrid, 1993, p. 1427; y, en la misma línea, A. B. PERDICES HUETOS, «Artículo 1868», en *Comentarios al Código Civil,* dirigido por R. Bercovitz, Tomo VIII, Valencia, 2013, p. 11.549.

133 El Prof. PAZ-ARES no duda en calificar la dualidad de posiciones que, en este punto, mantienen el Código Civil y el de Comercio como una «escandalosa contradicción», para proponer seguidamente su resolución «cerrando filas sobre el Código Civil», considerando que «en este punto seguramente (*sic*) ha de considerarse derogatorio del Código de Comercio»; y ello porque, aun cuando la ley posterior general no alcanza, en principio, a derogar la ley especial anterior, este postulado «debe ceder cuando, como ocurre en el presente caso, la regla especial se inserta en un sistema de valoraciones que quiere ser sustituido (*sic*) por la regla general que dicta el legislador posterior»: *vid.* C. PAZ-ARES, *op. cit. ult.;* y, en el mismo sentido, A. B. PERDICES HUETOS, «Artículo 1868», cit., p. 11.548. Lo que realmente prevalece sobre la normativa del viejo Código de Comercio son las normas reguladoras y los principios configuradores de las sociedades mercantiles de capital.

con ello, también los de sus acreedores, le hacen responsable en Derecho de los daños y perjuicios causados. Tratándose de una sociedad unipersonal, la responsabilidad del socio resulta de la posición de dominio que ocupa en ella y del ejercicio efectivo de la misma. Aun así, el socio sólo responderá de aquellos daños que le sean jurídicamente imputables y deriven del incumplimiento de sus obligaciones sociales. Por la misma razón, la sociedad que experimenta daños a causa de las decisiones del socio —en este caso único— contrarias a la Ley, a los estatutos o lesivas para sus intereses tendrá una acción para dirigirse frente a él y reclamarle la correspondiente indemnización patrimonial.

Lo dicho hasta ahora nos permite enjuiciar el comportamiento del socio único en tanto que órgano decisorio llamado a ejercer las competencias de la junta general y con amplia potestad en orden a la dirección de los asuntos sociales. Más allá de estos supuestos, está su posible designación como administrador de la sociedad unipersonal, asumiendo personalmente las funciones de gobierno y representación de la misma. Como cualquier otro administrador, el socio único deberá desempeñar el cargo con la diligencia de un ordenado empresario y de un representante leal, cumpliendo las obligaciones que le imponen las leyes y los estatutos sociales. Llegados a este punto, la cuestión estriba en determinar el modo en que la *unipersonalidad* puede incidir en la aplicación al socio único del régimen de la responsabilidad propio de los administradores.

Es sabido cómo la legislación de sociedades de capital considera a los administradores responsables frente a la sociedad, frente a los socios y frente a los acreedores sociales de los daños que hayan podido causar por los actos contrarios a la Ley, a los estatutos o llevados a cabo incumpliendo los deberes inherentes al desempeño del cargo, siempre y cuando hayan actuado con dolo o cumpla. En la sociedad unipersonal, de los tres *frentes de responsabilidad* abiertos legalmente, queda neutralizado el relativo a los socios, porque sólo lo es el administrador y nadie puede contraer responsabilidades consigo mismo. La sociedad conserva las acciones de reclamación, en virtud de su autonomía, aunque la posibilidad de que las mismas sean efectivamente ejercitadas vendrá coartada por el control que sobre ella ejerce el socio único. Tan sólo en el caso de que la sociedad hubiera cambiado de socio único o devenido pluripersonal, o de que se hubiera producido la subrogación de los acreedores sociales, cabría plantear el ejercicio efectivo de tales acciones de responsabilidad. Por lo demás, la unipersonalidad no constituye ningún obstáculo para el mantenimiento de la responsabilidad del socio administrador respecto a los acreedores sociales que, como terceros, dispondrán de una acción de indemnización para dirigirse frente a aquél por actos *directamente* lesivos para sus intereses.

Cuando la administración social hubiera sido conferida por el socio único a terceros, el régimen de responsabilidad de los administradores no difiere sustancialmente del aplicable a las demás sociedades anónimas o limitadas. Tanto el socio único como los acreedores sociales dispondrán de las acciones de indemnización que establecen las leyes, manteniendo además el primero la potestad de separar del cargo, en cualquier momento, a los administradores y proceder al nombramiento de otros.

Especial interés plantea la aplicación en la esfera de la sociedad unipersonal de la *sanción* impuesta legalmente a los administradores por el incumplimiento de la obligación de convocar junta general o de instar la disolución judicial de la sociedad, cuando medien causas legales o estatutarias de disolución[134]. Entre éstas, incluye la Ley el supuesto de que la sociedad haya experimentado pérdidas que dejen reducido su patrimonio neto a una cifra inferior a la mitad del capital social, a no ser que el mismo se aumente o se reduzca en la medida suficiente y siempre que no sea procedente solicitar la declaración de concurso. La norma reacciona ante la eventual infracción de este deber obligando a los administradores a responder solidariamente de las obligaciones sociales posteriores al acaecimiento de la causa de disolución o,

---

134 Cfr. art. 367 LSC, recientemente modificado por la Ley 16/2022.

en su caso, de las obligaciones sociales posteriores a la aceptación del nombramiento.

La exigencia de restablecer el equilibrio contable o de proceder, en otro caso, a la disolución constituye una medida de cautela adoptada por el legislador para evitar que la situación económica de las sociedades cuyo patrimonio se ha visto reducido de un modo considerable, a consecuencia de las pérdidas, pueda continuar *degenerando* hasta llegar a la insolvencia[135], con el consiguiente perjuicio para los legítimos intereses de sus acreedores, ante la incapacidad de aquéllas para hacer frente al cumplimiento de sus obligaciones. En último término, constituye también otra medida dirigida a garantizar la efectividad del capital social como partida contable de retención de patrimonio[136]. Por consiguiente, la Ley trata de *forzar* a los administradores para que insten a la sociedad a remover la causa de disolución o, en caso contrario, opte por disolverse.

La referida normativa resulta plenamente aplicable a la sociedad unipersonal, sin que ello suponga negar la virtualidad propia de la figura, ni la convierta en una especie de *trampa* para empresarios incautos[137], que hayan podido pensar que la limitación de responsabilidad es una *concesión legal* sin ningún tipo de contrapartida[138]. Esto tiene que ver con algo que ya se ha dicho.

---

[135] *Vid.* J. MASSAGUER, «El capital nominal. Un estudio del capital de la sociedad anónima como mención estatutaria», en *Revista General del Derecho* 1990, pp. 5547 a 5604, part. p. 5550.

[136] *Vid.* URÍA/MENÉNDEZ/BELTRÁN, *Disolución y liquidación de la sociedad anónima*, en *Comentario al régimen legal de las sociedades mercantiles*, t. XI, *cit.*, p. 40.

[137] *Vid.*, sin embargo, la opinión contraria de M. DE LA CÁMARA, «El contrato de sociedad. ¿Crisis del concepto?», en *Academia Sevillana del Notariado*, t. VII, Madrid, 1993, pp. 412 a 488, part. pp. 478 479.

[138] Es de todo punto evidente, como dice K. SCHMIDT (*Gesellschaftsrecht*, *cit.*, p. 1246, § 40 III 1), que la separación de patrimonios actúa no sólo en beneficio del socio único sino también en su perjuicio. Lo que no se puede pretender es que el Derecho cargue sobre sus espaladas con

La adopción de forma societaria no constituye ninguna *panacea* económica para el socio único. No se debe concebir la fórmula societaria de limitación de responsabilidad como un postulado absoluto. Ni lo es con respecto a la sociedad de un solo socio, ni en el caso de las sociedades ordinarias. Antes bien, la Ley somete a quienes giran en el tráfico como sociedad de capital a una disciplina específica, más o me nos estricta, cuyo incumplimiento puede acarrear importantes consecuencias, que llegan incluso a la pérdida del mal llamado *beneficio* de limitación de responsabilidad, que no constituye ningún privilegio conferido de forma gratuita e incondicionada a quienes desarrollan una actividad mercantil. En esto reside el coste jurídico y económico de no tener que responder del cumplimiento de las obligaciones con todos los bienes presentes y futuros.

VII. CONTRATACIÓN DE LA SOCIEDAD UNIPERSONAL CON EL SOCIO ÚNICO

1. Punto de partida

La posición de dominio que el socio único ostenta sobre la sociedad unipersonal está sujeta también a limitaciones, en el plano de la actividad negocial que la misma lleva a cabo en el mercado. Las restricciones afectan particularmente a los contratos celebrados entre el socio y la sociedad, en la medida en que puedan resultar perjudiciales para sus respectivos acreedores. Tampoco en tales supuestos, el recurso generalizado a los métodos de penetración de la personalidad, en el plano *abstracto* de los principios, constituye el mejor modo de resolver los problemas relativos al

---

«la misión imposible de poner a los insensatos al abrigo de su propia insensatez». *Vid.*, aunque en relación con la función que se atribuye a la normativa del mercado de capitales, A. SÁNCHEZ ANDRÉS, en *Enciclopedia jurídica básica*, t. I, *s.v.* «Derecho del mercado de capitales», pp. 2270 a 2277, part. p. 2272.

abuso por parte del socio único de su posición de dominio respecto a la sociedad.

El ordenamiento tiene establecidas una serie de medidas generales dirigidas a preservar la integridad patrimonial del deudor, ante la eventualidad de que pueda celebrar contratos en fraude de sus acreedores. En cuanto sujeto de obligaciones, la sociedad de un solo socio no es inmune a la aplicación de este tipo de medidas, que coexisten con otras, específicas suyas, derivadas del *hecho unipersonal*. La Ley se ha fijado especialmente en las relaciones contractuales que la sociedad pueda mantener con su socio para someterlas a un régimen jurídico particular. El legislador recela, con razón, de estos contratos por el estado de subordinación en que se halla la sociedad unipersonal respecto al socio y ante el riesgo de que puedan dar lugar a desviaciones de patrimonio en favor, sobre todo, de este y en perjuicio de aquella y de sus acreedores. Sin embargo, la norma no ha optado por restringir la autonomía contractual de la sociedad y la regulación se ha centrado, básicamente, en el establecimiento de ciertos requisitos de forma y publicidad para tales operaciones.

La separación de personalidades entre socio y sociedad impide que podamos hablar en estos casos de *autocontratación*, a pesar de la *identidad* sustancial de intereses que parece derivar de la titularidad exclusiva del capital social. Pero dicha *identidad* o *confluencia* de intereses es tan sólo aparente, porque desde un punto de vista estrictamente jurídico el interés del socio no tiene por qué coincidir con el de la sociedad y hasta pueden llegar a contraponerse[139].

---

[139] La necesidad de reafirmar la separación entre la sociedad y el socio único se deja sentir muy especialmente en el ámbito del Derecho de grupos. Aludiendo a esta cuestión y tras afirmar que «la sociedad *no es un instrumento cuya suerte y empleo esté absolutamente en manos del socio único*», el profesor DUQUE sostiene que la «protección sustancial de los intereses de la sociedad frente al socio» (se refiere al régimen del artículo 128 de la antigua Ley de Limitadas) pone de manifiesto que la misma «posee una esfera propia de intereses que el socio único no puede menoscabar». *Vid.* J. DUQUE DOMÍNGUEZ, «Recientes desarrollos

La dualidad de intereses se explica por el diverso régimen de responsabilidad aplicable en caso de incumplimiento de las obligaciones asumidas personalmente por el socio o por *su* sociedad. La posición *económica* del socio no es ciertamente la misma en uno y otro supuesto[140].

---

del Derecho de los grupos de sociedades en el Derecho español», *cit.*, p. 59.

140 Desde una perspectiva meramente fáctica, JIMÉNEZ SÁNCHEZ y DÍAZ MORENO (*Sociedad unipersonal de responsabilidad limitada, cit.*) mantienen que, entre el socio y la sociedad unipersonal, «existe una contraposición de intereses puramente formal (sociedad y socio tienen personalidades jurídicas distintas y patrimonios independientes) pero no sustancial»; para afirmar seguidamente que, «de hecho, desde el punto de vista material los intereses del socio único y los de la sociedad unipersonal resultan en cierta medida coincidentes o, por mejor decir, confluyentes, dado que el primero contrata [...] con *su sociedad*» (p. 212). Lo que ya no resulta tan convincente es la conclusión a la que llegan cuando sostienen que «en el supuesto contemplado en el artículo 128 [de la antigua Ley de Limitadas] lo fundamental es la protección de terceros» y que «no hay, en cambio, razones para proteger a la propia sociedad unipersonal (e indirectamente, en definitiva, a su socio único) frente a las ventajas que pudiera obtener el socio único» (p. 213). En orden a la delimitación del *interés social*, defiende una postura similar J. L. GARCÍA-PITA Y LASTRES («Notas sobre el conflicto de intereses en una sociedad limitada unipersonal atípica», *cit.*, p. 37). A mi modo de ver, el criterio que adoptan estos autores, aun siendo materialmente cierto, resulta objetable en Derecho porque, a pesar de que, en el ámbito estrictamente sustantivo y a nivel interno, el interés de la sociedad pueda llegar a confundirse con el de su único socio, en el plano jurídico la cuestión se plantea en términos bien diferentes, porque la afirmación de que existe un *interés social*, propio y distinto, no es más que la consecuencia —recta consecuencia— de la independencia patrimonial de la sociedad. De este modo, el respeto a los intereses de la sociedad —aún frente al socio— constituye también una medida elemental de garantía en orden al efectivo cumplimiento de las obligaciones sociales. Esto hace que la tutela de los legítimos intereses de los acreedores de la sociedad pase, precisamente, por la preservación del interés genuino de la sociedad deudora.

En cambio, la contratación del socio único con la sociedad representada por él mismo sí que constituye un caso particular de *autoentrada*, puesto que supone la celebración por una persona de un contrato consigo misma, actuando en parte por cuenta propia y en parte por cuenta ajena[141]. Así y todo, no será menester que la sociedad preste su consentimiento a la celebración de este tipo de contratos, porque la conducta del socio permite presuponer la existencia de dicha anuencia y es evidente que si puede autorizar a otros para hacerlo también puede autorizarse a sí mismo. Por consiguiente, nada obsta a que el socio único administrador contrate con la sociedad unipersonal cualquier tipo de prestación, por cuenta propia o incluso por cuenta de un tercero[142]. Pero también

---

141 Cfr. art. 267 del Código de Comercio y art. 1.459 del Civil. *Vid.* M. MIGUEL TRAVIESAS, «La representación y otras instituciones afines», en *Revista de Derecho Privado* 1923 (núm. 113), pp. 33 a 50; J. GARRIGUES, *Tratado de Derecho mercantil*, t. III, vol. 1, Madrid, 1963, pp. 504 y ss; F. De CASTRO Y BRAVO, «El autocontrato en el Derecho privado español», en *Revista General de Legislación y Jurisprudencia* 1927, II, pp. 334 a 455; L. DÍEZ-PICAZO, *La representación en el Derecho privado*, Madrid, 1979, pp. 199 y ss; J. M. OTERO LASTRES, «La autoentrada de los agentes de cambio y bolsa», en *Estudios de Derecho mercantil en homenaje al Profesor Antonio Polo*, Madrid, 1981, pp. 783 a 810; M. DÍAZ DE ENTRE-SOTOS FORNS, *El autocontrato*, Madrid, 1990. La posibilidad del establecimiento efectivo de este tipo de relaciones contractuales resulta, asimismo, de la propia exigencia legal de que la sociedad de capital unipersonal y, en último término, el socio único autoricen la realización por el administrador o por personas vinculadas de transacciones con la sociedad, el uso de ciertos activos sociales, el aprovechamiento de una concreta oportunidad de negocio, así como la obtención de ventajas o remuneraciones de terceros. Cfr. art. 230.2 LSC. También guarda cierta relación con la eventual dispensa al administrador de la obligación legal de no competir con la sociedad. Cfr. art. 230.3 LSC.

142 El tema ha sido objeto de polémica sobre todo en Alemania. En los años que precedieron a la promulgación de la *GmbH-Novelle*, el Tribunal Federal se negaba a aplicar al administrador el § 181 *BGB* (*Vid.* la jurisprudencia que cita K. SCHMIDT, *Gesellschaftsrecht*, *cit.*, p. 1248, §40 III), cuando niega al representante la posibilidad, salvo que estuviera autorizado para ello, de celebrar en nombre del representado un negocio

tendrá que asumir las consecuencias jurídicas de este tipo de actuaciones y, en especial, los perjuicios que ello pueda reportar a la sociedad, puesto que entre sus obligaciones como administrador —o, en su caso, como apoderado— se encuentra la de desempeñar el cargo con la diligencia de un *representante leal*, de cuyo incumplimiento quedará responsable frente a la sociedad.

La primera razón de ser de la disciplina legal relativa a los contratos celebrados por la sociedad unipersonal con el socio único es la de evitar que puedan configurarse como pérdidas sociales lo que en realidad son ventajas patrimoniales del socio y, por tanto, distribuciones encubiertas de beneficios (que podrán consistir tanto en la entrega de bienes o derechos como en el disfrute de prestaciones de servicios), ante la posibilidad de que ello contribuya a la crisis económica de la sociedad y la conduzca a una situación de insolvencia, con el consiguiente perjuicio para los

---

jurídico consigo mismo, en su propio nombre o como representante de un tercero, a no ser que el negocio jurídico consista exclusivamente en el cumplimiento de una obligación. *Vid.* R. BERNS, *Die Einmann-Gesellschaft mit beschränkter Haftung und das Selbstkontrahieren ihres geschäftsführenden Alleingesellschafters*, Marburg, 1964. Pero la reforma de 1980 puso fin a esa jurisprudencia al disponer (§ 35 IV *GmbH-G*) que, cuando todas las participaciones de la sociedad limitada se encuentren en poder de un único socio (o, además, en el de la sociedad) y dicho socio sea al mismo tiempo administrador único, será de aplicación a los negocios jurídicos entre ambos lo dispuesto en el § 181 *BGB*. De este modo, para salvar la prohibición se entendió que era preciso hacer constar expresamente en los estatutos la autorización conferida al socio administrador de la sociedad unipersonal, sin que bastara un simple acuerdo del órgano rector. En la práctica, apenas existe una sociedad unipersonal de responsabilidad limitada sin tal cláusula contractual y, tan pronto como una sociedad deviene unipersonal, procede a dispensar a su socio administrador con arreglo a este precepto. Además, la inscripción en el Registro de su autorización permitirá a la sociedad invocarla frente a terceros de buena fe, de conformidad con el § 15 I *HGB*. En relación con este tema, *vid.* J. EKKENGA, «Insichgeschäfte geschäftsführender Organe im Aktien– und GmbH-Recht unter besonderer Berücksichtigung der Einmann-Gesellschaft», en *Die Aktiengesellschaft* 1985, pp. 40 a 48.

legítimos intereses de los acreedores sociales. Por esta vía, no sólo no se prescinde del criterio del *interés social*, propiamente dicho, sino que acaba convirtiéndose en la clave de todo el sistema, en la medida en que su *defensa* constituye la principal garantía con que cuentan los acreedores de la sociedad para el cobro efectivo de sus créditos. Evidentemente, no será obstáculo para la aplicación de este régimen el hecho de que el socio único pueda servirse de terceras personas para contratar con su sociedad, aun cuando las mismas actúen en su propio nombre y sin declarar que lo hacen por cuenta y en provecho de aquel.

2. *Régimen general*

La contratación de la sociedad unipersonal con terceros, así como los derechos y las obligaciones, propiamente contractuales, que puedan derivarse para ella de su actuación en el mercado respecto a otras personas no presenta, en principio, ninguna peculiaridad y se ajusta en todo a los cánones de actuación propios de cualquier otra sociedad de capital. En estos casos, la subsunción de los intereses de la sociedad en los de su único socio o la difusa separación entre ambos no tienen por qué influir en su conducta en el mercado, puesto que, a la hora de sopesar los intereses el juego, se supone que el socio único se decantará siempre por hacer valer los de la sociedad y, con ello, los suyos propios frente a los de las personas –terceros– con quienes la entidad mantenga relaciones de negocio[143].

Sin embargo, no ocurre lo mismo con los contratos celebrados por la sociedad unipersonal con su socio único y los efectos que se deriven de las relaciones de negocio que pudieran establecerse entre una y otro. La normativa específicamente aplicable a las sociedades

---

[143] Aunque también cabría la posibilidad de que el socio único mantuviera, por su parte, relaciones de negocio con el tercero y ello diera lugar a una situación más compleja, por la que el socio único estuviera dispuesto a perjudicar el interés de la sociedad unipersonal para beneficiar al tercero, a cambio de que este último le favoreciera en el marco de su otra relación.

unipersonales pretende preservar la legalidad de estas actuaciones dotándolas de publicidad y sometiéndolas a la prueba de la transparencia, para que los acreedores sociales y cualesquiera otros «stakeholders» conozcan su existencia y puedan, en su caso, adoptar las medidas que consideren oportunas en defensa de sus intereses.

La Ley exige (art. 16.1) que los contratos de la sociedad con el socio único consten por escrito o en la forma documental que, de acuerdo con su naturaleza, exija el Derecho. También obliga a transcribirlos a un libro societario, así como a hacer referencia expresa a cada uno de ellos en la memoria de las cuentas anuales, cuyo depósito en el Registro Mercantil los hará accesibles a cualquier interesado.

Las relaciones jurídico-negociales entre el socio único y la sociedad constituyen, desde luego, una fuente casi inagotable de conflictos de interés. La subordinación en que se halla la sociedad unipersonal respecto al socio único hace que estas relaciones puedan propiciar situaciones de fraude y abuso de personalidad jurídica, en perjuicio de terceros de buena fe. De ahí que la Ley les dedique especial atención y termine sometiéndolas a un riguroso régimen de transparencia, que permita tomar razón de lo actuado a cualquier persona que pueda quedar afectada por lo estipulado en ellas y destinado a servir de antesala al control de su contenido.

La vigencia de esta normativa no se circunscribe al ámbito de las relaciones directas entre la sociedad y el socio, sino que se proyecta también a los supuestos de actuación por medio de persona interpuesta, en el marco general de lo prevenido en el Código de Comercio (art. 287) cuando, superando la atribución tradicional al representado de los efectos de la actuación en nombre propio de un mandatario general o singular, imputa las consecuencias de tales actos también a su principal, siempre que dicha actuación se hubiera llevado a cabo en interés de este último o recaiga sobre cosas propias del mismo[144].

---

144 De acuerdo con el tenor del artículo 287 del Código de Comercio, «el contrato hecho por un factor en nombre propio le obligará directa-

El precepto que analizamos somete los contratos celebrados por el socio único con la sociedad unipersonal a determinados requisitos de publicidad y transparencia. De entrada y como ya se ha dicho, exige su constancia escrita o en la forma documental que exija la Ley, «de acuerdo con su naturaleza». La Ley ordena, además, la transcripción o plasmación íntegra por escrito del contenido de tales contratos en un libro-registro especial, cuya llevanza correrá a cargo de la sociedad y que, en cuanto tal, habrá de ser objeto de legalización por el sistema previsto para los libros de actas[145]. Al propio tiempo, impone a la sociedad y a su órgano de administración la obligación de hacer referencia expresa e individualizada a cada uno de estos contratos en la memoria de las cuentas anuales de la sociedad, indicando su naturaleza y condiciones (lo que incluye el precio), así como el preceptivo depósito

---

mente con la persona con quien lo hubiere celebrado; mas si la negociación se hubiere hecho por cuenta del principal, la otra parte contratante podrá dirigir su acción contra el factor o contra el principal». En esta misma línea, cuando determina las consecuencias jurídicas de la actuación «en nombre propio» del mandatario, con arreglo a la doctrina de la representación indirecta y el criterio seguido por el artículo 246 del Código de Comercio, el Código Civil exceptúa expresamente, en su artículo 1717 (apartado segundo *in fine*), «el caso de que se trate de cosas propias del mandante».

145 Cfr. arts. 26 y 27 CCom. La legalización de este libro-registro (que podrá ser de hojas móviles) se llevará a cabo por el Registrador Mercantil necesariamente antes de su utilización, con arreglo a lo establecido para los libros de actas de las sociedades en el Reglamento y no podrá llevarse a cabo hasta que no se acredite la íntegra utilización del anterior, salvo que se hubiere denunciado su sustracción o consignado en acta notarial su extravío o destrucción. Cfr. art. 16.1. de la Ley de Sociedades de Capital, en relación con los arts. 27 del Código de Comercio y 106 del Reglamento de Registro Mercantil. En torno al modo de proceder a la legalización de este libro-registro, cfr. arts. 329 y ss. del citado Reglamento. Como es sabido, desde 2014, dicha legalización se lleva a cabo telemáticamente, conforme a lo prevenido por la Ley 14/2013 (art. 18) y siguiendo la pauta marcada por la Instrucción 12.02.2015 de la entonces Dirección General de los Registros y del Notariado.

de dicha memoria en el Registro Mercantil del domicilio social, para garantizar la publicidad de esa información y facilitar el acceso a la misma de cualquier interesado. Esta exigencia completará lo establecido en los artículos 260 y 261 de la Ley, en relación al contenido de la memoria contable de las sociedades unipersonales[146].

La transcripción de estos contratos en el referido libro-registro se llevará a cabo una sola vez, atendiendo a la fecha de su celebración, aun cuando den lugar a relaciones de tracto sucesivo cuya vigencia se prolongue a lo largo de un periodo más o menos extenso de tiempo. En este último supuesto, la referencia expresa e individualizada a estos contratos en la memoria que acompaña a las cuentas anuales de la sociedad habrá de mantenerse —aunque la misma pierda su carácter unipersonal— durante todo el periodo de vigencia de la relación.

La finalidad del precepto es establecer un sistema que permita fijar con precisión la existencia y el contenido de dichos contratos, evitando cualquier posible manipulación a cargo de las partes[147].

---

146 La información en cuestión encaja propiamente en los contenidos asignados por la Ley (art. 260) a la mención «séptima» de la memoria de cuentas anuales de las sociedades de capital.

147 El Proyecto de Ley de Sociedades Limitadas, del que trae causa la norma, seguía en esta materia el escueto criterio de la Directiva comunitaria, la cual se limitaba a disponer (art. 5) que «los contratos celebrados entre el socio único y la sociedad representada por él mismo deberán constar en acta o consignarse por escrito», permitiendo a los Estados miembros «no aplicar dicha disposición a las operaciones corrientes celebradas en condiciones normales». *Vid.* A. ALONSO UREBA, «La 12ª Directiva...», *cit.*, pp. 94-95. A esto, el Proyecto añadió tan solo la obligación de que, en la Memoria anual, se hiciera referencia expresa a estos contratos, con indicación de su naturaleza y condiciones. Pero, el texto del Proyecto experimentó importantes modificaciones durante su tramitación parlamentaria, hasta llegar la redacción definitiva de la Ley 2/1995, que está a la base del actual texto refundido. *Vid.* A. RONCERO SÁNCHEZ, «La sociedad de capital unipersonal», *cit.*, pp. 1157-1158; asimismo, G.J. JIMÉNEZ SÁNCHEZ y A. DÍAZ MORENO, *Sociedad unipersonal de responsabilidad limitada, cit.*, pp. 200 y ss.

La *publicidad registral* de su existencia, unida a la propia certeza de los términos en que fueron celebrados, facilitará su control y seguimiento por los acreedores de la sociedad y servirá de base al ejercicio de las pertinentes acciones de responsabilidad o reintegración, en interés del patrimonio social[148]. En caso de concurso de acreedores del socio o de la sociedad unipersonal, la información proporcionada por el detalle de la contabilización de este tipo de transacciones constituirá un referente fundamental a la hora de determinar el modo en que las relaciones de negocio entre ambos han podido influir en su respectiva situación de insolvencia. Ello permitirá también a los acreedores de una y de otro utilizar los medios que la Ley pone a su alcance para la defensa de sus intereses legítimos.

3. Responsabilidad del socio único por las ventajas obtenidas en perjuicio de la sociedad

La Ley somete, asimismo, al socio a un régimen especial de responsabilidad frente a la sociedad por las resultas de tales contratos. En su virtud, el socio único responderá a la sociedad unipersonal de las «ventajas que directa o indirectamente haya obtenido en perjuicio de esta como consecuencia de dichos contratos», durante los dos (2) años siguientes a su celebración (art. 16.3).

Al disponerlo así, el legislador introduce un factor de equilibrio en las relaciones contractuales que puedan establecerse entre el socio único y la sociedad unipersonal. En su virtud, cuando ambos se obligan contractualmente a llevar a cabo determinadas prestaciones no asumen los riesgos propios de su respectiva posición en el contrato, puesto que la sociedad va a tener temporalmente el «privilegio» o la ventaja de trasladar al socio único los resultados negativos que el negocio hubiera podido reportarle y

---

148 *Vid.* J. L. IGLESIAS PRADA, «La sociedad de responsabilidad limitada unipersonal», en *Tratando de la sociedad limitada, cit.*, p. 1032; asimismo, G.J. JIMÉNEZ SÁNCHEZ y A. DÍAZ MORENO, *cit.*, p. 209.

exigir su compensación con los beneficios obtenidos dicho socio. Ello supone un punto de inflexión en la vigencia del postulado de «pacta sunt servanda», en la medida en que la Ley atribuye a una de las partes la potestad legal de reputar a la otra deudora y responsable por los beneficios directa o indirectamente obtenidos en su perjuicio, con motivo u ocasión de los contratos celebrados entre ellos. Lo que coloca a la sociedad unipersonal en una posición de evidente primacía, al trasladar al socio una parte de sus riesgos de transacción derivados de tales contratos.

Partimos, obviamente, de que nos hallamos ante contratos perfectamente válidos y plenamente eficaces[149]. La acción dirigida a la exigencia de la citada responsabilidad compensatoria tiene su fundamento en el tenor del precepto y no es rescisoria ni de reintegración. Se trata de una medida excepcional que traslada al socio único el riesgo de que, en virtud de sus contratos con la sociedad unipersonal, esta experimente un perjuicio económico a favor de aquel, y que legitima a dicha sociedad para exigirle una indemnización por la pérdida patrimonial sufrida hasta el monto del beneficio que —directa o indirectamente— su celebración pudiera haber reportado al socio único.

Como ya se ha anticipado, no se trata de una acción rescisoria y tampoco de reintegración sino de una acción causal de responsabilidad, por la que la sociedad podrá reclamar la suma de dinero en la que se estime el valor de las ventajas patrimoniales obtenidas por el socio único a costa de la sociedad. El presupuesto objetivo que requiere el planteamiento de esta acción es similar al exigido para el ejercicio de las acciones rescisorias especiales previstas en la Ley Concursal en orden a la reintegración de la masa activa[150]; y, como en relación a estas últimas, para hacer valer la acción de

---

149 Esto es, que reúnen los requisitos exigidos por el artículo 1261 CC y no contravienen los dictados de ninguna norma imperativa o prohibitiva (salvo que establezcan un efecto distinto de la nulidad para el caso de contravención).

150 Cfr. art. 226 TR LC.

responsabilidad frente al socio único tampoco se precisa la concurrencia de «intención fraudulenta» por parte de este último. Por ello mismo, la sociedad unipersonal no tendrá derecho a nada cuando quede acreditado el hecho de que los contratos en cuestión no llegaron a reportar beneficios al socio único, debido a que las prestaciones a cargo de las partes eran proporcionadas y mantenían entre sí una relación de equilibrio, o cuando el beneficio hubiera recaído del lado de la propia sociedad[151].

---

[151] Este es el criterio que mantiene la Sala de lo Civil del Tribunal Supremo en su sentencia 1451/2020, de 28 de mayo (núm. 201/2020), al resolver el recurso de casación planteado por la empresa «Nueva Pescanova SL» frente a la que fuera su socia única (Pescanova SA). En el caso de autos, la demandante y recurrente (Nueva Pescanova) cuestionaba una parte de los acuerdos alcanzados por la misma cuando era unipersonal con su entonces socia única «Pescanova SA». En concreto reputaba carentes de justificación: a) la prestación gratuita por «Nueva Pescanova» de apoyo administrativo a «Pescanova SA», durante cuatro años (con un coste estimado de 200.000 euros); b) la cesión también gratuita por «Nueva Pescanova» de un local para oficina de 60 m2, dentro de su domicilio social; y c) la retención por Pescanova de la suma de 1.900.000 euros hasta el cumplimiento total del convenio. El fallo considera que las supuestas ventajas patrimoniales obtenidas por la socia única en virtud del denominado «Proyecto común» deben enmarcarse en el contexto del convenio alcanzado por «Pescanova SA» con sus acreedores y que, en cuanto tal, cumplía una función razonable, puesto que la sociedad unipersonal (Nueva Pescanova) se había constituido con la totalidad del negocio de aquella y sus filiales, mediante segregación, manteniendo «Pescanova SA» en un primer momento la titularidad de todo su capital social y pasando luego a ser socia minoritaria (titular de una participación. Así las cosas, se entiende, según el Supremo, que la sentencia recurrida haya considerado que las medidas de apoyo, establecidas por la sociedad unipersonal y el socio único, para garantizar la continuidad y estabilidad de «Pescanova SA» durante el periodo de cumplimiento del convenio, no resultan perjudiciales para la «Nueva Pescanova», en la medida en que en el balance de su socia única restaba pasivo lo misma continuaba arrastrando una parte de su deuda frente a acreedores concursales. La revisión hecha en casación de tales medidas y de la valoración jurídica llevada a cabo por la Audiencia lleva al alto Tribunal a considerar que las mismas, aunque comportaban una cier-

La medida afecta a cualquier contrato entre la sociedad y el socio único, con independencia de cuál sea su contenido[152]. La reclamación se dirigirá contra el socio que, en el marco de la relación contractual mantenida con la sociedad unipersonal y a resultas de ella, se hubiera enriquecido u obtenido, directa o indirectamente, cualquier género de ventaja económica, en detrimento de la sociedad. El enriquecimiento de uno ha de ser correlativo a la pérdida de la otra y constituir un dato objetivo, sin que se requiera ánimo defraudatorio o mala fe. La responsabilidad se imputa al socio y la acción irá dirigida frente a él como legitimado pasivo; mientras que el derecho a reclamar se atribuye a la sociedad, que podrá entablar la correspondiente acción cuando deje de estar controlada por el socio en cuestión y se halle en disposición de hacerlo. Aunque nada obsta tampoco a su eventual ejercicio, en vía subrogatoria, por los acreedores sociales[153].

---

ta «ventaja patrimonial» para «Pescanova SA» en perjuicio de «Nueva Pescanova SL» no llegaron a constituir una «imposición abusiva e injustificada», lo que le lleva también a afirmar que la valoración en tal sentido realizada por el tribunal «a quo» no constituye una interpretación equivocada o errónea del art. 16.3 LSC y que, aunque dichas medidas no estuvieran especificadas en los convenios concursales, «se muestran razonables en atención, de una parte, a su naturaleza y carácter temporal, y, de otra, a su justificación». Todo lo cual lleva al Tribunal Supremo a desestimar el recurso de casación interpuesto por «Nueva Pescanova SL» y confirmar la sentencia recurrida en casación.

152 No se excluye el relativo a la designación del socio único como administrador siempre que el cargo sea remunerado. Tampoco los de prestación de servicios y de obra celebrados con el socio único administrador por una sociedad limitada, en el marco de lo prevenido en el artículo 220 LSC; ni tampoco relativos al ejercicio por aquel de funciones ejecutivas en el seno del consejo de administración. Cfr. art. 248 LSC.

153 Así lo reconoce también, en su «obiter dicta», el Tribunal Supremo (Sala de lo Civil) en su sentencia 1451/2020, de 28 de mayo (núm. 201/2020), con ocasión del recurso de casación planteado por la empresa «Nueva Pescanova SL» frente a la que fuera su socia única (Pescanova SA). El Supremo comienza afirmando que, «al margen de los intereses que indirectamente puedan resultar tutelados, de los acreedores de la sociedad o

Más allá del régimen especial de transparencia al que la legislación de sociedades de capital somete los contratos entre la sociedad unipersonal y el socio único, lo que se pretende al dejar constancia de la concurrencia de tales relaciones de negocio es facilitar a los interesados el conocimiento de este tipo de transacciones, a fin de que puedan hace valer, llegado el caso, los derechos que les confiere la Ley en orden a la defensa de sus intereses.

4. Inoponibilidad contra la masa activa en caso de concurso

Las más graves consecuencias de la infracción de los requisitos de transparencia, aplicables a los contratos entre la sociedad

---

de sus socios actuales», la legitimación originaria para ejercitar la acción del artículo 16.3 LSC corresponde a la sociedad, desde el momento en que el interés tutelado es el suyo propio y se concreta en la reparación o compensación del perjuicio sufrido como consecuencia de la ventaja patrimonial supuestamente obtenida en virtud de la relación contractual establecida por ella con su entonces socia única. De acuerdo con su argumentación, «los términos o condiciones en general del contrato habrían sido previstos e impuestos por el socio único» y la acción ejercitada no deja de constituir una reacción «frente a eventuales abusos de esa posición del socio único». Seguidamente, el Alto Tribunal contempla expresamente la posibilidad de que «haya intereses de terceros (acreedores o socios posteriores) que se vean afectados» y determina que, en el caso de los acreedores, la reclamación se podrá hará valer «a través de una acción subrogatoria»; y, tratándose de los socios posteriores, una vez que el antiguo socio único hubiera dejado de controlar la sociedad (como ocurría en este caso) «mediante una acción instada por la sociedad». Sin perjuicio de que, en ambos supuestos, «la compensación que pudiera obtenerse» vaya «a parar a la sociedad». Lo esencial, para el Supremo, es que se cumplan los que considera «requisitos de la acción». Esto es: la existencia de un contrato o acuerdo negocial entre la sociedad y quien en ese momento es su socio único (celebrado dentro del periodo anterior de dos años), en cuya virtud el socio único hubiera obtenido ventajas patrimoniales, directas o indirectas, que conlleven de forma correlativa un perjuicio patrimonial para la sociedad; y que la estipulación contractual que propició la ventaja patrimonial obtenida por el socio único en perjuicio de la sociedad fuera injustificada.

unipersonal y el socio único, se prevén en caso de declaración judicial en concurso de una o de otro, a consecuencia de su estado de insolvencia. La Ley establece (art. 16.2), en tales supuestos, la inoponibilidad de tales contratos a la masa activa de cualquiera de esos concursos, cuando no hubieran sido transcritos en el libro-registro y no aparecieran referenciados en la memoria de las cuentas anuales de sociedad o lo hubieran sido en una memoria no depositada en el Registro Mercantil[154].

Así entendidos, los efectos de esta inoponibilidad trascienden y van —mucho— más allá del régimen aplicable en caso de rescisión concursal de esos mismos contratos, puesto que vendrían a impedir al contratante «in bonis» hacer valer frente a la masa activa cualquier derecho de contraprestación que pudiera corresponderle[155], lo que cierra el paso a la posibilidad de configurar su

---

154 La dicción legal es clara y la conjunción copulativa «y» une dos frases bajo la forma verbal «no serán oponibles», por lo que debemos entender que la falta de cumplimiento de cualquiera de los dos requisitos de transparencia exigibles (el de transcripción al libro-registro y el de inclusión en la memoria contable depositada en el Registro Mercantil) comportará su inoponibilidad a la masa, en caso de concurso de la sociedad o del socio único. No serán oponibles, pues, los contratos «unipersonales» no transcritos y tampoco lo serán los no referenciados. En otras palabras: para que puedan hacerse valer frente a la masa activa del concurso, dichos contratos deberán haber sido transcritos y además referenciados. La interpretación que aquí se mantiene resulta, por lo demás, acorde con el espíritu y finalidad de la norma, que ha venido a sancionar la infracción del régimen legal de transparencia en su conjunto y no a exculpar el incumplimiento de una parte de los requisitos legamente exigibles, determinando que no comportaría ninguna consecuencia en Derecho. *Vid.* por todos F. CARBAJO CASCÓN, *La sociedad de capital unipersonal,* Elcano, 2022, p. 497. En contra, sin embargo, G. JIMÉNEZ SÁNCHEZ y A. DÍAZ MORENO, *Sociedad unipersonal de responsabilidad limitada, cit.*, p. 226; y más recientemente, A. RONCERO SÁNCHEZ, en *Comentario de la Ley de Sociedades de Capital,* dir. por J.A. García-Cruces e I. Sancho Gargallo, t. I, Valencia, 2021, p. 547.

155 Cfr. art. 236 TR LC.

posición como la de un acreedor contra la masa o la de un acreedor concursal (ordinario o subordinado). Inoponibilidad significa, en puridad jurídica, que no se puede hacer valer frente a la masa activa del concurso ningún derecho derivado de tales contratos. Nos hallamos ante una sanción y una consecuencia —sin duda— drásticas por la infracción de un requisito formal, pero no hay que olvidar que la *publicidad* y la *certeza* constituyen los pilares básicos del reconocimiento legal de la figura y de la atribución a la sociedad unipersonal de libertad para contratar con su único socio, sin más restricciones que el cumplimiento de los requisitos legales de transparencia.

La falta de oponibilidad supone que, de la celebración de tales contratos, no resultará ninguna obligación jurídica para la masa, por lo que el contratante no podrá esgrimir ningún derecho ni formular ninguna reclamación contra el patrimonio de la parte concursada con base en esos contratos. La inoponibilidad opera en un solo sentido, esto es a favor del activo patrimonial del concursado, pero no alcanza a privar a la masa de sus derechos contractuales. El hecho de que sean inoponibles a la masa no significa que no aprovechen a la masa y esta no pueda prevalerse de ellos. La ineficacia que se desprende de esa falta de oponibilidad está pensada, en efecto, para beneficiar y no para perjudicar a la masa activa, por lo que el concursado tendrá derecho, como acreedor, al cobro de las prestaciones contratadas y podrá hacer suyos los activos obtenidos por medio de esos contratos. De modo que el otro contratante carecerá de título para exigir el cumplimiento de las obligaciones a cargo de la parte concursada y esta última podrá hacer suyos los bienes o servicios satisfechos por aquella en el marco de tales contratos. La sanción de inoponibilidad alcanza a las prestaciones contractuales pendientes y a cualquier derecho que pudiera derivarse de lo estipulado en tales contratos para la parte «in bonis», a quien la administración concursal no podrá reconocer ningún crédito con origen en los mismos, porque la falta de oponibilidad los deja fuera por principio de la lista de acreedores.

La Ley considera aplicable el régimen de inoponibilidad de los contratos no solo cuando la afectada por la declaración en concurso sea la sociedad sino también cuando lo sea el socio único, en cuyo caso será la propia sociedad la que sufrirá las consecuencias de la ineficacia, en beneficio de la masa activa del concurso del socio único, que adquirirá los derechos y prestaciones obtenidos sin que le resulten oponibles las obligaciones derivadas de tales contratos. Sin perjuicio de que las obligaciones de publicidad y transparencia, cuya infracción da lugar a la adopción de la medida, sean imputables a la sociedad unipersonal.

La ocultación total o parcial de los contratos celebrados por la sociedad unipersonal con el socio único hace que las obligaciones derivadas de los mismos resulten inoponibles a la masa activa del concurso de cualquiera de ellos. Lo que, desde luego, está llamado a constituir un importante incentivo para el cumplimiento del régimen de publicidad y transparencia propio de estos contratos.

Aunque la Ley no determina expresamente el periodo temporal de aplicación de la norma, ello no debe llevarnos a sostener la vigencia absoluta y «sine die» de la medida, considerando que es susceptible de hacerse valer en todo momento. Los efectos del régimen concursal especial aplicable a los contratos «unipersonales» no pueden extenderse, por principio, más allá del periodo obligatorio de conservación de los libros contables y su documentación de soporte, fijado por el Código de Comercio (art. 30) en seis años, porque la consulta de los mismos es lo que permite constatar la infracción por la sociedad de los requisitos legales de transparencia[156].

---

156 Para relativizar en el tiempo los efectos de esta norma, CARBABJO CASCÓN ha sostenido, en cambio, que la aplicación de la sanción de inoponibilidad concursal de los contratos entre el socio único y la sociedad unipersonal debe quedar restringida únicamente a los contratos aun no consumados, pendientes o en curso de ejecución, sin poder extenderse en ningún caso a los contratos que se hubieran ejecutado plena y 2022, pp. 499-500; y, más recientemente, en *Comentarios a la Ley*

VIII. OTRAS SITUACIONES DE CONFLICTO DE INTERÉS

1. El tratamiento de los conflictos de interés en la sociedad unipersonal

La primera consecuencia de la atribución a la sociedad unipersonal anónima o limitada de un interés propio y distinto es la posibilidad de que ese interés no coincida o incluso llegue a entrar en colisión con el de su socio único; y ello a pesar de la titularidad que este último ostenta sobre la totalidad de las acciones o participaciones que conforman su capital social.

La legislación de sociedades de capital es bien consciente de esta dualidad de posiciones; y el riguroso control que la normativa específica de la unipersonalidad ha implantado sobre los contratos celebrados por la sociedad con el socio único no hace sino confirmar la divergencia de intereses que puede mediar entre una y otro, al tiempo que disipa cualquier intento de argumentar que nos hallamos ante dos posiciones coincidentes, entre las que no puede haber ningún tipo de conflicto. Así y todo, la severidad mostrada por el legislador, al regular las relaciones de contratación directa entre la sociedad unipersonal y el socio único, contrasta con la falta de previsiones específicas en torno a otros eventuales ámbitos de conflicto que pueden suscitarse entre ellos. El establecimiento de relaciones contractuales no es, desde luego, la única situación en la que pueden aflorar diferencias de interés entre la sociedad unipersonal y el socio único. Existen también otros escenarios en los que la actuación decisoria del socio, aprovechando su posición de preeminencia en la estructura orgánica de la sociedad, podría acabar resultando lesiva para el interés social. Esto es así porque, como venimos manteniendo, la sociedad unipersonal tiene su propio interés, que no tiene por qué coincidir ni debe confundirse con el del socio, a pesar de la vinculación

de Sociedades Anónimas, coord. por I. Arrojo, J.M. Embid Irujo y C. Górriz López, vol. III, 2ª edición, Madrid, 2009, p. 2.968.

económica exclusiva que mantiene con él y de las muchas sinergias que puedan existir —y de hecho existen— entre ellos.

El interés de la sociedad unipersonal y el del socio único no son coincidentes porque la personalidad jurídica de aquella y su capacidad para ser sujeto de derechos la convierten en titular de su propio patrimonio, con el que debe responder del cumplimiento de sus obligaciones presentes y futuras. La atribución a la sociedad unipersonal de un interés propio y distinto, a pesar de que la causa o fin último de la misma sea —como en toda sociedad— procurar lucro al socio, debe ponerse en conexión con su condición legal de persona jurídica y también con la afección general de su patrimonio (por más que constituya una parte del patrimonio del socio) al cumplimiento de todas sus obligaciones, presentes y futuras. La sumisión al principio de responsabilidad patrimonial universal obliga a la sociedad de capital —también unipersonal— a bastarse a sí misma; o lo que es lo mismo: a ser patrimonialmente autosuficiente. Ello hace que esa sociedad, por muy unipersonal que sea, pueda entrar en conflicto de intereses tanto con su socio único y sus administradores como con las personas vinculadas a estos, integradas en sus respectivos círculos de interés.

La casuística de los conflictos de interés entre la sociedad unipersonal y el socio único no se agota, ciertamente, en las relaciones contractuales o de naturaleza jurídico-negocial que puedan establecerse entre ellos. Ni siquiera estarían cubiertos todos los supuestos de conflicto, partiendo de la consideración de que el régimen de interacción sociedad-socio resulta también de aplicación a los casos en que el socio único recurra a una tercera persona para que contrate con la sociedad en nombre propio pero que, en realidad, lo haga por cuenta y en interés de aquel. Aun así, seguirían quedando fuera las transacciones económicas que, en un momento dado e inducida por el socio único, la sociedad pudiera llevar a cabo con personas especialmente relacionadas con él, de las que resultara un claro perjuicio para el interés social y el consiguiente beneficio esta vez no directamente para el socio sino para el tercero con intereses afines al mismo.

El poder cuasi omnímodo que el socio único ostenta sobre el funcionamiento interno, la actuación mercantil y el patrimonio de la sociedad unipersonal comporta el «peligro» real de que, ante un determinado asunto, el mismo decida dar prevalencia a su propio interés o el de las personas con quienes mantenga algún vínculo especial y postergar el interés social, causando un perjuicio al patrimonio de la sociedad y mermando la capacidad de esta a la hora de hacer frente al cumplimiento de sus obligaciones. La respuesta a la cuestión de por qué el socio único iba a querer lesionar los intereses de su sociedad y, mediatamente, también los suyos debe buscarse en la posibilidad de que la conducta contraria al interés social reporte a ese socio, directa o indirectamente, mayor utilidad que el perjuicio patrimonial infligido a su sociedad. En particular, cuando la transacción le permita liberar una parte del patrimonio empresarial de los acreedores sociales o beneficie a una tercera persona con la que dicho socio mantenga, a su vez, un vínculo de interés cuya satisfacción valore el socio por encima del que tiene puesto en la sociedad unipersonal.

Esto nos sitúa ante la necesidad de controlar las relaciones que la sociedad unipersonal pueda entablar o mantener no solo con el socio único sino también con personas vinculadas al mismo. Dicho control trasciende el establecido con respecto a los contratos celebrados por la sociedad unipersonal con dicho socio y se proyecta sobre cualquier actuación societaria de este y, en particular, sobre las transacciones patrimoniales que la sociedad unipersonal —inducida por su único socio— pueda llevar a cabo con personas que mantengan algún tipo de afinidad con este último.

La ausencia de atención específica mostrada por el legislador a estos otros conflictos de interés, que pueden afectar a las sociedades unipersonales, debe entenderse como una remisión tácita a los dictados de la normativa general de las sociedades de capital. El criterio legislativo resulta acertado y plenamente funcional cuando el interés de la sociedad unipersonal entre en conflicto con el de un tercero y el asunto no concierna al socio único; pero no lo será tanto en aquellas situaciones en las que la diferencia de intereses alcance al socio único o a personas de su entorno. La fórmula remisoria adoptada parte de la idea de que este tipo de sociedades no son merecedoras de ningún tratamiento especial y pueden venir sometidas al régimen general de los conflictos de interés de las sociedades de capital. Sin embargo, al disponerlo así, el legislador no ha tenido en cuenta —al menos no lo suficiente— que una parte considerable de los mecanismos legales de control dirigidos a prevenir estos conflictos societarios no resultan operativos en el caso de sociedades unipersonales. Lo que acentúa también el riesgo de que el socio único, abusando de su poder en la sociedad, se sirva de ella con fines espurios.

2. *Inoperancia de los mecanismos de control en los conflictos de interés entre la sociedad y el socio único*

2.1. Delimitación del problema

La extensión a las sociedades unipersonales de la regulación general de los conflictos de interés presenta, en efecto, importantes disfunciones, a causa de su estructura interna. Como es sabido, la legislación de sociedades de capital encomienda la defensa del interés social frente a aquellas actuaciones de sus órganos que, debido a la posición interesada y particular de alguno de sus miembros, puedan resultar lesivas para la sociedad, principalmente, a la Junta general como órgano soberano; y, en segundo término, a los propios socios, en tanto que partícipes del patrimonio de aquella. Ahora bien, en una sociedad unipersonal, las funciones de la Junta son asumidas por el socio único y no existen otros socios neutrales que puedan velar por la salvaguarda del interés social, recayendo la defensa de la sociedad básicamente sobre su único titular. Por consiguiente, el sistema legal deviene en gran medida inoperativo cuando la discrepancia de intereses se suscita precisamente entre la sociedad y su socio único. Esta es la cuestión.

Esta circunstancia no parece haber sido tenida suficientemente en cuenta por el legislador. Lo que nos sitúa ante la necesidad de hallar fórmulas adecuadas, que permitan proteger el interés de la sociedad y, a través suyo, el de todas aquellas personas concernidas en la preservación de su patrimonio, empezando por los acreedores sociales[157].

2.2. Por lo que respecta al socio único en el ejercicio de las funciones de órgano de socios

El primer mecanismo que prevé la Ley para poner coto a las situaciones de conflicto de interés, en el seno de la Junta general como órgano de socios, consiste en prohibir ejercitar su derecho de voto a un determinado socio cuando se trate de adoptar acuerdos en torno a ciertos asuntos, por considerar que su interés particular entra en conflicto con el de la sociedad. La previsión legal se refiere, en particular, a los acuerdos sociales dirigidos a autorizarle a transmitir sus acciones o participaciones (sujetas a restricción), a excluirle de la sociedad, a liberarle de una obligación o concederle un derecho, a facilitarle cualquier tipo de asistencia financiera (incluida la concesión de garantías a su favor) y a dispensarle, como administrador, de las obligaciones derivadas del deber de lealtad. En el caso de sociedades anónimas, se establece además que las dos primeras prohibiciones solo regirán cuando estén expresamente previstas en los estatutos[158].

---

157 Bien visto, el problema no es exclusivo de las sociedades unipersonales ni de los conflictos de interés que afectan al socio único. Como sostiene ALONSO LEDESMA, el tratamiento de los conflictos de intereses debe afrontarse no solo mediante una interpretación adecuada de la normativa positiva sino también proponiendo reformas legislativas que puedan dar respuesta a las propias situaciones reales de conflicto. *Vid.* C. ALONSO LEDESMA, «El conflicto de intereses como problema jurídico», en *Conflictos de intereses en las sociedades de capital: socios y administradores, cit.*, pp. 447 a 474, pássim y part. pp. 448-449.

158 Cfr. art. 190.1 LSC. El tema «real» no se soluciona, desde luego, sosteniendo —como propone algún autor— que la coincidencia de intere-

Ahora bien, estas exigencias carecen de sentido y no tienen cabida en el caso de las sociedades unipersonales, porque la imposición al socio único, investido de las competencias de la Junta, de la prohibición de decidir en torno a tales asuntos —o su abstención— comportarían también la completa paralización del órgano; al igual que la orden de deducir las acciones o participaciones del socio en conflicto del capital social antes de proceder al cómputo de la mayoría de los votos que, en cada caso, resulte necesaria[159]. La aplicación efectiva de cualquiera de estas medidas constituirá un impedimento para la actuación en sí del órgano de socios; puesto que, si no vota el socio único y sus acciones o participaciones se deducen del capital social, tampoco será posible adoptar ningún tipo de decisión[160], lo que terminará coartando la propia capacidad de obrar de la persona societaria.

Habida cuenta de la estructura interna de estas entidades, es evidente que el voto del socio único siempre resultará necesario y, por consiguiente, «decisivo», para articular cualquier actuación del órgano de socios, aun cuando pudiera estar afectado por cual-

---

ses entre la sociedad unipersonal y el socio único hace innecesaria la aplicación de la norma. Tampoco habría contribuido en nada a resolver el problema la regla de máximos que quiso implantar la *Propuesta de Código Mercantil* de 2013, prohibiendo con carácter general al socio el derecho a ejercer «por sí o por representante» el derecho de voto en cualesquiera asuntos en los que tuviera «por cuenta propia o de tercero» un interés en conflicto con el de la sociedad. Cfr. su art. 231-63.1.

159 Cfr. art. 190.2 LSC. Esta fórmula deviene ineficaz y su aplicación conduciría al absurdo en una sociedad participada por un único socio. En general, sobre el tema *vid.* I. SANCHO GARGALLO, «Artículo 190. Conflicto de intereses», en *Comentario de la Ley de Sociedades de Capital*, tomo III, *cit.* pp. 2657 a 2676. Obviamente, el caso se plantearía de un modo muy distinto si el conflicto de interés con la sociedad no fuera del socio único sino de su representante.

160 Téngase en cuenta, asimismo, que las acciones o participaciones propias que la sociedad unipersonal pudiera haber adquirido, en régimen de autocartera, tienen suspendidos legalmente sus derechos de voto. Cfr. arts. 142 y 148 LSC.

quier situación de conflicto con la sociedad. Sin embargo, nunca habrá otros socios para impugnar, en interés de esta, las decisiones adoptadas por el —único— socio en conflicto. Tampoco parece muy factible que los administradores de la sociedad, sabiendo que pueden ser separados de su cargo en cualquier momento por ese mismo socio, estén dispuestos o en condiciones siquiera de ejercer el papel de defensores del interés social, haciendo uso de la legitimación que les confiere la Ley para impugnar las decisiones del socio único que reputen lesivas para la sociedad[161].

La condición impuesta legalmente a los socios, para ejercer la acción de impugnación, de haber adquirido tal condición antes de haberse adoptado la decisión impugnable, impedirá hacerlo al nuevo socio único o a aquellos socios que irrumpan en la sociedad tras pasar a ser pluripersonal. De esta restricción solo se salvarían las impugnaciones que tuvieran por objeto decisiones contrarias al orden público, para cuya interposición se halla legitimado legalmente cualquier socio, «aunque hubiera adquirido su condición después»[162]. A menos, claro está, que el nuevo socio único o los socios posteriores de la sociedad pudieran merecer la consideración de «terceros» y, una vez acreditado su interés legítimo, impugnar como tales la decisión lesiva del anterior socio único[163].

Fuera de estos supuestos, tan solo restaría la posibilidad de que terceras personas, acreditando un interés legítimo, llevaran a

---

161 Conforme previene el propio artículo 190.3 LSC. A quienes compete, además, la carga de acreditar la existencia de dicho conflicto de interés, aun cuando la Ley parezca haberlo referido exclusivamente al «socio o socios que impugnen». *Vid.* A. RECALDE CASTELLS, «Artículo 190. Conflicto de intereses», en *Comentario de la Reforma del Régimen de las Sociedades de Capital en materia de Gobierno Corporativo (Ley 31/2014), cit.* pp. 67 a 88, part. p. 84.

162 Cfr. art. 206.1 y 2 LSC.

163 *Vid.* I. SANCHO GARGALLO, «Artículo 206. Legitimación para impugnar», en *Comentario de la Ley de Sociedades de Capital,* tomo III, *cit.* pp. 2887 a 2906, part. p. 2891.

cabo la impugnación de las decisiones, contrarias al interés social, del socio único mediante el ejercicio de las correspondientes acciones. Así y todo, no parece *a priori* lo más efectivo encomendar a terceros la defensa del interés de la sociedad frente a las decisiones orgánicas adoptadas por su socio único, especialmente si no se proporciona antes a esos interesados, ajenos a la sociedad, información adecuada en torno a las actuaciones potencialmente dañosas para interés social.

Más allá de la adopción de las decisiones de Junta legalmente previstas, el riesgo de conflicto se agravará cuando el socio único, haciendo uso de la potestad de impartir instrucciones al órgano de administración que la Ley confiere a la Junta, ordene a los administradores llevar a cabo actuaciones lesivas para la sociedad[164]; y, sobre todo, cuando sea el propio socio único, afectado por la situación de conflicto, quien ejerza en la sociedad el cargo de administrador de derecho o de hecho.

2.3. En cuanto a los administradores y al socio único administrador

El segundo foco de regulación de las situaciones de conflicto de interés, en el seno de las sociedades de capital, tiene como marco el órgano de administración y el estatuto jurídico propio de los administradores. La Ley dispensa un tratamiento específico a los conflictos que puedan suscitarse entre la sociedad y sus administradores, partiendo del deber general de conducta impuesto a todo administrador de desempeñar el cargo con la diligencia de

---

164 Cfr. art. 161 LSC. En una sociedad como la unipersonal, subordinada a la voluntad de un socio, la «falta de vinculación» de los administradores y la posibilidad efectiva de hacer valer su deber de «no ejecutar» el acuerdo y «oponerse a él impugnándolo», apuntadas por nuestra mejor doctrina, resultan más teóricas que reales. Sobre el tema, *vid.* A. RECALDE CASTELLS, «Artículo 161. Intervención de la junta general en asuntos de gestión», en *Comentario de la Reforma del Régimen de las Sociedades de Capital en materia de Gobierno Corporativo (Ley 31/2014), cit.* pp. 51 a 63, part. pp. 62 y 63.

un ordenado empresario y de la exigencia de subordinar en todo caso su interés particular al «interés de la empresa» (*sic*)[165]. Al propio tiempo y en aras a la consabida protección de los márgenes de «discrecionalidad empresarial», se fija la conducta estándar de diligencia a observar por un ordenado empresario en su actuación de buena fe, sin «interés personal» en el asunto, debidamente informado y siguiendo un procedimiento de decisión adecuado[166]. La fórmula legal se completa con una referencia expresa, al tratar del deber de lealtad de los administradores, a la obligación de desempeñar el cargo con la lealtad de un buen representante, obrando de buena fe y «en el mejor interés de las sociedad»[167]. En desarrollo de lo anterior, la Ley incluye entre las obligaciones básicas derivadas del deber de lealtad de todo administrador, de un lado, la de abstenerse de participar en la deliberación y votación de acuerdos o decisiones en los que él o una persona vinculada con él tenga un conflicto —directo o indirecto— de interés con la sociedad[168]; y,

---

165 Cfr. art. 225 LSC, tras su reforma por Ley 5/2021, de 5 de diciembre. La prevalencia del interés social, bajo la «curiosa» advocación de «interés de la «empresa», respecto al «particular» del administrador no deja de ser una concreción del contenido del deber general de lealtad que pesa sobre cualquier gestor de intereses ajenos. *Vid.* J. JUSTE MENCÍA, «Artículo 225. Deber general de diligencia», en *Comentario de la Ley de Sociedades de Capital,* T. III, *cit.,* pp. 3091 a 3103, part. pp. 3100-3102.

166 Cfr. art. 226 LSC. *Vid.* por todos J. ALFARO, «Artículo 226. Protección de la discrecionalidad empresarial», en *Comentario de la reforma del régimen de las sociedades de capital en materia del gobierno corporativo (Ley 31/2014). Sociedades no cotizadas, cit.* pp. 325 a 360.

167 Cfr. art. 227 LSC. Esta es sin duda la norma central en la materia. *Vid.* J. JUSTE MENCÍA, «Artículo 227. Deber de lealtad», en *Comentario de la reforma del régimen de las sociedades de capital en materia del gobierno corporativo (Ley 31/2014). Sociedades no cotizadas, cit.* pp. 361 a 375, part. p. 367.

168 Salvo que tales acuerdos o decisiones le afecten en tanto que administrador (como los relativos a su designación o revocación para el cargo u otros de naturaleza análoga). Cfr. art. 228 LSC letra c>. Deber negativo que presenta «marcadas» diferencias con el impuesto al socio, porque responde también a distintos fundamentos. *Vid.* C. BOLDÓ RODA, «Los conflictos indirectos en materia de administradores en las socie-

de otro, la de adoptar las medidas necesarias para evitar incurrir en situaciones en las que su interés o los de las personas por cuya cuenta actúa, puedan entrar en conflicto con el interés social y con sus deberes para con la sociedad[169].

En este sentido y al delimitar las situaciones de conflicto que puedan concurrir, debe atenderse también al supuesto de que los intereses en liza afecten no solo al socio único sino también a aquellas personas que mantengan con él algún vínculo especial, siguiendo el discurso legal. Estos conflictos de interés indirectos adquieren gran trascendencia en relación a las sociedades unipersonales que conforman grupos empresariales en su más amplia acepción. Consciente de la relevancia de este tipo de lazos o conexiones de interés, el legislador de sociedades de capital, al regular los conflictos entre la sociedad y los administradores, se ocupa de llevar a cabo una primera delimitación de las personas consideradas «especialmente vinculadas a los administradores», distinguiendo en función de la condición de personas naturales o jurídicas de estos últimos. El dato es relevante porque su aplicación resultará también extensible al socio único administrador y esto nos ha de permitir ampliar el ámbito de los conflictos de interés propios del mismo al círculo —más amplio— formado por otras personas, con quienes pueda mantener una especial vinculación.

De acuerdo con el criterio legal, son personas especialmente vinculadas con un administrador —persona natural— no solo quienes se hallan unidos a él por ciertos vínculos de parentesco[170], sino también las sociedades o entidades en las que dicho administrador posea, directamente por sí o por persona interpuesta,

---

dades de capital», en *Conflictos de intereses en las sociedades de capital: socios y administradores, cit.*, pp. 419 a 445, part. p. 420.

169 Cfr. art. 228, letra e> LSC.

170 Tanto consanguíneos como por afinidad, que la Ley se encarga de desgranar: 1) cónyuge o persona con análoga relación de afectividad; 2) ascendientes, descendientes y hermanos, junto con sus respectivos cónyuges. Cfr. art. 231.1 letras a>, b> y c> LSC.

una «participación significativa» o bien en las que desempeñe (o en cuya sociedad dominante desempeñe) el cargo de administrador[171]; además de los socios representados por el administrador en el órgano de administración[172].

En el caso del administrador persona jurídica, lo serán los socios que se encuentren, respecto a aquel, en alguna de las situaciones de control que exigen, con arreglo al Código de Comercio, la formulación de cuentas consolidadas, los administradores (de derecho o de hecho), los liquidadores y los apoderados generales del propio administrador, las sociedades de su mismo grupo y sus socios; y quienes tengan la consideración de personas vinculadas respecto a su representante físico[173].

El legislador ha impuesto a los administradores que se encuentren en esta situación una serie de obligaciones de abstención, aplicables no solo cuando el conflicto les afecte directamente sino también en los casos en que el beneficiario de las actuaciones sea una persona vinculada al administrador[174].

---

171 Cfr. art. 231.1 letra d> LSC. La norma presume la concurrencia de dicha «influencia significativa» cuando el administrador posea una participación igual o superior al diez por ciento (10%) del capital social o de los derechos de voto; o que le haya permitido mantener un representante en el órgano de administración de la entidad.

172 Cfr. art. 231.1 letra e> LSC.

173 Cfr. art. 231.2 LSC.

174 Los administradores, para no incurrir en situaciones en las que sus intereses o los de las personas por cuya cuenta puedan actuar entren en conflicto con los de las sociedad, deben abstenerse, en particular de: a) realizar transacciones con la sociedad (salvo aquellas operaciones ordinarias efectuadas en condiciones estándar y de escasa relevancia, de las que no haya que informar a la hora de expresar la imagen fiel del patrimonio, de la situación financiera y de los resultados de la entidad); b) usar la denominación social o invocar su condición de administrador para influir indebidamente en la realización de operaciones privadas; c) utilizar los activos sociales, incluida la información confidencial de la compañía, con fines privados; d) aprovecharse de las oportunidades de negocio de la sociedad; e) obtener

Paralelamente, se exige a esos mismos administradores poner conocimiento de la sociedad, comunicándolo al resto de administradores o, en caso de un administrador único, a la Junta general, «cualquier situación de conflicto, directo o indirecto, que ellos o personas vinculadas a ellos pudieran tener con el interés de la sociedad»; para establecer, a continuación, que las situaciones de conflicto de interés en las que incurran los administradores sociales deberán ser objeto de información en la memoria de las cuentas anuales de la sociedad[175]. El objetivo de la primera norma es avisar a la sociedad de la posición de conflicto en que se encuentra el administrador, como punto de partida para la puesta en marcha de los mecanismos legales dirigidos a su control[176]; mientras que la segunda va dirigida a informar a cualquier interesado de la concurrencia de tales situaciones, con independencia del modo en que, a la postre, hayan sido resueltas por la sociedad.

La normativa relativa al deber de lealtad de los administradores y a la responsabilidad por su infracción tiene carácter imperativo, decretando la Ley la nulidad de las disposiciones estatutarias que limiten su vigencia o contravengan el tenor los preceptos en que se regulan. Tan solo se permite a la sociedad dispensar su aplicación «en casos singulares», autorizando la realización por los administradores (o por las personas especialmente vinculadas

---

ventajas o remuneraciones de personas distintas de la sociedad y su grupo, asociadas al desempeño de su cargo (a menos que se trate de atenciones de mera cortesía); y f) desarrollar actividades por cuenta propia o cuenta ajena que entrañen una competencia efectiva, actual o potencial, con la sociedad o que, de cualquier otro modo, les sitúen en un conflicto permanente con los intereses de la sociedad. Cfr. art. 229.1 y 2 LSC.

175 Cfr. art. 229.3 LSC.

176 *Vid.* J. JUSTE MENCÍA, «Artículo 229. Deber de evitar situaciones de conflicto de interés», en *Comentario de la reforma del régimen de las sociedades de capital en materia del gobierno corporativo (Ley 31/2014). Sociedades no cotizadas, cit.*, pp. 395 a 412, part. p. 411.

con ellos) de «una determinada» transacción con la sociedad, el uso de «ciertos» activos sociales, el aprovechamiento de «una concreta» oportunidad de negocio y la obtención de «una» ventaja o remuneración de «un» tercero.

Por principio, la Ley confiere la potestad de autorizar estas conductas singulares a la Junta general, en tanto que órgano soberano de la sociedad; aunque también deja abierta la posibilidad de que, en los casos no atribuidos expresamente a aquella y siempre que se cumplan determinados requisitos, sea decidida por el órgano de administración. La obligación de no competencia únicamente podrá ser objeto de exoneración, mediante acuerdo «expreso y separado» de la Junta, siempre que no reporte daño a la sociedad o el que pueda reportar se vea compensado con los beneficios que se prevea obtener. Esto, tanto con carácter general y por lo que respecta a las prohibiciones de abstención impuestas a los administradores, como en lo que se refiere a la aprobación de las denominadas «operaciones intragrupo», llevadas a cabo por la sociedad con su sociedad dominante u otras sociedades del grupo «sujetas a conflicto de interés»[177].

La eficacia del sistema legal de prevención de conflictos no se verá afectada ni cuestionada por la mera condición unipersonal de la sociedad de capital, pudiendo servir como instrumento de control sobre la acción de gobierno llevada a cabo por terceros administradores, puestos al frente de la sociedad por el socio único y encargados por él de desempeñar las funciones de administración. Lo que sí la afectará y terminará por ponerla en entredicho es la circunstancia de que el interés social entre, de algún modo, en conflicto con el interés particular —mediato o inmediato, directo o indirecto— del socio único.

Lo que se pretende dejar sentado en este momento, sin entrar a analizar a fondo el contenido y alcance del sistema legal de prevención de conflictos, es que el grueso de los mecanismos

[177] Cfr. arts. 230 y 231 bis LSC, respectivamente.

previstos al efecto resultan —de nuevo— escasamente o nada operativos en el ámbito de las sociedades unipersonales, por el poder de control que sobre ellas está llamado a ejercer el socio único y la posición de subordinación en que se hallan respecto al mismo. Ni siquiera el hecho de que el ejercicio del cargo de administrador recaiga sobre una persona distinta del socio único constituye, de suyo, ninguna garantía de neutralidad, a la hora de proceder a la adopción de acuerdos o la toma de decisiones que puedan afectar el interés particular del socio único; en la medida en que los administradores o sus representantes físicos deben su posición orgánica precisamente al poder decisorio de la persona que se supone están llamados a controlar. Sin perjuicio, claro está, de la responsabilidad que, por su conducta permisiva, podrían acabar asumiendo frente a la sociedad o frente a otros eventuales perjudicados.

El régimen de dispensa y autorización de prohibiciones a cargo de la Junta, quedará reducido a una cuestión meramente formal, cuando la función de preservar el interés social frente al interés particular del socio único corra a cargo precisamente de este último, en el ejercicio de las funciones de órgano de socios. Lo propio cabe sostener cuando el socio único concentre también las competencias del cargo de administrador. Esta doble condición atribuida al socio único convierte en letra muerta buena parte de la normativa legal prevista para censurar la actuación de los administradores y evitar que el administrador en conflicto lleve a cabo actos lesivos para el interés social.

La disciplina aplicable se torna disfuncional y los mecanismos establecidos para prevenir o evitar situaciones de conflicto pierden buena parte —si no toda su funcionalidad— cuando, en una sociedad unipersonal, la condición de administrador recae en el socio único o cuando, aun recayendo sobre un tercero, el conflicto de interés se plantee entre la sociedad unipersonal y su socio. Lo que nos resta es la posibilidad de exigir responsabilidades personales a esos administradores, mediante el ejercicio «a posteriori» de las pertinentes acciones por los daños causados sociedad, a los nuevos socios o a los acreedores sociales, por actos u omisiones contrarios a la Ley o realizados incumpliendo las obligaciones inherentes al desempeño del cargo, al haber infringido su deber de lealtad y perpetrado o permitido la realización de actuaciones lesivas para el interés social[178].

El ejercicio de las acciones de responsabilidad frente a los administradores resulta perfectamente compatible con el de otras acciones, específicamente previstas para la infracción del deber de lealtad. En efecto, la conculcación del deber de lealtad lleva aparejada la posibilidad de interponer acciones impugnatorias —propiamente societarias— de lo actuado, así como otras acciones —basadas en el Derecho común— de cesación, remoción de efectos y, en su caso, anulación de los actos y contratos celebrados por los administradores responsables. Acciones que podrá hacer valer directamente la sociedad, a través de sus representantes, o bien terceros perjudicados, subrogados en la posición de esta[179].

3. Deberes de información y transparencia contable

La falta de efectividad de otro tipo de controles hace que las exigencias de información, impuestas a las sociedades de capital por la legislación contable, adquieran especial relevancia en el tratamiento jurídico de las situaciones de conflicto de interés que concitan las sociedades unipersonales. Muy particularmente, cuando tales situaciones afectan indirectamente al socio único con ocasión de operaciones llevadas a cabo por la sociedad, empleando la terminología contable, con «partes vinculadas».

---

178 Con arreglo a lo prevenido en los artículos 236 y siguientes del vigente texto refundido de la Ley de Sociedades de Capital.

179 Cfr. art. 232 LSC. Aunque no aparezca expresamente mencionada en el precepto, el Prof. MASSAGUER añade a este listado la acción de enriquecimiento injusto. *Vid*. J. MASSAGUER FUENTES, «Artículo 232. Acciones derivadas de la infracción del deber de lealtad», en *Comentario de la reforma del régimen de las sociedades de capital en materia del gobierno corporativo (Ley 31/2014). Sociedades no cotizadas, cit.*, pp. 427 a 439, part. pp. 437-438.

La inoperancia de la normativa sustantiva ha de suplirse con una aplicación rigurosa de la normativa contable, que recobra de este modo un protagonismo que, con cierta frecuencia, le niega la práctica contra derecho en la que se han instalado una parte de nuestras sociedades mercantiles, que no suelen prestar la debida atención a estas reglas, salvo en aquellos aspectos próximos y destinados a servir de soporte a sus deberes tributarios. A esta conducta relajada contribuye no poco la circunstancia de que las principales consecuencias de la infracción material de las normas y principios contables se producen cuando el empresario deviene insolvente, en el ámbito del concurso de acreedores.

El cumplimiento de los deberes de información relativos a este tipo de transacciones se instrumenta, en gran medida, a través de la memoria, de acuerdo con la función que le atribuye la Ley de completar, ampliar y comentar el contenido del resto de los documentos que integran las cuentas anuales[180]. Entre las «menciones» que han de figurar en la memoria contable, se encuentran las «transacciones significativas entre la sociedad y terceros vinculados con ella», haciendo constar la «naturaleza de la vinculación» y su «importe», así como cualquier otra información relativa a las mismas que sea «necesaria» para determinar la «situa-

---

180 Cfr. art. 35.5 CCom; y, más específicamente, en lo referido a las sociedades de capital, arts. 259 a 261 LSC, a cuya aplicación se remite el propio Código (art. 41.1). La redacción de la memoria cae dentro de la obligación impuesta a todo empresario de formular las cuentas anuales de su empresa y se halla sujeta además a la vigencia del postulado general de imagen fiel del patrimonio, de la situación financiera y de los resultados de la empresa, que inspira nuestro Derecho contable. Cfr. art. 34.1 CCom. *Vid.* A. ROJO FERNÁNDEZ-RÍO, en *Lecciones de Derecho Mercantil,* dir. por A. Menéndez y A. Rojo, vol. 1, 21ª edición, Cizur Menor (Navarra), 2023, pp. 102-103 y 111-112; asimismo, R. LARA GONZÁLEZ, «La contabilidad del empresario y el registro mercantil», en *Derecho mercantil I: concepto, el empresario, estatuto jurídico e instituciones auxiliares, derecho de la propiedad industrial y derecho de la competencia, derecho de sociedades,* coord. por J. Miquel Rodríguez, 2ª edic., Barcelona, 2023, pp. 61-76.

ción financiera» de la sociedad. La dicción final hace extensible el contenido de la mención a aquellos aspectos de la transacción imprescindibles para fijar la posición financiera de la sociedad y contribuir, de este modo, al cumplimiento de la exigencia legal de que las cuentas anuales muestren la imagen fiel del patrimonio, de la situación financiera y de los resultados de la empresa[181].

En conexión con lo anterior, se halla también otra de las menciones que han de figurar en la memoria: la relativa a la conclusión, modificación o extinción anticipada de los contratos entre la sociedad y cualquiera de sus administradores o persona que actúe por cuenta de ellos[182], siempre y cuando recaigan sobre operaciones ajenas al tráfico ordinario de la sociedad o no realizadas en condiciones normales[183]. En este punto, conviene reiterar la vigencia de la exigencia legal de información en la memoria anual de que son objeto las situaciones de conflicto de interés en que incurran los administradores[184].

---

181 Cfr. art. 260.7ª letra c> LSC. Al disponerlo así, la norma mantiene el criterio adoptado como regla general en materia contable, dejando un cierto margen de ponderación a los administradores y subordinando en todo caso la formulación de las cuentas anuales a las exigencias del postulado de imagen fiel. *Vid.* J.C. VÁZQUEZ CUETO, «Artículo 260. Contenido de la memoria», en *Comentario de la Ley de Sociedades de Capital,* T. IV, *cit.,* pp. 3647 a 3659, part. p. 3653.

182 El precepto alude también a los contratos entre la sociedad mercantil (sic) –*rectius* sociedad de capital– y cualquiera de sus socios, aunque hemos excluido hacer referencia en este momento a estos supuestos, puesto que, en las sociedades de capital unipersonales, los contratos celebrados entre el socio único y la sociedad se hallan sometidos al régimen específico de información y transparencia del artículo 16 de la Ley de Sociedades de Capital, que obliga a su constancia escrita o en la forma documental exigida por la Ley (de acuerdo con su naturaleza), así como a transcribirlos en un libro-registro sujeto a legalización, conforme a lo prevenido para los libros de actas de las sociedades, y a incluir una referencia expresa e individualizada a cada uno de ellos en la memoria, «con indicación de su naturaleza y condiciones».

183 Cfr. art. 260.16ª LSC.

184 Cfr. art. 229.3 último párrafo LSC.

La Ley de Sociedades de Capital se remite, por lo demás, a las indicaciones específicamente previstas por «los correspondientes desarrollos reglamentarios», entre los que desempeñan un rol principal el Real Decreto 1514/2007, de 16 de noviembre, por el que se aprueba el Plan General de Contabilidad y el Real Decreto 1515/2007, de la misma fecha, por el que se aprueban el Plan General de Contabilidad de Pequeñas y Medianas Empresas y los Criterios Contables Específicos para Microempresas. La aplicación de esta normativa reglamentaria se ha visto reforzada, además, por la remisión específica llevada a cabo por la propia Ley en lo tocante a la denominada «memoria abreviada», cuando permite a las sociedades en disposición de formular balance abreviado omitir en la memoria «las «indicaciones que reglamentariamente se determinen», siempre que se respeten los límites establecidos en la misma[185].

Las dos aportaciones principales en torno al tema que llevan a cabo ambos desarrollos reglamentarios son, de un lado, la definición de lo que, a estos efectos, debe entenderse por «partes vinculadas»; y, de otro, el establecimiento de un mayor desglose y concreción en torno a las «operaciones con partes vinculadas».

Conforme a la normativa del Plan General de Contabilidad, una parte se considera vinculada a otra cuando «una de ellas o un conjunto que actúa en concierto, ejerce o tiene la posibilidad de ejercer directa o indirectamente o en virtud de pactos o acuerdos entre accionistas o partícipes, el control sobre otra o una influencia significativa en la toma de decisiones financieras y de explotación de la otra»[186]. La referencia se completa con la atribución

---

185 Cfr. art. 260 «in principio» y art. 361 LSC, respectivamente.

186 Cfr. Norma de elaboración de las cuentas anuales 15ª.1 (dedicada a «partes vinculadas») dentro de la «Tercera Parte» del Plan General de Contabilidad, relativa a las «Cuentas anuales». El contenido de esta norma coincide sustancialmente, exceptuando alguna pequeña diferencia, con el de la Norma de elaboración de las cuentas anuales 13ª, del mismo título, correspondiente al Plan General de Contabilidad de Pequeñas y Medianas Empresas (aprobado por RD 1515/2007).

«en cualquier caso» de dicho carácter a la «empresa del grupo, asociada o multigrupo», conforme son objeto de definición en la correspondiente norma del propio Plan General[187].

---

187 Cfr. Norma 15.2ª letra a>. La remisión en cuestión se refiere a la Norma 13ª (también de elaboración de las cuentas anuales), conforme a cuyo tenor:
«A efectos de la presentación de las cuentas anuales de una empresa o sociedad se entenderá que otra empresa forma parte del grupo cuando ambas estén vinculadas por una relación de control, directa o indirecta, análoga a la prevista en el artículo 42 del Código de Comercio para los grupos de sociedades o cuando las empresas estén controladas por cualquier medio por una o varias personas físicas o jurídicas, que actúen conjuntamente o se hallen bajo dirección única por acuerdos o cláusulas estatutarias.
Se entenderá que una empresa es asociada cuando, sin que se trate de una empresa del grupo, en el sentido señalado anteriormente, la empresa o alguna o algunas de las empresas del grupo en caso de existir éste, incluidas las entidades o personas físicas dominantes, ejerzan sobre tal empresa una influencia significativa por tener una participación en ella que, creando con ésta una vinculación duradera, esté destinada a contribuir a su actividad.
En este sentido, se entiende que existe influencia significativa en la gestión de otra empresa, cuando se cumplan los dos requisitos siguientes: a) La empresa o una o varias empresas del grupo, incluidas las entidades o personas físicas dominantes, participan en la empresa, y b) Se tenga el poder de intervenir en las decisiones de política financiera y de explotación de la participada, sin llegar a tener el control.
Asimismo, la existencia de influencia significativa se podrá evidenciar a través de cualquiera de las siguientes vías: 1. Representación en el consejo de administración u órgano equivalente de dirección de la empresa participada; 2. Participación en los procesos de fijación de políticas; 3. Transacciones de importancia relativa con la participada; 4. Intercambio de personal directivo; o 5. Suministro de información técnica esencial.
Se presumirá, salvo prueba en contrario, que existe influencia significativa cuando la empresa o una o varias empresas del grupo incluidas las entidades o personas físicas dominantes, posean, al menos, el 20 por 100 de los derechos de voto de otra sociedad.
Se entenderá por empresa multigrupo aquella que esté gestionada conjuntamente por la empresa o alguna o algunas de las empresas del

Ello permite considerar como partes vinculadas a cualesquiera otras sociedades participadas o controladas por el socio único[188]. De igual modo, lo serán los familiares próximos del socio único persona natural[189]. Así como el «personal clave» de la sociedad o de su dominante, entendiendo por tal las personas naturales «con autoridad y responsabilidad sobre la planificación, dirección y control de las actividades de la empresa, ya sea directa o indirectamente», incluyendo tanto a los administradores y directivos como a sus familiares próximos[190]. La regla se cierra con la referencia a «las empresas (*sic*) que compartan algún consejero o directivo con la sociedad (salvo que no ejerza una influencia significativa en las políticas financiera y de explotación de una y otra), los familiares próximos del representante físico de un administrador

---

grupo en caso de existir éste, incluidas las entidades o personas físicas dominantes, y uno o varios terceros ajenos al grupo de empresas».

188 Cfr. Norma 15ª.2 letra a>. La norma exime, sin embargo, de la obligación de incluir información relativa a las operaciones con partes vinculadas, a la sociedad «controlada o influida de forma significativa por una Administración Pública estatal, autonómica o local y la otra empresa también esté controlada o influida de forma significativa por la misma Administración Pública, siempre que no existan indicios de una influencia entre ambas». Entendiendo que «existe dicha influencia, entre otros casos, cuando las operaciones no se realicen en condiciones normales de mercado (salvo que dichas condiciones vengan impuestas por una regulación específica)».

189 Cfr. Nota 15ª.2 letra b>. A estos efectos, se entiende por «familiares próximos», a quienes «podrían ejercer influencia en, o ser influidos por esa persona en sus decisiones relacionadas con la empresa». Entre los que se mencionan expresamente: «a) el cónyuge o persona con análoga relación de afectividad; b) los ascendientes, descendientes y hermanos y los respectivos cónyuges o personas con análoga relación de afectividad; c) los ascendientes, descendientes y hermanos del cónyuge o persona con análoga relación de afectividad; y d) Las personas a su cargo o a cargo del cónyuge o persona con análoga relación de afectividad». Cfr. Norma 15.3ª.

190 Cfr. Norma 15.2 letra c>.

persona jurídica y los planes de pensiones (*sic*) de los empleados de la propia empresa o de alguna de sus partes vinculadas[191].

El Plan General de Contabilidad, al desarrollar los contenidos de la memoria, dedica un apartado específico (23) a las «operaciones con partes vinculadas», en el que se desglosa la información en torno a las mismas que debe figurar en dicha memoria[192]. Esta disciplina comienza fijando la pauta a seguir y que obliga a plasmar la información sobre operaciones con partes vinculadas separadamente y repartida en determinadas categorías, en función de las personas afectadas[193].

La sociedad unipersonal vendrá obligada a facilitar «información suficiente» para comprender las operaciones con partes vinculadas que haya efectuado y los efectos de las mismas sobre sus estados financieros. Entre otros, se indicarán los siguientes aspectos relativos a este tipo de operaciones: a) la identidad de la parte vinculada, expresando la «naturaleza de la relación»; b) el detalle y cuantificación de la operación[194]; c) el beneficio o pérdida que le haya supuesto, junto con la descripción de las funciones y los riesgos asumidos por una y otra parte; d) los saldos pendien-

---

191 Cfr. Norma 15ª.2 letras e>, f> y g>.

192 Cfr. Apartado «23. Operaciones con partes vinculadas», dentro del capítulo relativo al «Contenido de la Memoria» del Plan General de Contabilidad. Este apartado guarda correspondencia con el Apartado «9. Operaciones con partes vinculadas», relativo al Contenido de la Memoria abreviada, recogido en el propio Plan General, de perfil más resumido.

193 A saber: a) entidad dominante; b) otras empresas del grupo; c) negocios conjuntos en los que la empresa sea uno de los partícipes, d) empresas asociadas; e) empresas con control conjunto o influencia significativa sobre la empresa; f) personal clave de la dirección de la empresa o de su entidad dominante; y g) otras partes vinculadas.

194 Expresando, en particular «la política de precios seguida» y «poniéndola en relación con las que la empresa utiliza respecto a operaciones análogas realizadas con partes que no tengan la consideración de vinculadas». En ausencia de estas últimas, se hará referencia a «los criterios o métodos seguidos para determinar la cuantificación de la operación».

tes[195]; e) las correcciones valorativas por deudas de dudoso cobro relacionadas con los saldos pendientes anteriores; y f) los gastos reconocidos en el ejercicio derivados de créditos incobrables o de dudoso cobro frente a partes vinculadas. La citada información comprenderá «en todo caso» las operaciones con partes vinculadas consideradas más relevantes[196].

Se permite presentar esta información de forma agregada, siempre que se refiera a partidas de naturaleza similar, aunque se exige facilitarla de forma individualizada cuando se trate de operaciones vinculadas «significativas por su cuantía o relevantes para una adecuada comprensión de las cuentas anuales».

No será, sin embargo, necesario informar en relación a aquellas operaciones comprendidas en el tráfico ordinario de la empresa,

---

195 Tanto activos como pasivos, así como sus plazos y condiciones, la naturaleza de la contraprestación establecida para su liquidación, «agrupando los activos y pasivos por tipo de instrumento financiero» (con la estructura que aparece en el balance de la empresa) y las «garantías otorgadas o recibidas».

196 Entre las que se computan las siguientes: a) ventas y compras de activos corrientes y no corrientes; b) prestación y recepción de servicios; c) contratos de arrendamiento financiero; d) transferencias de investigación y desarrollo; e) acuerdos sobre licencias; f) acuerdos de financiación, incluyendo préstamos y aportaciones de capital, ya sean en efectivo o en especie, especificando entre las dirigidas a la adquisición y enajenación de instrumentos de patrimonio, el número, valor nominal, precio medio, así como su resultado y el destino final previsto en el caso de adquisición; g) intereses abonados y cargados, además de los devengados pero no pagados o cobrados; h) dividendos y otros beneficios distribuidos; i) garantías y avales; j) remuneraciones e indemnizaciones; k) aportaciones a planes de pensiones y seguros de vida; l) prestaciones a compensar con instrumentos financieros propios; m) compromisos en firme por opciones de compra o de venta u otros instrumentos que puedan implicar una transmisión de recursos o de obligaciones entre la empresa y la parte vinculada; n) acuerdo de reparto de costes en relación con la producción de bienes y servicios que serán utilizados por varias partes vinculadas; o) acuerdos de gestión de tesorería; y p) acuerdos de condonación de deudas y prescripción de las mismas.

que se efectúen en condiciones normales de mercado, tangan escasa importancia en el plano cuantitativo y carezcan de relevancia a la hora de expresar la imagen fiel del patrimonio, de la situación financiera y de los resultados de la sociedad unipersonal[197].

---

[197] La norma exige, en todo caso, que se informe en la memoria «sobre el importe de los sueldos, dietas y remuneraciones de cualquier clase devengados en el curso del ejercicio por el personal de alta dirección y los miembros del órgano de administración, cualquiera que sea su causa, así como de las obligaciones contraídas en materia de pensiones o de pago de primas de seguros de vida respecto de los miembros antiguos y actuales del órgano de administración y personal de alta dirección». También ordena informar sobre «indemnizaciones por cese y pagos basados en instrumentos de patrimonio». Requerimientos que serán también aplicables cuando los miembros del órgano de administración sean personas jurídicas, «en cuyo caso además de informar de la retribución satisfecha a la persona jurídica administradora, esta última deberá informar en sus cuentas anuales de la concreta remuneración que corresponde a la persona física que la represente». Tales informaciones se podrán reflejar en la memoria «de forma global por concepto retributivo», aunque separando los correspondientes al «personal de alta dirección de los relativos a los miembros del órgano de administración». Cuando la empresa satisfaga, en todo o en parte, la prima del seguro de responsabilidad civil de todos los administradores o de alguno de ellos, por daños derivados de actos u omisiones llevados a cabo en el ejercicio del cargo, se hará constar así expresamente, junto con la cuantía de dicha prima. Se deberá informar, además, acerca del «importe de los anticipos y créditos concedidos al personal de alta dirección y a los miembros de los órganos de administración, con indicación del tipo de interés, sus características esenciales y los importes eventualmente devueltos, así como las obligaciones asumidas por cuenta de ellos a título de garantía». Lo que se aplicará también cuando los administradores sean personas jurídicas, en cuyo caso, «además de informar de los anticipos y créditos concedidos a la persona jurídica administradora, esta última deberá informar en sus cuentas anuales de la concreta participación que corresponde a la persona física que la represente». Datos que se podrán plasmar «de forma global por cada categoría», aunque habrán de indicarse «separadamente los correspondientes al personal de alta dirección» y «los relativos a los administradores».

El Plan General de Contabilidad incluye una mención explícita al deber de las sociedades de capital de informar acerca de las «situaciones de conflicto de interés en que incurran los administradores o las personas vinculadas a ellos», en los términos previstos legalmente. En caso de pertenencia a un grupo de empresas, resulta también obligatorio describir la estructura financiera del grupo[198].

La regulación de estas cuestiones contables adolece de cierta imprecisión, debido fundamentalmente a la ambigüedad y a la defectuosa técnica jurídica con que han sido redactados buena parte de sus preceptos. El margen de discrecionalidad con el que, ya de por sí, cuentan los órganos sociales encargados de la formulación y aprobación de cuentas se ve acrecentado por la ausencia de controles jurídicos en orden a verificar el grado de aplicación de buena parte de las reglas. Al menos, mientras la sociedad mantenga la libre disponibilidad sobre sus bienes y no sea insolvente o se encuentre en un estado próximo a la insolvencia. Todo lo cual contribuye a dificultar el cumplimiento del mandato legal de informar acerca de las citadas cuestiones, cuyo conocimiento resulta crucial para enjuiciar la actuación de la sociedad y comprobar en qué medida pudiera no ser acorde con el interés social.

Es evidente, por lo demás, que los deberes legales de información contable deben proyectarse con mayor intensidad sobre las transacciones que, concertadamente, pueda llevar a cabo una sociedad de capital unipersonal con partes vinculadas; y, más en concreto, con personas situadas en el círculo de intereses de su socio único o especialmente relacionadas con él.

La extraordinaria relevancia de este tipo de cuestiones, en orden al buen funcionamiento de las sociedades de capital, hace

---

198 El «Contenido de la memoria abreviada» referido en el Plan General de Contabilidad, incluye una versión más resumida del régimen de las «operaciones con partes vinculadas», recogido en su apartado «9»; que es reproducido a su vez, bajo el mismo título, en el apartado también «9» del «Contenido de la memoria de PYMES», por el RD 1515/2007.

muy conveniente —casi me atrevería a decir que necesario— replantear su actual regulación, a fin de dotar de mayor concreción su contenido y realizar una delimitación más adecuada de las operaciones que, por su incidencia directa en la tutela del interés social, deben hacerse constar expresamente y con la debida claridad entre las menciones de la memoria contable de toda sociedad, proporcionando a cualquier interesado información precisa que le permite supervisar la actuación de los órganos corporativos y, dado el caso, hacer valer sus legítimos intereses, así como el interés propio de la sociedad, cuando ambos estuvieren alineados.

La defensa del interés social y la adopción de mecanismos adecuados para su tutela no son un problema exclusivo de las sociedades de un solo socio y alcanzan a cualquier sociedad de capital que se vea envuelta en situaciones de conflicto de interés análogas o similares. La sociedad unipersonal constituye, una vez más, un auténtico banco de pruebas del Derecho de Sociedades y los resultados derivados del análisis de su problemática resultan en buena medida extrapolables a otras sociedades de capital, en las que el interés de los socios entre en conflicto con el de la persona jurídica societaria y la posición de domino mantenida por uno o varios socios pueda terminar induciéndola a adoptar acuerdos no solo lesivos para el interés social sino también para los legítimos intereses de terceros.

Como ya se ha apuntado, las principales consecuencias de la infracción de estos deberes de contabilización se producirán en el ámbito del concurso de acreedores de la sociedad de capital —unipersonal o no— y vendrán impuestas por la legislación concursal. En este sentido, la omisión de información en la memoria acerca de las operaciones de la sociedad con partes vinculadas debe poder configurarse como un «incumplimiento sustancial» por el concursado de sus obligaciones contables y hasta merecer la consideración de «irregularidad relevante» para la comprensión de su situación patrimonial o financiera[199]. Nada obsta, asimismo,

[199] Cfr. art. 443.5º RD Legislativo 1/2020

a que la información omitida viniera referida a un supuesto de alzamiento de bienes o una salida fraudulenta de patrimonio, constituyera un acto de simulación o pudiera tipificarse como un supuesto de inexactitud grave de la documentación contable aportada por el concursado[200]. En otro caso, la debida constancia de este tipo de operaciones permitirá al administrador concursal y a los acreedores detectar las eventuales consecuencias perjudiciales que su realización pudiera comportar para la masa activa y facilitará también su impugnación, mediante el ejercicio de las pertinentes acciones de reintegración[201].

IX. RÉGIMEN «ESPECIAL» DE LAS SOCIEDADES UNIPERSONALES DE CAPITAL PÚBLICO

La Ley prevé (art. 17) un régimen de «privilegio» para las sociedades unipersonales de titularidad pública[202]. En su virtud, no vendrá en aplicación a las sociedades anónimas o de responsabilidad limitada de un solo socio cuyo capital sea propiedad del Estado, las Comunidades Autónomas, las Corporaciones locales o los organismos o entidades de ellos dependientes, lo establecido en el apartado segundo del artículo 13, ni tampoco en el artículo 14 y en los apartados 2 y 3 del artículo 16.

---

200 Cfr. art. 443.1°, 2°, 3° y 4° RD Legislativo 1/2020

201 Cfr. art. 226, art. 238 y concordantes del RD Legislativo 1/2020. Tanto es así que, entre las presunciones de perjuicio consideradas «relativas», que rigen «salvo prueba en contrario», se incluyen los actos de disposición llevados a cabo por la persona concursada a título oneroso en favor de alguna de las «personas especialmente relacionadas» con ella. Cfr. art. 228.1° RD Legislativo 1/2020. A menos, eso sí, que caigan dentro de la categoría de los «actos no rescindibles» (art. 230).

202 La doctrina la ha tachado cuando menos de «discutible». En palabras del Prof. DÍAZ MORENO, nos hallamos ante otra «muestra» de la pervivencia en nuestro ordenamiento de «ciertos privilegios de las administraciones públicas que quizás no se encuentren plenamente justificados»: *vid.* A. DÍAZ MORENO, *Comentario de la Ley de Sociedades de Capital*, t. I, dirigido por A. Rojo y E. Beltrán, Cizur Menor (Navarra), 2011, p. 295.

Esta salvedad no se acomoda al principio de igualdad que propugna nuestra Constitución; y las razones de «mera oportunidad»[203] aducidas en su día para la introducción de la norma no bastan, por sí solas, para justificar el tratamiento diferenciado que pretende dispensarse a estas sociedades. A mi juicio, las sociedades de capital público participadas por un único socio son antes «mercantiles» y «unipersonales» que «públicas», por lo que no deberían venir sometidas a ningún tratamiento diferenciado. La norma resulta criticable por ello y porque no se justifican suficientemente las razones que pueden llevar a procurar a las sociedades unipersonales de capital público un tratamiento «más favorable» que el previsto para el resto, como si la procedencia del capital de una empresa garantizara de suyo el cumplimiento de su normativa y constituyera un freno a la comisión de abusos por parte de sus dirigentes. En una economía de libre mercado tienen cabida, desde luego, las empresas públicas siempre compitiendo con las privadas y operando en condiciones de igualdad.

En cualquier caso, la declaración de inaplicación de los referidos preceptos no impide imputar al socio único «público» las consecuencias de su conducta; ni tampoco le libera de la responsabilidad en que pueda incurrir frente a la sociedad unipersonal por los daños y perjuicios causados a la misma.

---

203 Así lo declaraba la Exposición de Motivos de la Ley 2/1995, de Sociedades de Responsabilidad Limitada (apartado IV) y durante los debates parlamentarios que condujeron a la aprobación del Proyecto de Ley se adujo para tratar de justificar la exclusión de la aplicación de aquellos preceptos «que implican mayor garantía para los acreedores» a las sociedades unipersonales públicas que «la garantía viene dada precisamente por el ente público» (*sic*). *Vid.* A. RONCERO SÁNCHEZ, en *Comentario de la Ley de Sociedades de Capital,* dir. por J.A. García-Cruces e I. Sancho Gargallo, t. I, *cit.*, pp. 551-552.

Tercera parte

El reverso de la sociedad de capital unipersonal

I. PERSONALIDAD JURÍDICA Y AUTONOMÍA PATRIMONIAL DE LA SOCIEDAD UNIPERSONAL

1. Las dos caras de toda sociedad de capital

El Derecho mercantil de sociedades de capital, pese a su alto grado de especialización y el extraordinario desarrollo alcanzado entre nosotros (de los que cada día hace gala la doctrina relativa), no puede desvincularse del Derecho mercantil patrimonial del que forma parte ni eludir la aplicación de sus postulados fundamentales[204]. El estudio concreto de las instituciones societarias no debe hacerse separadamente, sino partiendo de esta idea y sin perder de vista el hecho cierto de que buena parte de las soluciones específicas que establece su normativa no son sino concreciones de los principios informadores del Derecho general de obligaciones o del Derecho de daños; y que el recurso a las enseñanzas de estos sectores del ordenamiento es imprescindible para el adecuado tratamiento y la resolución de muchos problemas societarios.

---

204 He aquí la principal consecuencia de la configuración de la jurisprudencia o ciencia del Derecho como un sistema necesariamente lógico y unitario, atendiendo a la idea clásica de KANT cuando, en el preámbulo de su *Metaphysische Anfangsgründe der Naturwissenschaft* (Riga, 1786, http://www.philosophiebuch.de/metannat.htm) definía el sistema como «un todo del conocimiento ordenado con arreglo a principios»; o en palabras de SAVIGNY (*System des heutiguen römischen Rechts,* vol. I, Berlín, 1840, p. 214), la «interrelación interna que asocia en una gran unidad todos los institutos y reglas jurídicos». *Vid.* K. W. CANARIS, *El sistema en la Jurisprudencia,* trad. J. A. García Amado, Madrid, 1998, pp. 19-20.

El Código de Comercio dota a las sociedades mercantiles «típicas» de personalidad jurídica y les confiere, asimismo, capacidad de obrar para la consecución de sus fines[205]. La consideración de la sociedad como un sujeto independiente, que gira en el tráfico bajo su propio nombre, permite delimitar adecuadamente su ac-

---

[205] El Código Civil atribuye, con carácter general, a las personas jurídicas la facultad de adquirir y poseer bienes de todas clases, así como contraer obligaciones y ejercitar acciones, conforme a las leyes y reglas de su constitución. Cfr. art. 38 CC. Lo que vendría a suponer el reconocimiento, en nuestro Derecho, de capacidad general a las personas jurídicas, sin perjuicio de la posibilidad de restringir el poder de representación de sus órganos. *Vid.* J.C. SÁENZ GARCÍA DE ALBIZU, *El objeto social en la sociedad anónima,* Madrid, 1990, pp. 177-178. En lo que respecta, más concretamente, a la «compañía mercantil», el Código de Comercio establece que la misma, una vez constituida, «tendrá personalidad jurídica en todos sus actos y contratos» (art. 116 párrafo segundo), al tiempo que declara (art. 118) «válidos y eficaces» los contratos entre ella y cualesquiera personas capaces de obligarse, «siempre que fueren lícitos y honestos» y se cumpliera el requisito de que, previamente, su constitución, pactos y condiciones, así como sus posteriores modificaciones, consten en escritura pública debidamente inscrita en el Registro Mercantil (art. 119). Estos preceptos son reflejo directo de los tres principios en los que, según la Exposición de Motivos del Proyecto de Código y en armonía con lo establecido en la Ley general de Sociedades de 1869, se asienta nuestra primera legislación societaria. A saber: «libertad amplia de los asociados para constituirse como tengan por conveniente»; total ausencia «de intervención gubernativa en la vida interior de estas personas jurídicas»; y «publicidad de los actos sociales que puedan interesar a terceros». Por su parte, la vigente legislación de sociedades de capital refiere los «efectos de la inscripción» a la adquisición por la sociedad de la personalidad jurídica «que corresponda al tipo social elegido». Cfr. art. 33 LSC. He aquí el derecho (*ita ius esto*) y lo demás no dejan de ser teorías. Decía GIRÓN que «la sociedad es no solo una forma agrupadora, sino que, una vez organizada, vive como una entidad». De modo y manera que además de «unas normas configuradoras que están en el Derecho de sociedades», lo que él llama «el funcionamiento de la entidad hace aparecer el problema de la aplicación al ente, así configurado, del 'status' del comerciante». *Vid.* J. GIRÓN TENA, *Estudios de Derecho Mercantil,* Madrid, 1955, p. 63.

tividad y también imputarle sus consecuencias. Al propio tiempo, hace posible la atribución a la misma de los bienes y derechos que, en cada momento, conforman el patrimonio social, evitando su confusión con los que integran el patrimonio personal de los socios. El reconocimiento de personalidad jurídica es la técnica que permite independizar patrimonialmente a la sociedad de sus partícipes, haciendo que los bienes y derechos aportados por estos y los adquiridos directamente por ella pasen a ser titularidad de la misma y queden afectos tanto a sus fines como a las resultas su actividad, no solo como patrimonio de inversión o «Betriebsfond» sino también como patrimonio de responsabilidad o «Haftungsfond». De este modo, el patrimonio de la sociedad adquiere y mantiene su autonomía jurídica, desvinculándose del patrimonio del socio o socios que la integran[206].

Esta independencia patrimonial se ve reforzada, además, por la obligación legal impuesta a toda sociedad mercantil, como empresario, de llevar una contabilidad ordenada y adecuada a su actividad económica, en la que se recojan las diversas partidas que integran dicho patrimonio y se vayan plasmando en el tiempo todas sus operaciones, haciendo posible la elaboración periódica de balances e inventarios y, por ende, conocer la evolución de su situación patrimonial y financiera[207].

---

206 Como ha puesto de manifiesto GARRIGUES, la propia «evolución histórica» de la idea de sociedad muestra «una tendencia inequívoca a separar la sociedad mercantil de las personas de los socios», haciendo aparecer la misma no como la suma de estos sino como algo que «está por encima de ellos» y trasciende su personalidad natural. Para GARRIGUES, la atribución de personalidad jurídica a la sociedad no es sino la «explicación técnico-jurídica de un hecho de la realidad, cual fue el reconocimiento de la autonomía de la sociedad mercantil» ya en el tráfico medieval. *Vid.* J. GARRIGUES, *Tratado de Derecho Mercantil,* Tomo I, Vol. I.°, Madrid 1947, pp. 456-457.

207 Cfr. art. 25 CCom. Un deber legal —como dice el Prof. ROJO— que no conoce excepciones y cuyo cumplimiento o llevanza, en el caso de las sociedades mercantiles, recae sobre sus administradores. *Vid.* A. ROJO,

La atribución ficticia a la sociedad de personalidad jurídica, propia y distinta de la de sus socios, se ha erigido, de este modo, en la piedra angular del Derecho societario mercantil, especialmente por lo que respecta a aquellas sociedades —de capital— en las que los socios no vienen obligados por Ley a responder personalmente del cumplimiento de las obligaciones que la sociedad contrae en el ejercicio de su actividad.

En este marco, el análisis de la regulación legal de las sociedades de capital se ha llevado a cabo por la doctrina mercantil poniendo el acento, fundamentalmente, en su configuración como un sistema de limitación de riesgos y un mecanismo capaz de garantizar a los socios su exoneración por las deudas contraídas por la sociedad, a través de sus representantes, en el mercado.

Sin embargo, no siempre se han tomado debidamente en consideración otras implicaciones jurídicas de la personificación de las sociedades en general y la consiguiente segregación de su patrimonio. Circunstancia esta que resulta especialmente apreciable en relación a las sociedades de capital, como paradigma de sociedades de nuestro tiempo. En consonancia con ello y con la propia vocación de la sociedad de constituir un instrumento de inversión empresarial, a nadie debe sorprender el hecho de que la legislación aplicable a este tipo de sociedades, tras regular su constitución, centre su atención básicamente en los derechos de los socios[208] y, sin embargo, haya que hurgar en su articulado para detectar los deberes que pesan sobre esos mismos socios o dedu-

---

en *Lecciones de Derecho mercantil*, dirigido por Menéndez y Rojo, vol. 1, 21.ª edición, Cizur Menor (Navarra), 2023, pp. 102-103.

208 Empezando por el Capítulo II del Título IV, agrupado bajo esta misma rúbrica (arts. 93 a 103); y pasando, después, por los múltiples preceptos que, a lo largo de su articulado, se dedican a desarrollar los derechos que, «como mínimo», se atribuyen (art. 93) al socio. La normativa legal de las sociedades de capital está orientada principalmente a regular la constitución y el funcionamiento orgánico de este tipo de sociedades con el fin de promover su utilización en el tráfico económico; así como a proporcionar a los socios mecanismos más o menos eficaces para la

cirlos de los principios configuradores de estas entidades, atendiendo a su concreta posición en la sociedad o a las actuaciones llevadas a cabo frente a la misma. En claro contraste, por cierto, con la doble perspectiva que todavía adopta el Código de Comercio, cuando regula los «derechos y obligaciones de los socios»[209], aunque con ello se esté refiriendo, fundamentalmente, a las obligaciones que se derivan del cumplimiento de sus respectivos compromisos de aportación, en el momento de la constitución o con ocasión de la ampliación de su capital. Esta «laguna» positiva explica el notable esfuerzo doctrinal y jurisprudencial por inferir la existencia de un deber de lealtad destinado a servir de base o fundamento al «complejo haz de [...] obligaciones que integran la condición o cualidad de socio»[210].

En este sentido, la legislación general de sociedades mercantiles ha mantenido tradicionalmente una postura más acorde con la autonomía patrimonial y la singular condición de sujeto de derechos

---

defensa de sus propios intereses frente a la sociedad o a las mayorías que puedan formarse en ella.

209 Expresión que constituye la rúbrica de la «Sección 6.ª» del Título que el Código dedica a las «compañías mercantiles» (arts. 170 a 174). El lado «pasivo» de las relaciones societarias y la posición deudora de los socios era objeto todavía de mayor consideración en el Código de Comercio de 1829, que dedicaba la «Sección 2.ª» (arts. 299 a 325) del Título de las «compañías de comercio» a las «obligaciones mutuas entre los socios» y el «modo de resolver sus diferencias».

210 Son palabras de PAZ-ARES. Lo que no le impide afirmar luego que la función que está llamado a desempeñar este deber de lealtad es «justamente el de modular el ejercicio de los derechos reconocidos y el de completar las previsiones legales o contractuales de conformidad con las exigencias de la buena fe» (p. 483). El propio PAZ-ARES se hace eco de la «persistente dificultad de encontrar remedios en nuestro ordenamiento para evitar los abusos de los socios mayoritarios gestores en las sociedades de capital» y pone de ejemplo situaciones como las de explotación de información comercial de la sociedad, establecimiento de operaciones vinculadas o competencia con la sociedad. *Vid.* C. PAZ-ARES RODRÍGUEZ, en *Curso de Derecho mercantil*, dirigido por R. Uría y A. Menéndez, tomo I, 2.ª edición, Cizur Menor (Navarra), 2006.

de este tipo de entidades. El Código de Comercio es el primero en imputar abiertamente a los socios de una sociedad mercantil (colectiva), sean o no gestores de la misma, «el daño que sobreviniere a los intereses de la compañía por malicia, abuso de facultades o negligencia grave» de uno de ellos, al tiempo que constituye al causante «en la obligación de indemnizarlo»[211]. Precepto que, por el propio carácter básico de la regulación de la sociedad colectiva, resulta también extensible a los socios de las compañías en comandita[212].

Por su parte, la regulación del Código Civil en materia de contrato de sociedad incluye también, en su articulado, un precepto destinado a imponer a «todo socio» el deber primario de responder frente a la sociedad de «los daños y perjuicios que ésta haya sufrido por culpa del mismo», al tiempo que prohíbe su compensación «con los beneficios que por su industria le haya proporcionado»[213]. La disposición no deja de constituir una concreción, en el ámbito societario, de la responsabilidad jurídica que el Derecho impone al deudor por el incumplimiento de sus obligaciones (art. 1101 CC) o por la infracción del postulado general de «neminem laedere» (art. 1902 CC), con daño de tercero. Como pauta o criterio de imputación, el Código Civil adopta el de la culpa en abstracto[214], matizada

211 Cfr. art. 144 CCom. Esta disposición tiene su precedente inmediato en el artículo 320 del Código de Sáinz de Andino, con el que comparte buena parte de su tenor.

212 Aplicación que viene expresamente refrendada por el art. 149 CCom.

213 Cfr. art. 1686 CC. Según MANRESA, «La teoría general [de la culpa] tiene perfecta aplicación en el contrato de sociedad» sin que, de las disposiciones relativas al mismo, resulte «excepción alguna» a los postulados que informan dicha teoría. *Vid.* MANRESA Y NAVARRO, *Comentario al Código Civil español,* T. XI, 4.ª edición, Madrid, 1931, pp. 305-306. Salvo por un importante matiz y es que la vigencia del postulado de culpabilidad se proyecta en este caso hacia la conducta del socio frente a la persona jurídica societaria y no tiene como marco las relaciones contractuales entre socios.

214 La fijación de este parámetro de diligencia vendría a cerrar el paso a la aplicación en el ámbito societario del postulado de la culpa en concreto, descartando la mera exigencia al socio del mismo nivel de cuidado

por la «naturaleza de la obligación» y las «circunstancias de las personas, del tiempo y del lugar»[215]. Aunque es evidente que el contenido del precepto va más allá y termina por confirmar la aplicación al socio culpable de las normas reguladoras de la responsabilidad patrimonial, por su conducta frente a la sociedad.

El planteamiento es del todo acertado porque, en puridad jurídica, la integración en una sociedad de capital no solo otorga al socio el —mal llamado— privilegio de limitación de responsabilidad o *rectius* la ventaja de no tener que responder personalmente de las deudas sociales, como destaca su Ley reguladora en la caracterización inicial de cada tipo societario[216]. Esta exención

---

que pone en sus propios asuntos («diligentia quam in suis rebus»). El precepto deja claro, según PAZ-ARES que, en nuestro ordenamiento, «el socio responde en el cumplimiento de sus obligaciones contractuales no por *culpa in concreto* (infracción de la diligencia que cada cual pone en sus propios asuntos), sino por *culpa in abstracto* (infracción de la diligencia de un buen padre de familia [...])»: *vid.* C. PAZ-ARES, «Artículo 1686», en *Comentario del Código Civil,* dirigido por C. Paz-Ares, L. Díez-Picazo, R. Bercovitz y P. Salvador, Tomo II, Ministerio de Justicia, Madrid, 1993, pp. 1426-1427; y en idéntico sentido, A. B. PERDICES HUETOS, «Artículo 1868», en *Comentarios al Código Civil,* dirigido por R. Bercovitz, Tomo VIII, Valencia, 2013, p. 11.548. Lo que no resulta tan claro es que el parámetro de conducta «standard» aplicable al socio deba ser el de un «buen padre —o madre— de familia», habida cuenta de la prevalencia que el propio Código Civil confiere a la diligencia exigida por la «naturaleza de la obligación» y que corresponda «a las circunstancias de las personas, del tiempo y del lugar»; cuya determinación requerirá una delimitación más precisa de la posición del socio y constituirá un criterio añadido de cualificación, a la hora de valorar el grado de diligencia exigible a unos u otros socios.

215 De conformidad con lo prevenido en el artículo 1104 del propio Código Civil.

216 Cfr. art. 1 LSC. En la sociedad de responsabilidad limitada, los socios «no responderán personalmente de las deudas sociales», al igual que en una sociedad anónima, tampoco tienen que hacerlo los accionistas. Mientras en la sociedad comanditaria por acciones, refiriéndose a los socios, se establece *a contrario* que, al menos, «uno» de ellos «responderá personalmente de las deudas sociales como socio colectivo».

no deja de ser, por lo demás, una consecuencia lógica de la diversidad de personalidades entre la sociedad y sus socios. De hecho, no es exclusiva de las sociedades mercantiles de capital.

En la misma línea, tampoco los miembros de una asociación sin ánimo de lucro vienen obligados a responder de las deudas de esta[217]; ni los creadores y patronos de una fundación deben

---

217 Como es bien sabido, el Código Civil sienta (art. 35) la distinción entre asociaciones de interés público y asociaciones de interés particular, previendo la posibilidad de que la Ley les conceda personalidad jurídica propia, independiente de la de cada uno de sus asociados; para, acto seguido, someter las asociaciones de interés particular a las disposiciones propias del contrato de sociedad, con lo que las configura como sociedades, en sentido amplio, aun cuando no tengan encaje propiamente en el concepto legal de sociedad mercantil (art. 116 CCom) o de sociedad civil (art. 1665 CC).
La Ley Orgánica 1/2002, de 22 de marzo, reguladora del derecho de asociación reconoce el derecho de todas las personas a asociarse libremente para la consecución de cualesquiera fines lícitos. Conforme a su tenor, el derecho de asociación comprende la libertad de asociarse o crear asociaciones, sin necesidad de autorización previa, al tiempo que prohíbe imponer a nadie la obligación de tener que constituir una asociación, integrarse o permanecer en ella, así como declarar su pertenencia a una asociación legalmente constituida. Esta norma extiende su objeto y ámbito de aplicación (art. 1) a todas aquellas asociaciones carentes de fin de lucro y que no estén sometidas a un régimen asociativo específico. Atendiendo al principio de especialidad remite, además, a la regulación aplicable a determinados tipos de asociaciones (los partidos políticos; los sindicatos y las organizaciones empresariales; las iglesias, confesiones y comunidades religiosas; las federaciones deportivas; las asociaciones de consumidores y usuarios; así como en general a cualesquiera otras asociaciones reguladas por Leyes especiales).
En su virtud (art. 5), las asociaciones se constituyen mediante acuerdo de tres o más personas físicas o jurídicas legalmente constituidas, que se comprometen a poner en común conocimientos, medios y actividades para conseguir unas finalidades lícitas, comunes, de interés general o particular; dotándose de unos Estatutos, destinados a regir su funcionamiento. El acuerdo de constitución de la asociación debe incluir también la aprobación de los Estatutos de la entidad y habrá de formalizarse en la denomina-

hacerlo por las deudas contraídas por la misma en el ejercicio de su actividad[218].

---

da acta fundacional (que puede consistir tanto en un documento público como privado). De modo que, con «el otorgamiento del acta, la asociación adquiere su personalidad jurídica y la plena capacidad de obrar», sin perjuicio de la exigencia de proceder a su inscripción conforme a lo prevenido en la propia Ley Orgánica (art. 10). Así entendida, la atribución a la asociación de personalidad jurídica se nos presenta como una concesión legal, como ya preveía el Código Civil (art. 35). La personificación de la asociación permite también separar claramente su patrimonio y su actividad de los patrimonios y las actividades de sus asociados.

En tanto que persona jurídica, una asociación responderá del cumplimiento de sus obligaciones con todos sus bienes presentes y futuros, de acuerdo con el postulado general de responsabilidad patrimonial universal (art. 1911 CC). Así lo establece de forma expresa la Ley Orgánica 1/2002, de Asociaciones (art. 15.1), al tiempo que exonera —también expresamente— a los asociados de tener que responder personalmente de las deudas de la asociación (art. 15.2). Por Ley (art. 10.4), solo están obligados a responder personal y solidariamente de las obligaciones contraídas con terceros los promotores de las asociaciones que no figuren inscritas, así como los asociados por las obligaciones contraídas frente a terceros en nombre de las mismas. Nada de lo cual exime, sin embargo, a quienes ocupan cargos directivos o de gobierno en una asociación de tener que responder de los daños causados y las deudas contraídas cuando hubieran actuado con dolo (esto es voluntaria y conscientemente) o con culpa (sin la diligencia y el cuidado debidos) en el desempeño de sus funciones. La norma deja clara (art. 15.3), de este modo, la responsabilidad personal que asumen quienes ejercen funciones de gobierno y representación en este tipo de asociaciones por los daños y perjuicios causados a la propia asociación, a sus asociados y a terceros, como consecuencia de los actos y omisiones dolosos o negligentes en que puedan incurrir con ocasión de las tareas que tuvieren encomendadas, incluyendo los derivados de los acuerdos adoptados con su voto. Lo que alcanza tanto a la responsabilidad civil como a la administrativa (art. 15.4) que, cuando no puedan ser imputadas individualmente, serán solidarias (art. 15.5); y hasta al ámbito penal (art. 15.6).

218 El régimen jurídico de las fundaciones gira fundamentalmente en torno a la Ley 50/2002, de 26 de diciembre, de Fundaciones. La fundación, como entidad sin fin de lucro integrada por un patrimonio

Esta irresponsabilidad resulta, por lo demás, mutua habida cuenta de que las sociedades, las asociaciones o las fundaciones resultan ajenas y no devienen, sin más, garantes del cumplimiento de las obligaciones de sus integrantes, ni responden de su incumplimiento. Así entendida, la ausencia de responsabilidad no constituye ningún beneficio o «privilegio» sino el efecto de la diversidad de sujetos; y, en el caso de la sociedad, de la declaración jurídico-negocial de voluntad del socio o socios fundadores de constituir, conforme a Derecho, una entidad dotada de personalidad jurídica, propia y distinta.

Lo normal en Derecho es que una persona no tenga que responsabilizarse del cumplimiento de las obligaciones de otra distinta, a menos que se lo imponga la Ley o que haya asumido voluntariamente, a través del correspondiente negocio jurídico, el compromiso de hacerlo[219]. Aplicado al ámbito societario, esto no

afectado de modo permanente a la realización de fines de interés general (art. 2), una vez constituida goza en nuestro ordenamiento de personalidad jurídica (art. 4.1). La actividad de la fundación corre a cargo, dentro de su estructura orgánica, del patronato como órgano de gobierno y representación (art. 14). Para ello dispone de un patrimonio, con el que responde la fundación del cumplimiento de todas sus obligaciones. La responsabilidad directa atribuida a la fundación es una consecuencia natural de su personificación y autonomía patrimonial, así como de la capacidad que le confiere la Ley (art. 24.1) de «desarrollar actividades económicas» relacionadas con los fines fundacionales y de carácter complementario o accesorio, «con sometimiento a las normas reguladoras de la defensa de la competencia». Sin que ello obste a la eventual responsabilidad personal en que puedan incurrir los patronos, en el desempeño de su cometido, por los daños y perjuicios causados a la propia fundación cuando lleven a cabo actos contrarios a la Ley, a los Estatutos o sin la diligencia debida (art. 17.2).

219 Al regular la naturaleza y extensión de la fianza, como garantía por la que una persona se obliga a pagar o cumplir por otra, el Código Civil determina (art. 1827) que su existencia «no se presume» y que la misma «no puede extenderse a más de lo contenido en ella». Entre las situaciones —particulares— de extensión legal de las obligaciones y responsabilidades de una persona a otra, merece especial atención el

deja de constituir una consecuencia, por lo demás lógica, del desdoblamiento de personalidades entre la sociedad y los socios.

Ahora bien, en el plano jurídico, la personificación de la sociedad no opera en un único sentido sino en ambos. Las sociedades mercantiles, en general, y las de capital, en particular, tienen dos caras como Jano[220]. La concesión legal a la sociedad de personalidad jurídica propia y la atribución a la misma de un patrimonio separado, distinto del de sus socios, no solo favorece a estos últimos, concediéndoles la «coartada» que necesitan para no tener que responder del cumplimiento de las obligaciones contraídas

---

caso del factor o apoderado general del empresario que, pese a haber actuado en nombre de su principal, podrá ser compelido legalmente al cumplimiento de aquellas, teniendo que hacer frente a la reclamación del tercero con sus propios bienes, cuando estuvieran confundidos con los bienes, el establecimiento o la empresa de su principal. Cfr. art. 285 CCom.

220 Jano era un dios genuinamente romano y sin equivalente en la mitología griega. Se le consideraba la divinidad de los principios (por eso le estaba consagrado el primer mes del año «januarius»), de las puertas y de los corredores; simbolizaba la transición en todas sus formas: entradas, salidas, inicios y finales. En cuanto tal, era considerado el guardián de los cielos. Por ello mismo, era también el primer dios en ser invocado durante los rituales religiosos y a través suyo se convocaba al resto de los dioses del panteón romano. Cuenta la tradición romana que Jano había sido, en origen, el primer rey de la región del Lacio y que Saturno, en señal de agradecimiento por haberle proporcionado refugio, le concedió una sagacidad extraordinaria, dotándole del poder de ver el pasado, el presente y futuro. De ahí que se le representase con dos caras, una mirando a cada lado del tiempo. En su honor, erigió Numa Pompilio un templo en Roma, cuyas puertas se abrían en periodos de guerra y permanecían cerradas a cal y canto en los tiempos de paz, para dificultar su apertura y hacer ver al pueblo romano que la guerra, fuente de incontables desgracias, nunca debía ser emprendida a la ligera. *Vid.* J. HUMBERT, *Mitología griega y romana,* versión de la 24.ª edición francesa por B.O.O., Ediciones G. Gili, México, 1982, pp. 77-78. Asimismo, G. SCHWAB, *Las más bellas leyendas de la antigüedad clásica,* trad. de la 4.ª edición alemana por F. Payarols, revisada por E. Valentí, Editorial Labor, Barcelona — Madrid, 1974, pp. 716 y 773.

por la sociedad en el tráfico, sino que también puede perjudicarles; porque sus relaciones patrimoniales con el nuevo sujeto pasarán a ser relaciones de alteridad o interpersonales, así como a estar regidas por el Derecho, más allá de la normativa específicamente societaria[221].

En efecto, la constitución de una sociedad de capital, para la explotación en su nombre de una actividad mercantil, permitirá a los socios limitar el riesgo y eximirse de tener que responder personalmente de las obligaciones de aquella porque, en su condición de sujeto jurídico, será la propia sociedad la que deba asumir tanto las obligaciones contraídas —a través de sus representantes— en el tráfico como las consecuencias de su incumplimiento. Del mismo modo que los socios tienen que cumplir las suyas y responden cuando no lo hacen. Piénsese que, jurídicamente, tanto los derechos y las obligaciones como las responsabilidades se imputan a las personas; y que la titularidad de unos y otras es atribuida a cada persona bien directamente por el Derecho o asumida de forma voluntaria por ella, de conformidad con el propio Derecho. De modo que, en principio, nadie puede hacer valer los derechos de otro, ni podrá ser compelido a cumplir las obligaciones de otro o a tener que responder de lo que haga o deje

---

221 La posibilidad de que el daño causado a uno mismo produzca efectos jurídicos frente a terceros se halla circunscrita tradicionalmente a determinadas situaciones, como los actos realizados en fraude de acreedores o los supuestos de inactividad y dejación en el ejercicio de los propios derechos en perjuicio de otro, que son lo que da pie al planteamiento de acciones de tipo impugnatorio o subrogatorio. Históricamente, algunas de estas «auto-conductas» llegaron a tener efectos también frente a la propia comunidad, en el ámbito penal, dando lugar a delitos como el de automutilación. Es el caso del viejo artículo 436 del Código Penal de 1870, cuando establecía que: «el que se mutilare ó el que prestare su consentimiento para ser mutilado con el fin de eximirse del servicio militar, y fuere declarado exento de este servicio por efecto de la mutilación, incurrirá en la pena de presidio correccional en sus grados medio y máximo». Eran otros tiempos...

de hacer ese otro, a menos que lo establezca así el Derecho[222]. Por eso, los socios no tendrían —en principio— que responder por la sociedad y tampoco la sociedad por sus socios, salvo que se hubieran comprometido a hacerlo o el Derecho se lo impusiera. Esta regla se aplica no solo a las sociedades de capital[223] sino también al resto de las sociedades dotadas de personalidad jurídica; y si, en las sociedades colectivas y comanditarias todos los socios o una parte de ellos han de responder personalmente y con todos sus bienes del cumplimiento de las obligaciones sociales, ello se debe, en último término, a que una Ley, como es el Código de Comercio, les impone el deber de hacerlo[224].

---

222 En el caso del Derecho positivo, la determinación de los destinatarios de las normas se llevará a cabo atendiendo fundamentalmente al «espíritu y finalidad» de las mismas, con arreglo a las pautas o criterios de interpretación que puedan venir en aplicación (art. 3 CC); mientras que los derechos y las obligaciones propiamente contractuales se proyectarán sobre las partes que los otorgan y sus causahabientes (art. 1257 CC).

223 Cfr. art. 1 apartados 2, 3 y 4 LSC. La integración del capital social por las aportaciones de los socios, su división en partes alícuotas (acciones o participaciones) y la no responsabilidad de los socios frente a terceros por las deudas sociales constituyen elementos estructurales en torno a los que gira el considerado «'perímetro' de las organizaciones societarias de estructura corporativa». *Vid.* A. VAQUERIZO, «Artículo 1.Sociedades de capital», en *Comentario de la Ley de Sociedades de Capital,* dirigido por Rojo y Beltrán, Tomo I, Cizur Menor (Navarra), 2011, p. 181-193, part. p. 182.

224 Cfr. arts. 127, 148 y 237 CCom. En lo que se refiere a las sociedades civiles, la doctrina y la jurisprudencia mantienen, de forma prácticamente unánime, una interpretación un tanto «forzada» y más que dudosa del artículo 1698.1 del Código Civil, para imponer a los socios la obligación de responder personalmente, aunque no de forma solidaria, «respecto de las deudas de la sociedad»; aunque sea contraviniendo el principio que encierra la segunda frase del apartado, cuando establece que «ninguno puede obligar a los otros por un acto personal, si no le han conferido poder para ello». En torno al tema y a pesar del tiempo transcurrido, todavía resuenan y son merecedores de reflexión los argumentos esgrimidos en su día por B. PÉREZ GONZÁLEZ y J. ALGUER, en la se-

Ahora bien, esta dualidad de sujetos y de personalidades tiene otra importante consecuencia jurídica y es hacer que las relaciones «mercantiles» de los socios con la sociedad salgan de la esfera meramente interna y pasen a regirse también por el Derecho Patrimonial, dando lugar al surgimiento de eventuales derechos, obligaciones y responsabilidades entre una y otros. De ahí que, por ejemplo, el Código considere válidos y eficaces los contratos realizados por las compañías mercantiles con cualesquiera personas capaces de obligarse, sin excluir ni prohibir, desde luego, los celebrados con sus socios[225].

Lo que todo esto pone de manifiesto es la necesidad de replantear el modo en que venimos construyendo el Derecho de sociedades, llevando hasta sus últimas consecuencias la atribución formal de personalidad jurídica a la entidad societaria y el consiguiente nacimiento, a la vida del Derecho, de una nueva «creatura» humana[226]; con lo que ello comporta y sin desatender ninguno de sus aspectos. En este proceso de reconstrucción, no hemos de limitarnos al análisis de las soluciones concretas de responsabilidad que, con relativa frecuencia, afloran en el Derecho positivo y hace suyas la regulación especial de las sociedades. Estos destellos de «lucidez legislativa» no deben impedirnos divisar el

---

gunda edición española de la traducción del *Tratado* de ENNECERUS, antes de su conocido cambio de opinión.

225 Cfr. art. 118 CCom. El presupuesto de la validez y eficacia de los contratos celebrados por las compañías mercantiles con terceros reside, con arreglo a la lógica del Código, en la personalidad jurídica «en todos sus actos y contratos» que se atribuye a toda compañía mercantil «una vez constituida». Más allá de lo dicho, la cuestión se plantea, como es sabido, a la hora de determinar el concepto jurídico de constitución, al que aparece supeditada dicha personificación: la declaración jurídico negocial de voluntad o el cumplimiento de los requisitos legales de forma y publicidad.

226 Una de las principales señas de la inteligencia del ser humano es, sin duda, la creatividad que, unida a su capacidad de abstracción de la realidad, le ha permitido desarrollar una fuerza imaginativa que no conoce más límites que ella misma.

escenario de fondo y verdadero colofón del sistema, que es la aplicación supletoria del Derecho patrimonial a las relaciones entre la entidad participada y sus partícipes o lo que es lo mismo: entre la sociedad y sus socios[227].

La condición legal de persona jurídica de la sociedad hace que sus relaciones con los socios no se agoten en la esfera interna del contrato o negocio jurídico societario y se proyecten al ámbito general del Derecho mercantil y patrimonial, dando lugar al establecimiento entre una y otros de derechos y obligaciones, cuyo incumplimiento puede hacer surgir nuevas y múltiples situaciones de responsabilidad.

Así entendido, el contenido de las relaciones mantenidas por la sociedad con sus socios puede ser muy diverso, en función de la posición del socio dentro del organigrama societario, atendiendo a los vínculos externos que se establezcan entre ellos y, sobre todo, a la conducta observada por los mismos.

---

227 Cierto que parte de las conexiones entre la sociedad y sus socios se proyectan fundamentalmente al ámbito interno de la relación societaria; y que ello da lugar a un intrincado mapa de situaciones, vinculadas al funcionamiento orgánico de la entidad y a la posición desempeñada en ella por los socios, que pueden derivar en «acuerdos y supuestos concretos de responsabilidad». Tal responsabilidad, genuinamente societaria, resulta de múltiples situaciones: la lesión de los derechos de participación en Junta, la retención y reparto irregular de resultados, el desplazamiento y la exclusión de socios, la intervención de la Junta en asuntos de gestión, la aprobación de la disposición de activos esenciales o con ocasión de operaciones vinculadas, procesos de disolución de la sociedad, así como con ocasión de la eventual adopción de medidas de saneamiento patrimonial. *Vid.* M. IRIBARREN BLANCO, *La responsabilidad de los socios por los acuerdos de la junta general,* Cizur Menor (Navarra), 2022, pp. 203 y ss. Ahora bien, la imputación de responsabilidades a que me refiero trasciende la normativa específicamente societaria y no solo opera en favor de socio perjudicado por los acuerdos de la sociedad, frente a esta o frente a los socios culpables de su adopción; sino también en pro de la sociedad como persona jurídica y sus legítimos intereses, por actuaciones ilícitas del socio o socios en sus diversos ámbitos de relación.

Las consecuencias del desdoblamiento de personalidades se dan en todo tipo de sociedades, desde el momento en que el ordenamiento les atribuya o reconozca personalidad jurídica, propia y distinta de la de sus socios. Aunque es evidente que la cuestión adquiere mayor trascendencia en el caso de las sociedades de capital porque en ellas, a diferencia de lo que ocurre con las personalistas, los socios no tienen que responder personalmente del cumplimiento de las obligaciones sociales.

Así pues, poco o casi nada nuevo bajo el sol. Lo que hemos de hacer es volver a los principios y tomar en consideración sus «doctas» enseñanzas. El desdoblamiento de personalidades y la configuración de la sociedad como sujeto distinto de los socios, titular de sus propios derechos y obligaciones, convierte los vínculos jurídicos que puedan establecerse entre ellos en relaciones de alteridad y la existencia de un Derecho societario, por muy sofisticado que se nos antoje, no puede cerrar el paso a la aplicación del Derecho patrimonial común, sobre todo a la hora de regular cuestiones o situaciones no previstas en aquel. Sin que ello obste, por supuesto, a la preferencia regulatoria de la disciplina especial propia de la organización societaria; ni suponga eludir la vigencia de los derechos y obligaciones que se derivan de ella.

2. *La otra «cara» de la sociedad de capital unipersonal*

Las sociedades de capital unipersonales mantienen también una posición bifronte y no solo conceden al socio único el beneficio de no tener que responder personalmente, con el resto de su patrimonio, del cumplimiento de las obligaciones contraídas a nombre de la sociedad; sino que, en su condición de personas jurídicas, pueden relacionarse con él de otros modos diferentes, fuera del ámbito propiamente societario.

La ausencia, en el seno de la sociedad unipersonal, de un «contrapoder» capaz de neutralizar el dominio del socio no supone que este último lo pueda todo en ella. La conducta del socio único vendrá limitada por lo establecido en la Ley y en los Estatutos, así como por sus deberes de lealtad frente a la sociedad y el respeto a sus legítimos intereses. De suyo, la situación no se plantea de forma muy distinta en aquellas sociedades de capital sometidas al control de un socio mayoritario o de un grupo compacto de ellos y, en consecuencia, totalmente subordinadas al poder de decisión de otras personas.

La atribución a la sociedad de un solo socio de personalidad jurídica, propia y distinta, no sólo le otorga la condición de sujeto de derechos y obligaciones frente a terceros, sino también frente a su socio único, a pesar de la evidente conexión patrimonial que existe entre ambos, en la medida en que el patrimonio de la sociedad unipersonal constituye, materialmente, una parte del patrimonio del socio único[228]. Así y todo, la titularidad que este socio ostenta sobre la totalidad del capital social no basta para contrarrestar o anular las consecuencias frente a terceros —de orden jurídico— que pueden derivarse del funcionamiento orgánico de la sociedad y de las relaciones jurídicas establecidas entre todos ellos.

Este es el otro «precio» que el Derecho impone al socio de una sociedad de capital a cambio de eximirle de responsabilidad por las deudas sociales. La adopción de la forma de sociedad de capital, anónima o de sociedad de responsabilidad limitada, y la consiguiente segregación de patrimonios no sólo comporta ventajas para el socio capitalista, sino también los

---

228 Hasta el punto de que, para su representación gráfica, podría acudirse a la figura matemática de un subconjunto dentro del conjunto en el que se agruparían la totalidad de los bienes, derechos y obligaciones patrimoniales del socio único. Aunque ello no impide la separación tajante entre los elementos que integran el patrimonio de la sociedad del resto del patrimonio del socio, ni obsta a que el patrimonio social pueda funcionar como un patrimonio plenamente autónomo, en lo que constituye una consecuencia necesaria de la configuración jurídica de toda sociedad mercantil como una entidad dotada de personalidad jurídica, propia y distinta del socio o socios que la integran.

«inconvenientes» derivados de la conversión de sus relaciones con la sociedad en relaciones interpersonales, regidas por el Derecho patrimonial. De este modo, lejos de servir para propiciar situaciones de fraude, la dualidad de personalidades termina convirtiéndose en la principal garantía de buen funcionamiento del sistema.

A pesar de ser el resultado de una ficción, la independencia patrimonial de las sociedades de capital hace que el *interés social* no pueda identificarse sin más con la suma de los *intereses de los socios* ni con el lucro o beneficio de estos, porque los socios no son los únicos interesados («stakeholders») en el patrimonio de la sociedad. Tampoco el interés de la sociedad unipersonal coincide con el interés del socio único. La razón última de esto es la posición de la sociedad frente a sus acreedores y la circunstancia de tener que responder del cumplimiento de sus obligaciones —solo— con su patrimonio, mientras el resto de los bienes y derechos del socio devienen «inmunes» a las reclamaciones que puedan interponer los acreedores de la sociedad por el incumplimiento de sus obligaciones.

El *interés de la sociedad unipersonal* va más allá del *interés del socio único* y lo trasciende porque, aunque sea titular de la totalidad del capital, él no es el único interesado en la situación patrimonial y financiera de la sociedad. En el interés de la sociedad tienen también cabida las legítimas expectativas de los acreedores sociales de ver satisfechos sus créditos y la pérdida que podría reportarles cualquier ventaja obtenida por el socio único en perjuicio de la sociedad, especialmente cuando esta última devenga incapaz de cumplir las obligaciones contraídas con ellos.

La primera consecuencia de esto es la necesidad de subordinar el interés del socio único al interés de la sociedad, en la medida en que esta debe dar prevalencia al cumplimiento de sus obligaciones frente a terceros y, por tanto, a los intereses de sus acreedores. Este imperativo es lo que explica las restricciones legales que rigen el reparto de dividendos en cualquier sociedad de capital «in bonis» y la necesidad jurídica de preservar en todo caso la efectividad del capital social[229]. También la norma de que, durante el proceso de liquidación de la sociedad, ningún socio tenga derecho a exigir la entrega del haber que le corresponda en la división de la masa social, mientras no hayan sido extinguidas todas las deudas y obligaciones contraídas por la misma o consignado su importe; y que la legislación de sociedades de capital prohíba a los liquidadores, bajo idéntica circunstancia, satisfacer a los socios su cuota de liquidación[230]. Esta postergación rige, con especial intensidad, en las situaciones de insolvencia de la sociedad, hasta el punto de constituir el postulado informador de todo Derecho concursal; y es también lo que justifica que el nuestro, de un «plumazo», clasifique los créditos del socio único frente a la sociedad como «créditos subordinados»[231].

---

229 Cfr. art. 273 LSC. Al propio tiempo, habrá que considerar el deber que la Ley impone a los socios de restituir los dividendos o las cantidades a cuenta de dividendos percibidos por los mismos contraviniendo las exigencias legales, «con el interés legal correspondiente cuando la sociedad pruebe que los perceptores conocían la irregularidad de la distribución o que, habida cuenta de las circunstancias, no podían ignorarla». Cfr. art. 278 LSC. *Vid.* J. C. VÁZQUEZ CUETO, «Artículo 278. Restitución de dividendos», en *Comentario de la Ley de Sociedades de Capital,* dirigido por García-Cruces y Sancho Gargallo, T. IV, Valencia, 2021, pp. 3925 a 3931, part. p. 3929.

230 Cfr. art. 235 CCom y art. 391.2 LSC.

231 Cfr. art. 283.1.1.º del texto refundido de la Ley Concursal (LC). En el supuesto de que la condición de socio único recayera sobre una persona natural, lo serían también los créditos concursales de las personas especialmente vinculadas con este, de conformidad con lo prevenido en el artículo 282, incluidos los de las personas jurídicas controladas por el mismo o por sus personas vinculadas (art. 282.4.º LC). Siempre, claro está, que se hubieran cumplido los requisitos de oponibilidad establecidos legalmente (art. 16.2 LSC) porque, en otro caso, tales créditos ni siquiera merecerían la calificación de subordinados. *Vid.* J. J. PÉREZ BENÍTEZ, «Art. 283. Personas especialmente relacionadas con el concursado persona jurídica», en *Comentario al texto refundido de la Ley Concursal. Comentario Judicial, Notarial y Registral,* dirigido por Prendes y Fachal, T. I, Cizur Menor (Navarra), 2021, pp. 1607 a 1624, part. p. 1613.

El desdoblamiento de personalidades y la separación consiguiente de patrimonios, unidas a la atribución en exclusiva a la persona societaria de las resultas de su actividad, hacen que el incumplimiento por el socio único de cualquier obligación frente a ella no pueda quedar subsumido en el interés societario de aquel y termine produciendo efectos en la esfera de las relaciones de la sociedad con terceros, en la medida en que incida en la capacidad patrimonial de la misma para hacer frente a sus propias obligaciones.

La situación se torna aún más compleja si tenemos en cuenta que la personificación jurídica de estas entidades empresariales también comporta la atribución a las mismas de una capacidad de obrar para mantener relaciones patrimoniales con sus propios socios y, en general, contraer con ellos todo tipo de derechos y de obligaciones. Así lo reconoce expresamente, en el caso de las sociedades unipersonales, su normativa específica cuando —al proceder a su regulación— contempla la posibilidad de que una sociedad anónima o limitada unipersonal celebre válidamente contratos con el socio único, de los que se derivarán derechos y obligaciones, a menudo recíprocos, para uno y otra. A lo que habría que añadir, además, las importantes secuelas que, dada su posición de preeminencia, acompañarán a la actuación del socio único al frente de la sociedad y en seno de la misma.

II. EN TORNO A LOS DIVERSOS MODOS DE HACER VALER LA RESPONSABILIDAD DEL SOCIO ÚNICO FRENTE A LA SOCIEDAD UNIPERSONAL

1. Régimen general de reclamación

A pesar de la legitimidad de toda sociedad, en tanto que persona jurídica, para dirigirse contra un determinado socio por los daños y perjuicio que el mismo hubiera podido causarle en cualquiera de las situaciones jurídicas de responsabilidad derivadas de su conducta (art. 1686 CC), lo primero que cabe pensar es que una sociedad —como es la unipersonal— subordinada a la voluntad de su único socio o cuyos socios estuvieren alineados y conformaran un grupo cohesionado de interés, nunca va a proceder, de «motu proprio», contra aquel o contra estos para hacer valer —por muy legítimos que resulten— sus derechos patrimoniales y exigir a los culpables la reparación de los daños y perjuicios que hubieran podido irrogarle. Tratándose de una sociedad unipersonal, habría que descartar incluso la posibilidad «a fortiori» del ejercicio a cargo de algún socio minoritario de la «actio pro socio», porque ni siquiera resultaría factible.

Cierto, por lo demás, que ninguna situación de subordinación de una sociedad al poder despótico de sus socios tiene por qué resultar irreversible y las cosas pueden variar. Nada obsta, en efecto, a que se produzcan cambios en la titularidad del capital de cualquier sociedad o se establezcan nuevas alianzas entre sus integrantes, con la consiguiente repercusión en sus estructuras decisorias. La salida por una sociedad de su estado de sumisión le dejará también las manos libres para defenderse frente a los abusos e ilegalidades que pudieran haberse cometido durante su etapa anterior.

En cualquier caso y aun cuando tales situaciones se acabaran manteniendo a lo largo de un periodo —más o menos extenso— de tiempo, ello no constituiría un escenario de impunidad para nadie porque la persona jurídica societaria no tiene la última palabra en este asunto. Tradicionalmente, el Derecho patrimonial cuenta con mecanismos tendentes a preservar los derechos de los acreedores, frente a la inactividad o a la conducta perjudicial adoptada por los deudores, en orden a la defensa de sus legítimas pretensiones.

1.1. Directamente por la sociedad

La reclamación frente al socio o socios culpables del daño y la consiguiente exigencia de responsabilidad por los daños causados a la sociedad puede llevarse a cabo directamente por esta, una vez que deja de estar sometida al control de los responsables, simplemente porque haya tenido lugar un cambio de socio único o porque irrumpan en el capital nuevos socios, dispuestos a hacer valer los intereses de la persona jurídica societaria. En efecto, cualquier circunstancia sobrevenida, que comporte la pérdida por el socio o los socios anteriores de su posición de control sobre los órganos corporativos, puede propiciar el ejercicio efectivo por la sociedad de los derechos y las acciones que le corresponden frente al socio incumplidor, por los daños y perjuicios causados.

El nuevo escenario permitirá replantear la actitud de la sociedad ante la conducta de su anterior socio de control, ya sea proporcionando a los órganos sociales cierto margen para hacer valer los legítimos derechos de la sociedad; o bien dando entrada a nuevos socios que, aun siendo minoritarios, estuvieran en condiciones de asumir la defensa del interés social. Mediante el ejercicio, en uno u otro caso, antes de su prescripción, de las acciones de reclamación que el Derecho pone a disposición de la persona societaria para la reparación de los daños y perjuicios que hubiera podido experimentar.

En dicha tesitura, nada impedirá a la sociedad dirigirse frente al socio único responsable de sus males, por cualquiera de los cauces admitidos en Derecho, y exigirle el cumplimiento de las obligaciones legales o contractuales contraídas con ella y la reparación de los daños causados, esgrimiendo sus derechos e intereses legítimos. La salida de la sociedad de la esfera de poder del socio «tirano» dejará a la misma un amplio margen para entablar, cuando corresponda, no solo la acción social de responsabilidad por su conducta al frente de la sociedad, como administrador (de hecho o de derecho), sino también cualquier otra acción de reclamación derivada del incumplimiento de las obligaciones legales o contractuales que el socio hubiera contraído con la sociedad.

La sociedad podrá, de este modo, hacer valer frente al socio cualesquiera acciones basadas en la infracción de las obligaciones asumidas por este en el marco de sus relaciones de negocio o impuestas legalmente al mismo dentro del ámbito propiamente societario. Muy particularmente, aquella que la Ley confiere específicamente a la sociedad unipersonal para exigir al socio único responsabilidades por las ventajas directa o indirectamente obtenidas por el mismo en perjuicio de la persona societaria, en virtud de los contratos celebrados entre ambos[232].

Entre las acciones ejercitables por la sociedad se encuentran no solo las de carácter contractual sino también las dirigidas a exigirle la reparación de los daños causados extracontractualmente, mediando culpa o negligencia, por haber conculcado el postulado general de «neminem laedere».

El principal inconveniente que puede plantear el ejercicio directo por la propia sociedad, «a posteriori», de sus derechos de reclamación contra el antiguo socio único es que el tiempo transcurrido haya provocado la prescripción o caducidad de las correspondientes acciones. También podría ocurrir que, con ocasión del proceso de transmisión de la sociedad o de su unidad productiva, se hubiera exigido a los terceros adquirentes y estos hubieran asumido, expresa o tácitamente, compromisos de no reclamación. En principio, nada obsta a la eficacia de este tipo de renuncias entre los intervinientes en este tipo de operaciones, pero la relatividad propia de los contratos las hace inoponibles frente a terceros acreedores.

---

232 Cfr. art. 16.3 LSC. Se trata de una acción reparadora cuyos efectos se circunscriban al ámbito de las relaciones contractuales entre el socio único y la sociedad unipersonal. Su principal consecuencia es trasladar al socio único los riesgos económicos de sus transacciones con la sociedad unipersonal. *Vid.* A. DÍAZ MORENO, «Artículo 16. Contratación del socio único con la sociedad unipersonal», en *Cometario a la Ley de Sociedades de capital,* dirigido por A. Rojo y E. Beltrán, Tomo I, Cizur Menor (Navarra), 2011, pp. 284 a 293, part. p. 292; asimismo, A. RONCERO SÁNCHEZ, «Artículo 16», en *Comentario de la Ley de Sociedades de Capital,* dirigido por J. A. García-Cruces e I. Sancho Gargallo, T. I, Valencia, 2021, pp. 537 a 550, part. p. 548.

1.2. Por los acreedores sociales

La independencia jurídica y patrimonial de la sociedad unipersonal no desaparece por completo ni se diluye a pesar del incuestionable poder de decisión que, en su seno, detenta el socio único. Por la misma razón, la posición de sumisión de la persona jurídica societaria no impide ni cierra el paso a la aplicación de otras medidas conservativas del patrimonio de la sociedad deudora.

La vigencia y efectividad de tales medidas constituyen un aspecto –a mi juicio– esencial del Derecho de Sociedades. La personificación legal de las sociedades mercantiles y la necesidad de poner coto a las situaciones de abuso de la personalidad, como técnica jurídica, confieren a este tipo de garantías una relevancia extraordinaria, especialmente en el caso de aquellas sociedades –de capital– que, por su configuración jurídica, no convierten a los socios en personalmente responsables del cumplimiento de las obligaciones que contraen en el tráfico.

Así las cosas, el recurso a los remedios tradicionales dispuestos por el Ordenamiento para preservar la integridad del patrimonio de los deudores y contribuir de este modo al cumplimiento de las obligaciones (que es también el fin último de todo Derecho) puede constituir un modo efectivo de evitar que el socio o socios de las sociedades de capital –unipersonales o pluripersonales– hagan un uso indebido de sus derechos políticos y tomen decisiones contrarias al interés de la sociedad y, de paso, perjudiciales para los acreedores de esta, en aras a sus propios intereses o los de las personas vinculadas a ellos.

La defensa del patrimonio de la sociedad se nos revela como un componente fundamental de la «affectio societatis» y guarda relación directa con el principio de responsabilidad patrimonial universal, como garantía de cobro que el Derecho confiere a los acreedores sobre la totalidad de los bienes, presentes y futuros, del deudor[233].

---

[233] En palabras de CASTÁN, «se trata de evitar el perjuicio que la inacción del deudor puede proporcionar al acreedor, llegando a hacer vana

Sobre todo, cuando la sociedad deudora esta llamada a responder del cumplimiento de sus obligaciones únicamente con su propio patrimonio y no cuenta con el respaldo que supone la responsabilidad personal de sus socios[234].

1.2.1. Subrogación de los acreedores en los derechos y acciones de la sociedad

La primera de estas medidas es el reconocimiento a los acreedores de la facultad de ejercitar los derechos y las acciones no utilizados por el deudor, cuando no disponga de otro recurso para el cobro de su crédito y siempre que no resulten inherentes a su persona. De este modo, ni siquiera la cualidad unipersonal de la sociedad de capital y el poder casi omnímodo que en ella ostenta el socio pueden impedir a los acreedores sociales, subrogados en la posición de la sociedad (en el justo marco de lo prevenido con carácter general en el artículo 1111 del Código Civil), salvar su pasividad y hacer valer legítimamente los derechos y acciones que pudieran corresponderle, para realizar cuanto se les deba, después de haber perseguido con el mismo fin los bienes titularidad de la misma[235]. El precepto trata de impedir que la inactividad de un deudor y la falta de aprovechamiento por el mismo de sus

---

aquella garantía», pese al principio de responsabilidad patrimonial universal del artículo 1911 del Código Civil, contribuyendo a mantener íntegro el patrimonio del deudor e impidiendo, en este caso, que valores debidos «no entren en él por negligencia o dolo del deudor». *Vid.* J. CASTÁN TOBEÑAS, *Derecho civil español, común y foral,* Tomo III (*Derecho de obligaciones. La obligación y el contrato en general*), 14.ª edic. por G. García Cantero, Madrid, 1986, pp. 279 y 280.

234 *Vid.* C. PAZ-ARES, *La responsabilidad del socio colectivo,* Madrid, 1993, pássim.

235 De acuerdo con el tenor del precepto, «los acreedores, después de haber perseguido los bienes de que esté en posesión el deudor para realizar cuanto se les debe, pueden *ejercitar todos los derechos y acciones de éste* con el mismo fin, exceptuando los que sean inherentes a su persona [...]». Cfr. art. 1111 CC.

derechos acaben mermando su patrimonio en perjuicio de los legítimos intereses de sus acreedores. A tal efecto, la Ley confiere a estos últimos la «potestad» o facultad exorbitante de subrogarse en la posición del deudor, para hacer valer en su nombre «todos los derechos y acciones de este» e integrar su patrimonio con los activos que resulten de ello.

La acción subrogatoria, también denominada «indirecta» u «oblicua», ha sido definida por nuestra mejor doctrina como «el poder que el ordenamiento jurídico atribuye a los acreedores para ejercitar los derechos y acciones que corresponden a su deudor, con el fin de cobrar de esta manera lo que se les debe»[236]. Su función es la de instar la realización de activos patrimoniales de la persona deudora frente a terceros y exigir a los mismos el pago de lo adeudado, a fin de traer al patrimonio del deudor bienes o derechos patrimoniales que le permitan satisfacer a sus acreedores.

El ejercicio efectivo de esta facultad plantea el inconveniente de su carácter supletorio, viniendo supeditado a la exigencia de haber perseguido previamente los bienes del deudor, de modo que solo cabe recurrir a esta fórmula cuando el patrimonio del deudor resulte insuficiente para hacer frente al cumplimiento de sus obligaciones. La condición de empresario de las sociedades de capital facilita en gran medida la acreditación de este requisito, como consecuencia del deber impuesto a las mismas de llevanza de contabilidad y elaboración periódica de cuentas.

La subsidiaridad de la acción subrogatoria no deja de tener, por lo demás, cierto sentido lógico. En su virtud y aun cuando los derechos de reclamación frente a los deudores de la sociedad (incluido el socio único) se hallen latentes en el patrimonio de ésta, no podrán ser activados por el acreedor cuando la sociedad esté en situación de asumir el pago de su deuda, alejando cual-

---

236 *Vid.* por todos L. DÍEZ-PICAZO, *Fundamentos del Derecho civil patrimonial*, vol. II, Madrid, 1993, p. 741. En torno a los requisitos para el ejercicio de la misma, que no han cambiado, *vid.* ya M. ALBALADEJO, *Derecho civil*, t. II (*Derecho de obligaciones*), vol. 1, 10.ª edic., Barcelona, 1997, pp. 215 y ss.

quier riesgo de intrusismo de terceros en la gestión de los asuntos sociales y limitando su alcance a aquellos supuestos en los que el ejercicio de tales acciones resulte imprescindible para la satisfacción de los intereses de los acreedores. Lo que guarda relación directa con el tratamiento de la infracción de otros deberes legales impuestos a los empresarios, cuya sanción se deja a las situaciones de insolvencia.

Habida cuenta de la exigencia este ulterior requisito, pudiera pensarse que el ejercicio de la acción subrogatoria encontraría su acomodo natural en el ámbito del concurso de acreedores de la sociedad de capital (unipersonal), pero nada impide su planteamiento cuando, a pesar de las dificultades económicas de la misma, nadie hubiera instado su declaración en concurso, por las circunstancias y naturaleza de los créditos o la falta de concurrencia de una pluralidad de acreedores.

En el caso de la sociedad unipersonal, la acción subrogatoria permitirá a los acreedores sociales reaccionar ante la pasividad de la persona societaria, sometida al poder del socio único, sirviendo de cauce a la posibilidad de exigir a este último cualquier responsabilidad por los daños y perjuicios causados a la sociedad, tanto en la esfera interna o propiamente societaria como en el ámbito externo de su actividad. En cuanto tal, constituirá un mecanismo especialmente apto para reclamar al socio la infracción de cualquier obligación contraída con la sociedad, así como el pago de cualesquiera indemnizaciones por los daños y perjuicios que haya podido irrogarle.

En otras palabras, la subrogación alcanza no solo a acciones y derechos derivados de las funciones orgánicas desempeñadas por el socio en el seno de su sociedad, como administrador —de hecho o de derecho[237]— o con ocasión del ejercicio de las compe-

---

[237] No deja de ser una concreción de esta acción subrogatoria, la fórmula empleada por la Ley de Sociedades de Capital (art. 240) cuando autoriza a los acreedores sociales para ejercitar por sí mismos la acción social de responsabilidad contra los administradores, en el supuesto de que

tencias propias de la junta general. También puede venir referida a otros derechos y responsabilidades, surgidos en el marco de las relaciones negociales que puedan suscitarse entre ambos, con motivo de la actividad económica desarrollada por la sociedad en el mercado incluidas las pretensiones de nulidad y de simulación de contratos. Los acreedores tendrán la posibilidad, además, de servirse de ellas para ejercitar las acciones de responsabilidad que la sociedad pudiera detentar frente al socio único, por la causación extracontractual de daños.

1.2.2. Ejercicio por los acreedores de acciones directas

Entre las medidas de garantía legalmente atribuidas a los acreedores sociales se halla la posibilidad de proceder al ejercicio directo de acciones en defensa del interés de la sociedad. La propia legislación de sociedades de capital, ante determinadas situaciones, confiere a los acreedores de la persona societaria legitimación para hacer valer determinadas medidas, específicamente dirigidas a la preservación de sus intereses, mediante la interposición de acciones directas frente a personas distintas de la sociedad, consideradas jurídicamente responsables de los daños causados a tales acreedores.

Es lo que sucede, muy particularmente, con la acción individual de responsabilidad que la legislación de sociedades de capital reco-

---

no haya sido ejercitada por la sociedad o los socios, y siempre que el patrimonio social resulte insuficiente para la satisfacción de sus créditos. *Vid.* J. QUIJANO GONZÁLEZ, «Artículo 240. Legitimación subsidiaria de los acreedores para el ejercicio de la acción social», en *Comentario de la Ley de Sociedades de Capital,* dirigido por Rojo y Beltrán, Tomo I, Madrid, 2011, pp. 1721 y ss. En relación a la cuestión bajo vigencia de la antigua Ley de Anónimas (art. 134.5), *vid.* E. POLO SÁNCHEZ, *Los administradores y el consejo de administración de la sociedad anónima (Artículos 123 a 143 de la Ley de Sociedades Anónimas,* en *Comentario al Régimen Legal de las Sociedades Mercantiles,* dirigido por Uría, Menéndez y Olivencia, Tomo VI, Madrid, 1992, pp. 363 a 365.

noce a los acreedores, como terceros perjudicados, para dirigirse frente a los administradores y reclamarles la reparación de daños por actos o conductas que lesionen «directamente» sus intereses[238]. La normativa confiere legitimación, a su vez, a los acreedores sociales para el ejercicio de la acción social de responsabilidad contra esos mismos administradores, en interés de aquélla, cuando no lo haga la propia sociedad o sus socios[239].

Como es sabido, la Ley considera responsables a los administradores sociales —tanto de derecho como de hecho— de los daños causados en el desempeño de sus funciones, por actos u omisiones contrarios a la Ley o a los estatutos, así como por los llevados a cabo incumpliendo los deberes inherentes al desempeño de su cargo, siempre y cuando haya mediado dolo o culpa. La particularidad de estos casos reside, justamente, en permitir que la exigencia de tal responsabilidad pueda correr a cargo también de terceros, como son los acreedores sociales[240]. Dada su configuración, ambos regímenes de actuación resultan plenamente aplicables al socio único ocupado en tareas formales o materiales de administración dentro de su sociedad.

Otro supuesto de acción directa resulta del reconocimiento expreso de legitimidad a cualquier persona que acredite un interés legítimo (lo que incluye específicamente a los acreedores) para la

---

238 Cfr. art. 241 LSC. Acerca de los requisitos y el alcance de esta acción, aunque partiendo de la antigua regulación de la sociedad anónima, *vid.* todavía F. SÁNCHEZ CALERO, *Administradores,* Tomo IV de los *Comentarios a la Ley de Sociedades Anónimas,* dirigido por él mismo, Madrid, 1994, pp. 319 a 337.

239 Cfr. art. 240 LSC. Sujetas ambas al consabido régimen de prescripción cuatrienal (art. 241 bis LSC).

240 Cfr. art. 236.1 y 3 LSC. En extenso, sobre el tema, *vid.* J. JUSTE MENCÍA, «Artículo 236. Presupuestos y extensión subjetiva de la responsabilidad», en *Comentario de la reforma del régimen de las sociedades de capital en materia de gobierno corporativo (Ley 31/2014). Sociedades no cotizadas,* coordinado por J. Juste Mencía, Cizur Menor (Navarra), 2015, pp. 443 a 462.

impugnación judicial de las decisiones «sociales», adoptadas por el socio único en el ejercicio de las funciones y competencias propias de la Junta general, cuando resulten contrarias a la Ley, a los estatutos o lesivas para el interés social, o hayan sido adoptadas por aquel en su propio provecho o el de terceros[241]. La contrariedad con los postulados de orden público de cualquier decisión del socio único hace que la legitimación en cuestión se extienda a cualquier persona, aunque carezca de interés legítimo[242].

1.2.3. Impugnación o revocación por los acreedores de actos de la sociedad realizados en perjuicio de sus acreedores

Entre los remedios que la Ley pone a disposición de los acreedores sociales para la defensa de sus intereses, se halla la posibilidad de ejercitar la acción revocatoria o pauliana frente a los actos llevados a cabo por la persona jurídica societaria «en fraude de su derecho».

De nuevo, el recurso a este tipo de acciones deviene especialmente útil en el caso particular de las sociedades unipersonales y, en general, de aquellas sociedades de capital sometidas al control férreo de un socio o grupo de interés, cuya posición de subordinación las hace especialmente vulnerables y, sobre todo, proclives a tomar decisiones anteponiendo los intereses de sus controladores a los suyos propios, con el consiguiente perjuicio para los acreedores sociales, que ven cómo tales decisiones afectan negativamente a la garantía que para ellos supone la vigencia efectiva del postulado general de responsabilidad patrimonial universal.

La norma «fundamental» en la materia vuelve a ser, al igual que respecto a la acción subrogatoria, el artículo 1111 del Código Civil[243]. En nuestro ordenamiento, la acción pauliana participa de

---

241 Cfr. art. 206.1 y art. 204 LSC.

242 Cfr. art. 206.2. LSC.

243 El pretor o jurisconsulto romano «Paulo» prestó su nombre a esta acción impugnatoria, que tiene como fundamento el artículo 1111 del

la naturaleza jurídica propia de las acciones rescisorias, lo que le confiere también carácter subsidiario. En consecuencia, los acreedores solo pueden acudir a ella cuando no dispongan de ninguna otra vía para el cobro de sus créditos[244].

Los presupuestos de ejercicio de la acción pauliana no son, en modo alguno, ajenos al funcionamiento de una sociedad unipersonal, tanto cuando la misma mantenga cualquier tipo de relaciones de negocio con el socio único, como en aquellos casos en que, inducida por él, lleve a cabo actos de disposición o enajenación de activos en favor de personas vinculadas. Estos requisitos son fundamentalmente dos: el perjuicio y el fraude. El primero exige la causación efectiva de un daño al acreedor (*eventus damnis*), debido al impacto negativo que la actuación de la sociedad producirá en el patrimonio de esta y la consiguiente merma de las garantías de cobro de aquel. Esta merma puede materializarse en una pérdida directa de activos o empobrecimiento (daño emergente) pero también en una privación de beneficios (lucro cesante). Ello

---

Código Civil aunque proyecta también su regulación sobre los artículos 1291 a 1299 y otros de la propia legislación hipotecaria (particularmente su art. 37). En principio, son rescindibles los contratos celebrados por el deudor en fraude de acreedores, cuando estos no puedan de otro modo cobrar lo que se les adeuda (art. 1291.3.º); así como los pagos hechos en estado de insolvencia (art. 1299 CC). La acción para pedir la rescisión es subsidiaria, por lo que no podrá ejercitarse cuando el acreedor perjudicado disponga de otro recurso legal para obtener la reparación del perjuicio (art. 1294); y dura cuatro años (art. 1299.1). El tema ha sido tratado profusamente y con gran rigor por la tradicional doctrina civilista. *Vid.* en primer lugar M. MIGUEL TRAVIESAS, «La acción pauliana», en *Revista General de Legislación y Jurisprudencia,* 1920, pp. 97 a 115; asimismo, F. DE CASTRO Y BRAVO, «La acción pauliana y la responsabilidad patrimonial. Estudio de los arts. 1911 y 1111 del CC», en *Revista de Derecho Privado,* 1932, pp. 193 y ss; a nivel incluso monográfico, *vid.* C. MARTÍN RETORTILLO, *La lucha contra el fraude civil (La acción pauliana),* Barcelona, 1943.

244 *Vid.* por todos J. CASTÁN TOBEÑAS, *Derecho civil español, común y foral,* Tomo III, cit., pp. 292-293.

da pie a una casuística muy amplia y sitúa al acreedor ante la carga de tener que probar el perjuicio en cada caso. Por su parte, la concurrencia de fraude (*consilium fraudis*) no exige intención directa, por la persona actuante, de perjudicar al tercero acreedor, bastando con que tenga conocimiento o sea consciente de que, con su actuación, está causando ese perjuicio. Conocimiento y consciencia de los que difícilmente va a poder evadirse el socio único, por su posición de preeminencia en la sociedad deudora.

Por lo demás, la acción pauliana podrá tener efectos restitutorios o indemnizatorios, en función de las circunstancias básicamente subjetivas que concurran en cada caso[245].

2. *Reclamaciones frente al socio único en el marco del concurso de acreedores de la sociedad*

El otro sesgo de la sociedad unipersonal se manifiesta con toda contundencia y mayor intensidad, si cabe, en caso de concurso de la misma, cuando hubiera sido declarada judicialmente en insolvencia. La declaración de la sociedad unipersonal en concurso a acreedores no afecta, de entrada, a la solvencia del socio único[246],

---

245 El impacto «rescisorio» de esta acción determina la ineficacia de los negocios objeto de impugnación y alcanza tanto a la persona del deudor como a quienes hubieran adquirido los derechos dispuestos, empezando por el socio único y terminando por cualquier persona, especialmente vinculada o no con el mismo. Cuando los bienes no puedan ser restituidos debido a la condición de terceros de buena fe de sus adquirentes, la restitución se llevará a cabo por equivalencia y dará paso a la indemnización de daños y perjuicios a cargo del causante de la lesión. Cfr. arts. 1295.3 y 1298 CC. *Vid.* L. DÍEZ-PICAZO, *Fundamentos del Derecho civil patrimonial*, vol. II, cit., 740-741.

246 Al tratar de los «concursos conexos», entre los diversos supuestos, la Ley Concursal contempla la declaración conjunta de varios deudores en concurso de acreedores «cuando exista entre ellos confusión de patrimonios» (art. 39); así como también la acumulación de los concursos ya declarados «de quienes tuvieren confundidos los respectivos patrimonios» (art. 41.1. *Vid.* las interesantes reflexiones en torno a la

pero sí comporta la pérdida por este del control total que venía ostentando sobre la misma, en aras a la preservación de la masa activa y la satisfacción de los intereses de los acreedores.

La sociedad unipersonal concursada quedará sometida a la potestad directa o de supervisión del administrador concursal, al que la legislación relativa confiere un importante acervo de competencias en orden a la defensa de su patrimonio y a la salvaguarda del interés objetivo de la concursada. En el plano patrimonial, la declaración en concurso de la sociedad de capital (unipersonal) supondrá un verdadero giro copernicano en la graduación de los intereses en liza, pasando el interés de los acreedores y la satisfacción de sus créditos –atendiendo a su clasificación concursal– a ocupar una posición efectiva de primacía, a costa de la postergación de los intereses individuales del socio o socios de la concursada.

La masa activa del concurso pasará a estar conformada, también en este caso, por la totalidad de los bienes y derechos que integran el patrimonio de la sociedad como deudora común, a la fecha de la declaración de concurso, y también por los que puedan ser objeto de reintegración o sean adquiridos por la concursada con posterioridad, hasta la conclusión del procedimiento; exceptuando por supuesto los legalmente inembargables[247]. El relato es bien conocido y la cuestión de fondo reside en extraer de él las conclusiones específicamente aplicables al caso en que la concursada tenga la condición de legal de sociedad de capital unipersonal o subordinada.

---

cuestión de la confusión de patrimonios en el ámbito societario de Mª. J. MORILLAS JARILLO, *El concurso de las sociedades*, Madrid, 2004, pp. 91 a 96.

247 Cfr. art. 192 LC. La «universalidad de la masa» no deja de ser un reflejo del postulado de la responsabilidad patrimonial universal. *Vid.* J. de la RÚA NAVARRO, «Artículo 192. Principio de universalidad», en *Comentario al texto refundido de la Ley Concursal. Comentario Judicial, Notarial y Registral*, dirigido por Prendes Carril y Fachal Noguer, Tomo I, Cizur Menor (Navarra), 2021, pp. 941 a 946, part. p. 943.

Lo primero a tener en cuenta es que la masa activa de este tipo de concursada incluirá cualquier crédito (declarado o latente) que pueda corresponder a la sociedad unipersonal frente a su socio único, antiguo o actual, así como frente a sus eventuales socios de control, derivados de la posición de débito y responsabilidad que a uno u otros les atribuyan las leyes o resulten de sus contratos con la sociedad concursada; además de las acciones de reclamación que esa concursada esté en disposición de ejercitar para hacer valer sus derechos patrimoniales contra su socio único o sus socios de control.

La sociedad concursada unipersonal, «liberada» del poder del socio, podrá ejercitar o reclamar los derechos que tuviere, por cualquier título, frente al mismo y exigirle las responsabilidades a que hubiera lugar por los daños y perjuicios que sean consecuencia de sus actuaciones, contrarias a Derecho; y no solo al Derecho societario. Las facultades de reclamación de la sociedad se extenderán a la infracción por el socio de los deberes legales y estatutarios que han de regir el ejercicio de las funciones de órgano de socios, así como también a los daños que el mismo pueda haber causado a la sociedad en tanto que miembro del órgano de administración. Aunque eso no es todo.

La responsabilidad del socio único alcanzará, asimismo, a la que pudiera deducirse de la conducta observada por él en el marco de sus relaciones contractuales con la sociedad y, en particular, la que pudiera derivarse de cualquier situación de incumplimiento de las obligaciones contractuales asumidas frente a esa concursada.

La disciplina específica de las sociedades unipersonales confiere (art. 16.3) a estas entidades una acción general, susceptible de ser ejercitada dentro o fuera del concurso, que les permite dirigirse frente a su socio para exigirle responsabilidad por las ventajas, directa o indirectamente, obtenidas por el mismo en perjuicio de las sociedad, como consecuencia de los contratos estipulados entre ambos durante el plazo de dos (2) años a contar desde la fecha de su celebración.

La sustitución o intervención de los órganos societarios en el desempeño de sus potestades de gestión y disposición sobre el patrimonio de la sociedad, a manos de administrador concursal designado por el Juez del concurso, facilitará en todo caso el ejercicio, en interés de la masa activa, de las referidas acciones, desplazando y ampliando la Ley la legitimación para su ejercicio, en función de las circunstancias que puedan concurrir en cada caso.

La sociedad unipersonal que viera únicamente intervenidas las facultades de administración y disposición sobre sus bienes, conservará la capacidad para actuar en juicio, aunque necesitará la autorización de la administración concursal para demandar, interponer recursos, desistir, allanarse o transigir cuando la cuestión litigiosa pueda afectar a los intereses de la masa activa. Sin embargo, cuando que lo estime conveniente «para el interés del concurso» y la concursada se negara a hacerlo, la administración concursal podrá solicitar autorización al Juez del concurso para proceder a la interposición de la cualquier demanda[248].

Por el contrario, en caso de suspensión de las facultades patrimoniales de la sociedad unipersonal concursada, la representación y defensa procesal de la misma estará a cargo, directamente, de la administración concursal que será, por ello, la encargada de la formulación de demandas y de la interposición de recursos «en interés del concurso», sin perjuicio del derecho de la concursada a mantener por separado y sin coste para la masa su propia representación y defensa en juicio[249].

La Ley extiende, asimismo, estas legitimaciones a los acreedores que hayan instado por escrito a la administración concursal el ejercicio de cualquier acción de tipo patrimonial que corresponda y pueda intereses a la sociedad unipersonal concursada. Las solicitudes en este sentido de cualquier acreedor habrán de indicar las concretas pretensiones que pretenden hacerse valer y

---

[248] Cfr. art. 119 LC.

[249] Cfr. arts. 120 y 121 LC.

su fundamentación jurídica, concediendo la Ley la posibilidad de que la propia concursada (sometida a intervención) o la administración concursal (en caso de suspensión) decidan ejercitar por sí mismas las acciones en cuestión, dentro de los dos meses siguientes al requerimiento. Los acreedores tendrán, en otro caso, las manos libres para postular los derechos de la sociedad y litigar, en su caso, contra el socio único exigiéndole las responsabilidades que consideren pertinentes, en defensa de los intereses de la concursada y, paralelamente, de la propia masa. Lo harán, en principio, a su costa pero si obtuvieren una sentencia firme estimatoria —en todo o en parte— de sus pretensiones, tendrán derecho a reembolsarse con cargo a la masa activa los gastos y costas en que hubieran incurrido hasta el límite de lo efectivamente percibido por la masa[250].

El reconocimiento explícito de estas acciones y la posibilidad de su ejercicio cerrará el paso, habida cuenta de su carácter subsidiario, a la interposición contra el socio único de la acción rescisoria general del Código Civil, para impugnar actos o contratos celebrados con la sociedad en fraude de acreedores.

En sede concursal, debe tomarse igualmente en consideración la consecuencia, prevista expresamente en la Ley de Sociedades de Capital (art. 16.2), para el supuesto de incumplimiento por la sociedad unipersonal de los requisitos de publicidad exigibles a sus contratos con el socio único, cuando se decreta la inoponibilidad frente a la masa activa del concurso de los que no hubieran sido transcritos en el preceptivo libro-registro y no aparezcan referenciados en la memoria anual depositada en el Registro Mercantil. Como ya se ha dicho, las consecuencias de esa falta de oponibilidad trascienden y van más allá de los efectos que pudieran derivarse de una hipotética rescisión concursal de tales contratos, en la medida en que impide a la otra parte contratante oponer o

---

[250] Cfr. art. 122 LC. Las demandas interpuestas bajo este régimen por los acreedores de la sociedad habrán de notificarse a la administración concursal.

hacer valer cualquier derecho frente a la masa activa del concurso con base en los mismos. Una sanción sin duda rigurosa para la infracción de los requisitos —formales— de publicidad y transparencia, que da buena prueba de la importancia que el legislador atribuye a su efectivo cumplimiento y confirma que nos hallamos ante una pieza clave de la disciplina legal de este tipo de sociedades. El espíritu y finalidad de la norma es claro: la sociedad de capital unipersonal debe informar al mercado acerca de sus contratos con el socio único para que los interesados puedan decidir, con conocimiento de causa, lo que convenga a sus intereses; y si no lo hace habrá de arrostrar las consecuencias.

A su vez, los contratos celebrados por la sociedad unipersonal con el socio único, cumpliendo los requisitos de publicidad y transparencia podrán ser objeto de impugnación, mediante el ejercicio de las acciones de reintegración específicas del concurso[251]; o bien, en último término, de aquellas otras acciones de

---

[251] Cfr. art. 226 LC. De acuerdo con el vigente texto de la Ley Concursal, serán rescindibles los actos perjudiciales —sin más— para la masa activa, realizados por la sociedad unipersonal concursada dentro de los dos (2) años anteriores a la fecha de la solicitud de declaración de concurso, así como los llevados a cabo entre la presentación de la solicitud y la declaración en sí de concurso, aun cuando no hubiera existido intención fraudulenta. Paralelamente, también lo serán aquellos actos, perjudiciales para la masa activa, realizados por la entidad deudora dentro de los dos (2) años anteriores a la fecha de comunicación de la existencia de negociaciones con los acreedores o de la intención de iniciarlas, con la finalidad de alcanzar un plan de reestructuración, además de los llevados a cabo desde esa fecha a la de la declaración de concurso, con independencia asimismo de la existencia o no de intención fraudulenta, siempre que no se hubiera aprobado un plan de reestructuración homologado judicialmente y que se hubiera declarado el concurso dentro del año siguiente a la finalización de los efectos de esa comunicación o de la prórroga concedida. *Vid.* R. FUENTES DEVESA, «Artículo 226. Acciones rescisorias de los actos del deudor», en *Comentario al texto refundido de la Ley Concursal. Comentario Judicial, Notarial y Registral,* dirigido por Prendes Carril y Fachal Noguer, Tomo I, Cizur Menor (Navarra), 2021, pp. 1159 a 1170, part. p. 1161. El objeto del

reintegración que procedan con arreglo al Derecho general[252]. La principal garantía de efectividad de la medida reside —como ya se ha dicho— en la atribución por Ley de legitimación activa para el ejercicio de tales acciones a la administración concursal; y, subsidiariamente, a los acreedores de la propia concursada[253].

Mención aparte merece la incidencia que la unipersonalidad de la sociedad concursada pudiera tener con arreglo a lo dispuesto en la sección sexta o de calificación y su repercusión en caso de culpabilidad del concurso. Si el concurso de la sociedad unipersonal fuera calificado como culpable, se abriría también la puerta a la eventual consideración del socio único, por su actividad al frente de la sociedad (en tanto que administrador de derecho o de hecho) como «persona afectada por la calificación», con las graves consecuencias personales y patrimoniales que ello habría de comportarle; y que van desde la exigencia de devolución de los bienes o derechos indebidamente obtenidos de la concursada, la «pena» civil de inhabilitación, la pérdida de cualquier derecho que pudiera corresponderle como acreedor (concursal o contra la masa) o la imposición del deber de indemnización de los daños

---

sistema concursal de reintegración «no es tanto el valorar conductas» como reparar el «perjuicio para la masa activa que causen los actos realizados por el deudor». *Vid.* BUSTILLO SAIZ, Mª. M: *La impugnación de los actos perjudiciales para la masa activa en la Ley Concursal,* 2016, p. 71.

252 Cfr. art. 238 LC. Entre esas «otras» acciones se encuentran las de nulidad o anulabilidad de tales actos y las de impugnación de acuerdos sociales (cuando el acreedor perjudicado estuviera legitimado al efecto); además de la tradicional acción de rescisión común o pauliana y hasta la de cobro de lo indebido. *Vid.* R. FUENTES DEVESA, «Artículo 238. Otras acciones de impugnación de los actos de deudor», en *Comentario al texto refundido de la Ley Concursal. Comentario Judicial, Notarial y Registral,* cit., pp. 1227 a 1238, part. p. 1228.

253 Cfr. arts. 231, 232 y 695 LC. *Vid.* R. FUENTES DEVESA, ob. cit. ult., p. 1237; asimismo, V. FERNÁNDEZ GONZÁLEZ, «El procedimiento de microempresas y microempresarios: el plan de continuación como solución a la insolvencia», en *Comentario a la Reforma del texto refundido de la Ley Concursal,* cit., pp. 521 a 574, part. pp. 538-539.

y perjuicios causados; hasta la ulterior condena a la cobertura del déficit concursal[254].

III. CONCURRENCIA DE DAÑOS Y DEFENSA DEL CAPITAL SOCIAL

1. Planteamiento

La atribución a la sociedad de capital unipersonal de personalidad jurídica propia y distinta de la del socio y la consiguiente separación entre sus respectivos patrimonios inciden de forma directa en el régimen de responsabilidad civil de este tipo de sociedades mercantiles, permitiendo al socio único exonerarse personalmente de las consecuencias de la falta de cumplimiento por la sociedad de sus obligaciones y dando lugar a la aplicación del denominado «beneficio de limitación de responsabilidad». Esta es la consecuencia lógica en Derecho de su condición de sociedades de capital y, más concretamente, de la forma de sociedad anónima o de responsabilidad limitada que adoptan las sociedades unipersonales.

En cuanto tal, la sociedad de capital unipersonal responde del cumplimiento de sus obligaciones con todos sus bienes presentes y futuros, sin que sea dable a los acreedores sociales dirigirse frente al resto del patrimonio —privativo— de su único socio, al igual que sucede con cualquier otra sociedad anónima o de responsabilidad limitada, cuyos socios ven atenuado de este modo el riesgo económico que comporta el ejercicio bajo forma societaria de una actividad empresarial.

Ahora bien, por más que el Derecho se empeñe en establecer una línea divisoria de separación entre los bienes y derechos

---

254 Cfr. arts. 455 y 456 LC. *Vid.* I. SANCHO GARGALLO, «Artículo 455. Sentencia de calificación» y «Artículo 456. Condena a la cobertura del déficit», en *Comentario al texto refundido de la Ley Concursal. Comentario Judicial, Notarial y Registral*, cit., pp. 516 a 535 y 535 a 559.

que componen el patrimonio de la persona jurídica societaria y los del socio, a la hora de delimitar su respectivo ámbito de responsabilidad, no cabe negar la existencia entre una y otro de un «vínculo patrimonial» porque la sociedad unipersonal, a pesar de su autonomía, no deja de ser —toda ella— parte del patrimonio de su único socio y partícipe. En otras palabras, el socio único ostenta la titularidad jurídica de ese patrimonio aunque no de forma directa e inmediata, sino mediatamente y a través de la persona jurídica societaria. Así entendido y en particular, la separación de patrimonios y la dualidad de personalidades jurídicas no puede impedir que una variación —al alza o a la baja— de la situación patrimonial de la sociedad repercuta y se proyecte también sobre el patrimonio del socio, a través de la oscilación que con ello experimente el valor de sus acciones o participaciones en el capital.

El socio único tiene, pues, un interés económico evidente en la sociedad, que se manifiesta fundamentalmente en el derecho a participar en el reparto de las ganancias sociales y en el patrimonio resultante de la liquidación que le confiere la Ley, como titular de las acciones o participaciones que conforman el capital social. Derecho que valdrá más o valdrá menos en función precisamente de la situación patrimonial y financiera de la sociedad, y de los resultados de explotación obtenidos por la misma.

Las consecuencias de la vinculación patrimonial existente entre la sociedad unipersonal y el socio no se manifiestan del mismo modo ni con la misma intensidad en todos los ámbitos del Derecho. La conexión del patrimonio de la sociedad con el del socio resulta particularmente intensa, a pesar de la diversidad subjetiva entre una y otro, en el ámbito propio del Derecho de Daños, haciendo que los efectos perjudiciales de una conducta lesiva para al patrimonio de la sociedad se proyecten también sobre el patrimonio del socio único. Esta circunstancia no es, en modo alguno, exclusiva de las sociedades de un solo socio y se manifiesta también en cualquier otra sociedad mercantil, aunque sus efectos resultan más evidentes en aquella.

Jurídicamente, el primer criterio de imputación del daño infligido a una persona es la titularidad patrimonial del bien jurídico protegido, que ha resultado dañado. Así las cosas, el establecimiento de una línea divisoria entre el patrimonio de la sociedad y el del socio debería permitirnos separar nítidamente el daño experimentado por una y otro, siempre que fuera posible aislar completamente uno y otro. Sin embargo, la conexión patrimonial que mantienen la sociedad y el socio único hacen que la dualidad de personalidades y la autonomía patrimonial de la sociedad no basten por sí solos para aislar en un solo patrimonio las consecuencias del daño ilícito.

En efecto, siendo el patrimonio de la sociedad una parte o *subconjunto* del patrimonio del socio, no cabe negar que, cuando la sociedad experimenta un daño en su patrimonio, el socio lo sufre también en el suyo, por lo que estaríamos en realidad ante una situación de superposición o confluencia de daños. Confluencia que, en el caso de las sociedades de un solo socio, resulta más fácil de apreciar y también de dirimir, en orden por ejemplo a la atribución de legitimidad para el ejercicio en Derecho de las correspondientes acciones de reclamación.

2. *Derivaciones y consecuencias*

Las consecuencias del daño experimentado por la sociedad unipersonal trascienden su patrimonio y se comunican también al patrimonio de sus socios. El vínculo patrimonial entre la sociedad y el socio (más evidente, si cabe, en el supuesto de la unipersonal) hace que los daños experimentados directamente por aquella produzcan efectos e impacten además en el patrimonio personal del socio. De ahí que se pueda afirmar que, al lado del daño causado *directamente* al patrimonio *autónomo* de la sociedad, se produzca también otro de carácter *reflejo* o *mediato* que se inflige al socio único[255]. No se trata, propiamente, de los daños que

---

255 El tema de la distinción entre el daño directo (*unmittelbarer Schaden*) y el daño indirecto (*mittelbarer Schaden*) cuenta con una sólida doctrina

el incumplimiento de una determinada obligación o la conducta ilícita de un tercero hayan podido irrogar al socio directamente en su patrimonio —coincidiendo con otros causados a su sociedad— sino de los que se producen directamente en la sociedad y se traducen en una pérdida que afecta al valor patrimonial de la participación del socio en el capital social.

Así las cosas, lo que hemos de plantearnos es si el hecho de que una misma conducta resulte lesiva tanto para el patrimonio de la sociedad unipersonal como para el patrimonio del socio, puede terminar legitimando a este para dirigirse personalmente frente al responsable civil y exigirle la reparación de los daños y perjuicios sufridos. En otras palabras: si es dable al socio único ejercitar acciones contra los que causan daños a su sociedad, para reclamarles el pago de la correspondiente indemnización, basándose en la pérdida patrimonial que ello le supone por la pérdida de valor de su participación societaria, a consecuencia de la conducta lesiva. Lo que no deja de constituir un daño causado por el acto u omisión de un tercero en el patrimonio del socio y, por consiguiente, reparable jurídicamente.

A la postre, ello supone también *proyectar* categorías propias del Derecho de daños sobre las estructuras de la sociedad unipersonal, pensadas para supuestos jurídicos relacionados con la actividad empresarial, la atribución subjetiva de derechos y de obligaciones, así como la imputación de las consiguientes responsabilidades.

En la esfera contractual, la relatividad propia de las relaciones jurídico-negociales convierte la titularidad subjetiva del crédito en un requisito necesario para proceder frente al tercero por los daños derivados del incumplimiento de las obligaciones contraídas con la sociedad. Consiguientemente, corresponde a ésta, a través

---

en Alemania. *Vid.* por todos, H. LANGE, *Schadensersatz*, Tubinga, 1990, p. 61. Por lo que respecta a la incidencia de esta distinción en el ámbito propio de la sociedad unipersonal, *vid.* A. KOWALSKI, *Der Ersatz von Gesellschafts– und Gesellschafterschaden. Zum gesellschaftsrechtlichen Zweckbindungsgedanken im Schadensrecht*, Colonia, 1990, p. 2.

de sus representantes legales o voluntarios, el derecho a reclamar la indemnización de los daños que puedan derivarse de tales supuestos, sin que sea dable al socio único —como tercero— tratar de suplantarla y exigir personalmente el pago o cumplimiento de lo debido *socialmente*. Lo propio cabe afirmar en aquellos supuestos en que la reclamación se fundamente en un título legal, que confiera a la sociedad de forma expresa el derecho a dirigirse frente a un tercero para exigirle indemnización de daños y perjuicios.

La cuestión se plantea en términos algo más difusos en el terreno de la responsabilidad extracontractual, puesto que el principio de *neminem laedere* tanto puede servir de fundamento a la reclamación de indemnización de la sociedad como a la del socio, dada la interconexión *material* que existe entre sus respectivos patrimonios. El hecho de que el patrimonio de la sociedad, a pesar de su autonomía en el plano de la responsabilidad, constituya una parte del patrimonio del socio hace que los daños causados a la sociedad afecten también a aquel, por lo que difícilmente se podrá negar acción al socio para proceder a su reclamación, sin que ello pueda comportar, evidentemente, la obtención de una segunda indemnización por el daño reflejo.

El problema de la *coordinación* entre tales daños se ha planteado especialmente en la doctrina y la jurisprudencia alemanas[256]. El punto de partida ha sido la idea de que la separación de patrimonios establecida entre la sociedad y el socio único no puede aprovechar al responsable de un daño ilícito. De acuerdo con este postulado general, el Tribunal Federal alemán propuso, en un primer momento, la aplicación del método de penetración de la personalidad en favor del socio, para permitirle dirigirse frente al culpable, superando los inconvenientes de la dualidad de personalidades. En consecuencia, habiendo resultado dañado el socio único de una sociedad de responsabilidad limitada por culpa de un tercero y afectando el perjuicio a su *patrimonio*

256 *Vid.* sobre todo la monografía de A. KOWALSKI, *Der Ersatz von Gesellschafts– und Gesellschafterschaden, cit.*, pássim.

separado (constituido por la sociedad mercantil) el alto Tribunal viene a estimar que, con arreglo a las circunstancias del caso y por lo que respecta al causante, tal perjuicio alcanza también personalmente al socio[257]. Por esta vía, el patrimonio de la sociedad unipersonal termina confundiéndose con el del socio y configurándose como una parte del mismo, aun cuando pueda estar sometido a un régimen de administración diferente y se encuentre especialmente afecto al cumplimiento de determinadas obligaciones. Ello supone tanto como negar el hecho societario y desconocer la dualidad jurídica de personalidades, desplazando el régimen propio de este tipo de sociedades. Aunque la tesis ha contado con el respaldo de un sector de la doctrina alemana[258], otros autores se han mostrado —con razón— bastante críticos con este tipo de planteamientos[259], alegando que su admisión

---

[257] Cfr. la sentencia del Tribunal Federal de 13 de noviembre de 1973 (*BGHZ*-61, 380). *Vid.* K. SCHMIDT, *Gesellschaftsrecht, cit.*, pp. 1.254, § 40 III.4a. El caso era el siguiente: el socio único y administrador de una *GmbH* se hacía representar privadamente por cierto abogado. Como consecuencia de un pleito, el socio único quedó obligado a satisfacer una cantidad insignificante en concepto de costas, pero la negligencia de su abogado hizo que su cliente fuera incluido en el registro de morosos conforme a lo dispuesto en el § 915 I de la *Zivilprozeßordnung*. Dicha inclusión ocasionó, evidentemente, pérdidas a la sociedad y el socio se las reclamó al abogado. El Tribunal Federal alemán estimó la pretensión, aunque su razonamiento ha sido discutido por la doctrina, particularmente por el hecho de que la reclamación —en la que se hacía valer el daño causado a la sociedad unipersonal— se fundaba en la mala ejecución de un contrato concluido entre el socio único y un tercero. En torno a esta resolución, pueden verse además los comentarios de FRANK, en *Neue Juristische Wochenschrift* 1974, p. 2313; HÜFFER, en *Juristische Schulung* 1976, p. 83; JOHN, en *Juristenzeitung* 1979, p. 511; MAN y ROLL, en *Neue Juristische Wochenschrift* 1974, p. 492.

[258] *Vid.* KÜBLER, *Gesellschaftsrecht*, 4ª edic, Heidelberg, 1994, p. 304, § 23, IV; asimismo, H-J. MERTENS, en HACHENBURG, *Gesetz betreffend die Gesellschaften mit beschränkter Haftung (GmbHG)*, vol. I, *cit.*, p. 584, §13, núm. 26; U. JOHN, en *Juristenzeitung* 1979, p. 511.

[259] *Vid.* W. FLUME, *Allgemeiner Teil des Bürgerlichen Rechts*, t. I, 2ª parte (*Die juristische Person*), 1983, pp. 77 y ss., § 3 II; así como LIEB, «Schadenser-

supone la negación del *hecho societario.* En su opinión, la separación de personalidades no impide al socio único hacer valer, por sí y ante sí, los daños experimentados por su sociedad, en la medida en que tales daños se producen al mismo tiempo en su propio patrimonio, por lo que no sería menester recurrir al desconocimiento de la personalidad societaria para reconocer la legitimación de aquel[260].

Ahora bien, el principal inconveniente de esta última tesis es que no atiende suficientemente al dato de que la prestación indemnizatoria va a ser percibida por el socio mediatamente *damnificado* y no por la sociedad unipersonal, a pesar de que la pérdida se produce (también) en el patrimonio de ésta. De modo que, en último término, la sociedad no obtiene la reparación del daño que se le inflige. Por eso, el reconocimiento al socio de la facultad de reclamar y obtener la totalidad de la indemnización habrá de tener, cuando menos, como límite el respeto al capital social. Si, tras el daño sufrido por la sociedad, el patrimonio neto contable de ésta resulta ser inferior la cifra de su capital, el socio único

---

satzansprüche von Gesellschaftern bei Folgeschäden im Vermögen der Gesellschaft», en *Festschrift Fischer*, 1979, pp. 385 y ss; y FRANK, en *Neue Juristische Wochenschrift* 1974, p. 2314.

260 El Tribunal Federal mantuvo esta misma interpretación en un caso de reclamación extracontractual. Según el relato de los hechos, el socio mayoritario de una sociedad anónima suiza, titular en ella del 99,15% del capital, resultó herido de consideración por culpa de un tercero mientras practicaba el esquí, lo que le imposibilitó para acudir a su trabajo al frente de la sociedad. En consecuencia, se dirigió contra el responsable del daño en reclamación de la pérdida de ingresos experimentada por dicha sociedad como consecuencia de su baja laboral. El Tribunal entendió que si el socio que dirige los negocios sociales deviene incapaz para el trabajo, debido a la lesión producida por un accidente, y su sociedad queda de este modo privada de una ganancia negocial, él mismo puede dirigirse frente al causante del daño exigiendo el pago de la correspondiente indemnización y considerando el daño como propio. *Vid.* K. SCHMIDT, *Gesellschaftsrecht, cit.*, p. 1257, § 40 III 4b.

tendrá que destinar dicha indemnización (en todo o en parte) al restablecimiento del equilibrio patrimonial en su sociedad. Si no lo hace, estará infringiendo la obligación legal de preservar la integridad del capital social y quedará responsable de ello ante la sociedad y, en su caso, ante los acreedores sociales. La apropiación de la indemnización equivale en este caso a un reparto indebido del patrimonio social[261]. No podremos negar al socio único el derecho a resarcirse de un daño que afecta —también y aunque sea mediatamente— a su patrimonio, pero lo que sí cabe es exigirle el cumplimiento de la disciplina societaria en defensa del capital social, puesto que la persona jurídica societaria tiene derecho, como perjudicada, a ser indemnizada y ver reparado su daño patrimonial, con la consiguiente restauración del patrimonio con el que responde del cumplimiento de sus obligaciones y del que el socio solo puede disponer dentro de los límites que establece la Ley[262].

---

261 En la medida en que la percepción de la indemnización por el socio único se lleve a cabo cuando el patrimonio neto de la sociedad sea o acabe siendo inferior a la cifra del capital social (art. 273 LSC), dará lugar a una situación análoga a la de un reparto encubierto de dividendos, contrario al imperativo legal de defensa del capital social y que habría dado lugar a la aplicación del deber de restitución que establece el artículo 278 de la propia Ley; y que, más allá de su título legal específico, halla su fundamento en la figura del «cobro de lo indebido». *Vid.* J.C. VÁZQUEZ CUETO, «Artículo 278. Restitución de dividendos», en *Comentario de la Ley de Sociedades de Capital,* dirigido por J.A. García-Cruces e I. Sacho Gargallo, T. IV, *cit.*, pp. 3925 a 3931, part. p. 3925. Con anterioridad y referido a la sociedad anónima, debe verse aún R. ILLESCAS ORTIZ, *Las cuentas anuales de la sociedad anónima,* en URÍA, MENÉNDEZ y OLIVENCIA, *Comentario al régimen legal de las sociedades mercantiles,* Tomo VIII, vol. 2, Madrid, 1993, pp. 273 y ss. En torno a estas cuestiones y bajo la vigencia de la Ley del 51, *vid.* ya F. SÁNCHEZ CALERO, *La determinación y la distribución del beneficio neto en la sociedad anónima,* Roma-Madrid, 1955.

262 *Vid.* K. SCHMIDT, *Gesellschaftsrecht, cit.*, p. 1257, § 40 III.4b. Según este autor, cuando el socio reclama para sí la totalidad de la prestación, sólo puede darse carta de naturaleza a su demanda con la condición de

Ante esta situación, la mejor doctrina alemana plantea la posibilidad de configurar la posible reclamación por el socio de los daños de su sociedad unipersonal como un supuesto de liquidación de daños por tercero (*Drittschadensliquidation*)[263], respetando en todo caso la autonomía patrimonial de la sociedad y considerando que, cuando el mismo opta por ejercitar la acción de reclamación de los daños y perjuicios causados a su sociedad, está sirviendo en realidad al interés de esta y actuando por cuenta suya. El mantenimiento de la estructura societaria supone la plena vigencia de los controles sobre el capital social y permite, en su caso, activar el derecho de la sociedad a dirigirse frente al socio para exigirle lo percibido indebidamente en concepto de indemnización y evitar la consiguiente pérdida patrimonial de aquella. Esta acción podrá hacerse valer por los acreedores de la sociedad, después de haber perseguido los bienes sociales, para saldar sus créditos (subrogados en los derechos de la sociedad deudora); así como por el administrador concursal o, subsidiariamente, los propios acreedores cuando la misma devenga insolvente y sea declarada en concurso. La reclamación se interpondrá, en ambos casos, frente al socio en tanto que per-

---

que el traslado de estos bienes a su patrimonio privado sea ajustada a Derecho, de forma que no se vea afectado el activo necesario para el mantenimiento del capital social, con arreglo a lo dispuesto en el § 30 *GmbH-G.*

263 Por principio, la persona legitimada para exigir al culpable la reparación del daño causado va a coincidir con el damnificado. Con arreglo al llamado «Dogma der Gläubigerinteresse», el acreedor de un derecho de indemnización solo puede pretender la reparación de su propio daño. *Vid.* D. MEDICUS, *Schuldrecht*, t. I, 6.ª edic., Múnich, 1992, p. 275 (§ 54, IV.1). Ahora bien, puede ocurrir que el titular de una pretensión y el perjudicado sean dos personas distintas, dando lugar a una situación en cierto modo anormal. De ahí que la doctrina y la jurisprudencia alemanas admiten la posibilidad de que, en determinados casos, el titular de un derecho a ser indemnizado pueda dirigirse contra el responsable para hacer valer el daño causado a un tercero. *Vid.* por todos K. LARENZ, *Lehrbuch des Schuldrechts,* Tomo I, 14.ª edic., Múnich, 1987, p. 462 (§ 27, IV.b).

ceptor directo de la indemnización de la sociedad. Esta fórmula garantiza no sólo la salvaguarda del capital social, como partida de retención de patrimonio, sino que también confiere a la sociedad o a sus acreedores la posibilidad de defenderse y hacer valer la tutela de sus intereses frente al socio que suplanta a la sociedad en el ejercicio de sus derechos y se «apropia» de la consiguiente indemnización, dejando de aplicarla al restablecimiento del equilibrio patrimonial de la sociedad.

Ello no deja de ser otra manifestación de la primacía que la Ley confiere al interés de la sociedad y de sus acreedores respecto al de los socios, cuando el patrimonio social pudiera resultar insuficiente para saldar la totalidad de su deuda, debido a la especial afección de los bienes y recursos que integran el patrimonio de toda sociedad de capital al cumplimiento de sus obligaciones.

Bibliografía

AA.VV: *Comentario del Código Civil,* dirigido por C. PAZ-ARES, L. DÍEZ-PICAZO, R. BERCOVITZ y P. SALVADOR, 2 Tomos, Ministerio de Justicia, 2ª edic., Madrid, 1993.

AA.VV: *Derecho de sociedades de responsabilidad limitada. Estudio sistemático de la Ley 2/1995,* coordinado por F. RODRÍGUEZ ARTIGAS, R. GARCÍA VILLAVERDE, L. FERNÁNDEZ DE LA GÁNDARA, A. ALONSO UREBA, L. VELASCO SAN PEDRO y G. ESTEBAN VELASCO, 2 vols., McGraw-Hill, Madrid, 1996.

AA.VV: *Münchener Handbuch des Gesellschaftsrechts,* vol. 3 (*Gesellschaft mit beschränkter Haftung*), dirigido por H-J. PRIESTER, C.H. Beck, Múnich, 1996.

AA.VV: *Comentarios a la Ley de Sociedades de Responsabilidad Limitada,* coordinado por I. ARROYO y J.M. EMBID, Tecnos, Madrid, 1997.

AA.VV: *Comentarios a la Ley de Sociedades Anónimas,* dirigido por F. SÁNCHEZ CALERO, T. VII y VIII (1993), t. IV (1994), t. I (1997), Edersa, Madrid.

AA.VV: *Comentarios a la Ley de Sociedades Anónimas,* coordinado por I. ARROYO, J.M. EMBID IRUJO y C. GÓRRIZ, 3 Vols., 2ª edición, Tecnos, Madrid, 2009.

AA.VV: *Comentario a la Ley de Sociedades de capital,* dirigido por A. ROJO y E. BELTRÁN, 2 Tomos, Cívitas, Cizur Menor (Navarra), 2011.

AA.VV: *Comentarios al Código Civil,* dirigido por R. BERCOVITZ RODRÍGUEZ-CANO, Tomo VIII (arts. 1485 a 1759), Valencia, 2013.

AA.VV: *Comentario de la Reforma del Régimen de las Sociedades de Capital en materia de Gobierno Corporativo (Ley 31/2014). Sociedades no cotizadas,* coordinado por J. JUSTE MENCÍA, Cizur Menor (Navarra), 2015.

AA.VV: *Las sociedades de capital: cuestiones teóricas y prácticas,* 2 Tomos, coordinado por A. DOMÍNGUEZ MENA y C. MARQUÉS MOSQUERA, Consejo General del Notariado, Madrid, 2015.

AA.VV: *Estudios orgánicos de las sociedades de capital. Liber Amicorum Fernando Rodríguez Artigas y Gaudencio Esteban Velasco,* coordinado por J. JUSTE y C. ESPÍN, vols. I y II, Cizur Menor (Navarra), 2017.

AA.VV: *Comentario de la Ley de Sociedades de Capital,* dirigido por J.A. GARCÍA-CRUCES e I. SANCHO GARGALLO, 5 Tomos, Valencia, 2021.

AA.VV: *Comentario al texto refundido de la Ley Concursal. Comentario Judicial, Notarial y Registral,* dirigido por P. PRENDES CARRIL y N. FACHAL NOGUER, 2 Tomos, Aranzadi, Cizur Menor (Navarra), 2021.

AA.VV: *Conflictos de intereses en las sociedades de capital: socio y administradores,* dirigido por L. HERNANDO CEBRIÁ, Madrid-Barcelona-Buenos Aires-São Paulo, 2022.

AA.VV: *La junta general de las sociedades de capital. Comentario de los artículos 159 a 208 LSC,* coordinado por J. JUSTE MENCÍA y A.J. RECALDE CASTELLS, Aranzadi, Cizur Menor (Navarra), 2022.

AA.VV: *Lecciones de Derecho Mercantil,* dirigidas por A. MENÉNDEZ y A. ROJO, 2 vols., 21ª edición, Civitas-Aranzadi, Cizur Menor (Navarra), 2023.

AA.VV: *Lecciones de Derecho Mercantil,* coordinado por G.J. JIMÉNEZ SÁNCHEZ y A. DÍAZ MORENO, 26ª edición, Tecnos, Madrid, 2023.

ALCOVER GARAU, Guillermo: «Derechos reales sobre las participaciones sociales», en *Derecho de sociedades de responsabilidad limitada,* vol. I, *cit.*, pp. 495 a 513.

ALFARO ÁGUILA-REAL, Jesús: «Artículo 226. Protección de la discrecionalidad empresarial», en *Comentario de la reforma del régimen de las sociedades de capital en materia del gobierno corporativo (Ley 31/2014). Sociedades no cotizadas, cit.* pp. 325 a 360.

Ídem: «La junta, los acuerdos sociales, la prohibición de unanimidad y el reconocimiento de derechos de veto a los socios, en *Estudios orgánicos de las sociedades de capital. Liber Amicorum Fernando Rodríguez Artigas y Gaudencio Esteban Velasco,* vol. I, *cit.*, pp. 685 a 718.

Ídem: «El Derecho de Sociedades y la sociedad unipersonal (I)», disponible en *Almacén de Derecho (https://almacendederecho.org/derecho-sociedades-la-sociedad-unipersonal-i),* publicado el 21-09-2017; y «El Derecho de Sociedades y la sociedad unipersonal (II)», *ibídem (https://almacendederecho.org/derecho-sociedades-la-sociedad-unipersonal-ii),* publicado el 2.10.2017.

ALONSO BENITO, Carlota: «El emprendedor de responsabilidad limitada como alternativa a la sociedad unipersonal», en *Revista Ceflegal. CEF,* núm. 171 (abril 2015), pp. 5 a 42.

ALONSO LEDESMA, Carmen: «El conflicto de intereses como problema jurídico», en *Conflictos de intereses en las sociedades de capital: socios y administradores, cit.,* pp. 447 a 474.

ALONSO UREBA, Alberto: «La sociedad unipersonal», en *La Reforma del Derecho Español de sociedades de capital,* Colegio Nacional de Registradores de la Propiedad y Mercantiles de España y Notarial de Madrid, Madrid, 1987.

Ídem: «La 12ª Directiva comunitaria en materia de Sociedades relativa a la sociedad de capital unipersonal y su incidencia en el Derecho, doctrina y jurisprudencia española, con particular consideración en la RDGRN de 21 de junio de 1990», en *Derecho Mercantil de la Comunidad Económica Europea. Estudios Homenaje a José Girón Tena,* Madrid, 1991, pp. 63 a 118.

Ídem: «Consideraciones críticas sobre la reforma en materia de ‹sociedad en formación› y ‹sociedad irregular›», en *La reforma de la sociedad de responsabilidad limitada, cit.*, pp. 157 a 190.

Ídem: «Sociedad en formación *versus* sociedad irregular. Cuestiones de caracterización y de régimen», en *Derecho de sociedades de responsabilidad limitada,* vol. I, *cit.*, pp. 191 a 257.

ÁLVAREZ QUELQUEJEU, Luis Camilo: *La sociedad de responsabilidad limitada como instrumento de la concentración de empresas,* Secretariado de Publicaciones de la Universidad, Valladolid, 1958.

ANGELICI, Carlo: «*Società unipersonali: L'esperienza comparatistica*», en *Le Società,* 1993 (núm. 7), pp. 893 a 900.

APARICIO RAMOS, Julián: *Para un estudio de la sociedad unipersonal,* Oviedo, 1961.

ARAUJO BOYD, Marcos: «La adaptación del Derecho español a la Duodécima Directiva del Consejo en materia de Derecho de sociedades, relativa a las sociedades de responsabilidad limitada de socio único», en *La Ley,* 1992 (1), pp. 924 a 936.

ARMANNO, Maria: *La società a responsabilità limitata tra società di capitali e società di persone,* Cedam, Padua, 1990.

ARROYO MARTÍNEZ, Ignacio: «La sociedad unipersonal en el Derecho español», en *Revista Jurídica de Cataluña,* 1982, pp. 133 a 141.

AURIOLES MARTÍN, Adolfo: «La sociedad Anónima unipersonal en la reciente jurisprudencia. (A propósito de la sentencia del Tribunal Supremo de 27 de noviembre de 1985)», en *Revista de Derecho Mercantil,* 1986, núms. 179-180, pp. 185 a 204.

ÁVILA NAVARRO, Pedro: *La Sociedad Anónima,* 5 Tomos, Bosch, Barcelona, 1997.

Ídem: *La Sociedad Limitada,* 3 Tomos, 2ª ed., Bosch, Barcelona, 2008.

BADÍA LABAL, Enric: «Sociedades unipersonales y accionista único», en *Revista Jurídica de Cataluña,* 1986, pp. 781 a 791.

BARBA DE VEGA, José: «La adopción de acuerdos por escrito en las sociedades de responsabilidad limitada», en *Revista de Derecho Mercantil,* 1978 (núms. 147-148), pp. 51 a 105.

BAUMBACH/HUECK: *GmbH-Gesetz. Gesetz betreffend di Gesellschaften mit beschränkter Haftung,* 15ª ed., Múnich, 1988.

BERCOVITZ RODRÍGUEZ-CANO, Alberto: «Una visión crítica del Proyecto de Ley de Sociedades de Responsabilidad Limitada», en *La reforma de la sociedad de responsabilidad limitada, cit.*, pp. 81 a 108.

BERCOVITZ RODRÍGUEZ-CANO, Alberto; RODRÍGUEZ MARTÍNEZ, José Domingo; y BARBA DE VEGA, José: *La Sociedad de Responsabilidad Limitada,* Aranzadi, Pamplona, 1998.

BÉRGAMO, Alejandro: *Sociedades anónimas (Las acciones),* 3 Tomos, Madrid, 1970.

BISBAL I MÉNDEZ, Joaquín: «La sociedad anónima unipersonal», en *La reforma de la Ley de Sociedades Anónimas* (dir. por A. Rojo Fernández-Río), Madrid, 1987, pp. 71 a 103.

Ídem: «Los derechos económicos del socio», en *La reforma de la sociedad de responsabilidad limitada, cit.*, pp. 251 a 277.

Ídem: «Breve comentario a la nueva disciplina contable de la sociedades de capital», en *Derecho de sociedades de responsabilidad limitada,* vol. II, *cit.*, pp. 1189 a 1219.

BOLDÓ RODA, Carmen: *Levantamiento del velo y persona jurídica en el Derecho Privado Español,* 4ª edición, Aranzadi, Pamplona, 2006; y 1ª edición, Aranzadi, Pamplona, 1996.

Ídem: «Los conflictos indirectos en materia de administradores en las sociedades de capital», en *Conflictos de intereses en las sociedades de capital: socios y administradores, cit.,* pp. 419 a 445.

BOQUERA MATARREDONA, Josefina: *La concentración de acciones en un solo socio en las sociedades anónimas,* Tecnos, Madrid, 1990.

Ídem: *La sociedad unipersonal de responsabilidad limitada,* Cívitas, Madrid, 1996.

BOTANA AGRA, Manuel: «La sociedad de responsabilidad limitada de socio único en los Derechos comunitario y español», en *Cuadernos de Derecho y Comercio,* 1990 (núm. 8), pp. 31 a 55.

BOTER MAURI, Fernando: «Sociedades unipersonales», en *Revista de Derecho Privado,* 1947, pp. 31 a 39.

BOYLE, A. J; BIRDS, John; PENN, Graham: *Boyle & Birds' Company Law,* 2ª edición, Jordans, Bristol, 1987.

BRAGANTINI, Luigi: *L'Anonima con un solo azionista,* F. Vallardi, Milán, 1940.

BRAVO-VILLASANTE RIVERA, Fernando: *Limitación de responsabilidad del empresario individual,* Discurso leído el día 14 de junio de 1994, en el acto de recepción como Académico de Número de la Real Academia de Legislación y Jurisprudencia de Murcia, Murcia, 1994.

BROSETA PONT, Manuel: «Las empresas públicas en forma de sociedad anónima», en *Revista de Derecho Mercantil,* 1966 (núm. 100), pp. 267-290.

BUSTILLO SAIZ, María del Mar: *La impugnación de los actos perjudiciales para la masa activa en la Ley Concursal,* 2016.

CABANAS TREJO, Ricardo: «Las disposiciones transitorias», en *Derecho de sociedades de responsabilidad limitada,* vol. II, *cit.*, pp. 1.245 a 1.325.

CABANAS TREJO, Ricardo; CALAVIA MOLINERO, José Manuel: *Ley de Sociedades de Responsabilidad Limitada. Comentarios de urgencia a la Ley 2/1995, de 23 de marzo, de SRL,* Praxis, Barcelona, 1995.

CALVO SORIANO, Álvaro: «Consideraciones a la empresa mercantil individual de responsabilidad limitada», en *Homenaje a Juan Berchmans Vallet de Goytisolo,* vol. III, Consejo General del Notariado, Madrid, 1988, pp. 161 a 188.

CANARIS, Klaus Wilhelm: *El sistema en la Jurisprudencia,* trad. J. A. García Amado, Madrid, 1998.

CAPILLA RONCERO, Francisco de Sales: *La persona jurídica: funciones y disfunciones,* Madrid, 1984.

CARBAJO CASCÓN, Fernando: *La sociedad de capital unipersonal,* Cizur Menor (Navarra), 2002.

Ídem: «Capítulo XI. De la sociedad anónima unipersonal», en *Comentarios a la Ley de Sociedades Anónimas,* coordinado por I. Arroyo, J.M. Embid y C. Górriz, Volumen III, 2.ª edic., Madrid, 2009, pp. 2887 a 2982.

Ídem: «Deber de lealtad de los socios y conflictos de intereses con la sociedad», en *Diálogos com Coutinho de Abreu. Estudos oferecidos no Aniversário do Professor,* Coimbra, 2020, pp. 251 a 290.

CARLÓN SÁNCHEZ, Luis: *Ley de Sociedades de Responsabilidad Limitada,* Edersa, Madrid, 1984.

CASTÁN TOBEÑAS, José: *Derecho civil español común y foral,* tomo I, vol. 2 (*Teoría de la relación jurídica. La persona y los derechos de la personalidad. Las cosas*), 14ª edic., por J.L. De los Mozos, Madrid, 1984; Tomo III (*Derecho de obligaciones. La obligación y el contrato en general*), 14ª ed. Por G. García Cantero, Madrid, 1986.

DAIGRÉ, Jean-Jacques: «Entreprise unipersonelle à responsabilité limitée», en *Traité des Sociétés,* vol. IV, fasc. 82, Juris Classeur, París, 1995.

DE CASTRO Y BRAVO, Federico: «La acción pauliana y la responsabilidad patrimonial. Estudio de los arts. 1911 y 1111 del CC», en *Revista de Derecho Privado,* 1932, pp. 193 y ss.

Ídem: *La persona jurídica,* 2ª ed., Cívitas, Madrid, 1984.

Ídem: *El negocio jurídico,* Cívitas, Madrid, 1985.

DE ÁNGEL YÁGÜEZ, Ricardo: *La doctrina del «levantamiento del velo»*, 7ª ed., Cívitas, Madrid, 2017.

DE GISPERT PASTOR, María Teresa: «Afectación del patrimonio de pequeños empresarios a los riesgos del negocio», en *Revista de Derecho Mercantil*, 1982 (núm. 164), pp. 283 a 298.

DE LA CÁMARA ÁLVAREZ, Manuel: «La sociedad unipersonal y la responsabilidad del *dominus societatis*», separata del *Ciclo de Conferencias del Colegio Notarial de Barcelona*, 1973, pp. 15 y ss.

Ídem: *Estudios de Derecho mercantil*, 2 vols., 2ª ed., Edersa, Jaén, 1977.

Ídem: «El contrato de sociedad ¿Crisis del concepto?», en *Academia Sevillana del Notariado*, 1993, VII, pp. 425 y ss.

Ídem; *Curso sobre sociedades de responsabilidad limitada*, Consejo General del Notariado, Madrid, 1998.

DE LA CÁMARA ÁLVAREZ, Manuel; DE PRADA GONZÁLEZ, José María: *«Sociedades comerciales (El empresario individual de responsabilidad limitada. El levantamiento del velo de la personalidad jurídica de las sociedades mercantiles. Necesidad de la escritura pública en la constitución de las sociedades comerciales y sus modificaciones»*, en *Revista de Derecho Notarial*, 1973 (julio-diciembre), pp. 7-403.

DE LA RÚA NAVARRO, Jorge: «Artículo 192. Principio de universalidad», en *Comentario al texto refundido de la Ley Concursal. Comentario Judicial, Notarial y Registral*, dirigido por Prendes Carril y Fachal Noguer, Tomo I, Cizur Menor (Navarra), 2021, pp. 941 a 946.

DE SOLÁ CAÑIZARES, Felipe: «*L'Entreprise individuelle à responsabilité limitée*», en *Revue Trimestrielle de Droit Commercial*, 1948 (vol. I), pp. 376 a 387.

DIÁZ DE ENTRE-SOTOS FORNS, María: *El autocontrato*, Tecnos, Madrid, 1990.

DÍAZ MORENO, Alberto: «Capítulo III. La sociedad unipersonal», en *Comentario a la Ley de Sociedades de capital*, dirigido por Rojo y Beltrán, Tomo I, Cizur Menor (Navarra), 2011, pp. 256 a 297.

Ídem: «Responsabilidad del socio único por falta de inscripción tempestiva de la unipersonalidad sobrevenida en el Registro Mercantil (STS 19 de julio de 2016). Comentario a la STS 19 julio 2016 (RJ 2016, 3781)», en *Cuadernos Civitas de jurisprudencia civil*, 2017 (núm. 103), pp. 455 a 470.

Ídem: «Deber de abstención del socio en conflicto (art. 190.1 LSC) y ámbito de autonomía estatutaria», en *Estudios de Derecho de sociedades y de Derecho concursal: libro en homenaje al profesor Jesús Quijano González*, coord. por Mª J. Peñas Moyano, 2023, pp. 203 a 218.

DÍEZ-PICAZO, Luis: *La representación en el Derecho privado*, Cívitas, Madrid, 1979.

Ídem: *Fundamentos del Derecho Civil Patrimonial*, 4ª edic., vol. II (*Las relaciones obligatorias*), Cívitas, Madrid, 1993.

DOMÍNGUEZ GARCÍA, Manuel Antonio: «La fundación de la sociedad de responsabilidad limitada: escritura y estatutos», en *La Reforma del Derecho de Sociedades de Responsabilidad Limitada*, en *Derecho de Sociedades*, 1994 (núm. extraord.), pp. 71 a 89.

Ídem: «La fundación de la sociedad de responsabilidad limitada: escritura y estatutos», en *Derecho de sociedades de responsabilidad limitada*, vol. I, *cit.*, pp. 147 a 190.

DONADIO, Alfonso; PETTINARI, Alberto: *Manuale della società a responsabilità limitata con unico socio*, Giuffrè, Milán, 1993.

DUQUE DOMÍNGUEZ, Justino Florencio: «La 12ª Directiva del Consejo [89/67/CEE de 21 de diciembre de 1989] sobre la Sociedad de responsabilidad limitada de socio único en el horizonte de la empresa individual de responsabilidad limitada», en *Derecho mercantil de la Comunidad Económica Europea. Estudios en homenaje a José Girón Tena*, Madrid, 1991, pp. 241 a 289.

EDER, Karl; HEUSER, Paul J; TILLMANN, Bert; GAUL, Dieter: *GmbH-Handbuch*, Dr. Otto Schmidt, 3 vols., 13ª edic., Colonia, 1992.

EHRENBERG, Victor: *Beschränkte Haftung des Schuldners nach See– und Handelsrecht*, Jena, 1880.

EIZAGUIRRE, José María De: «La condición de socio de la SRL», en *Derecho de sociedades de responsabilidad limitada*, vol. I, *cit.*, pp. 305 a 331.

EKKENGA, Jens: «*Insichgeschäfte geschäftsführender Organe im Aktien– und GmbH-Recht unter besonderer Berücksichtigung der Einmann-Gesellschaft*», en *Die Aktiengesellschaft*, 1985, pp. 40 a 48.

EMBID IRUJO, José Miguel: «Cuestiones tipológicas de la sociedad de responsabilidad limitada», en *La reforma de la sociedad de responsabilidad limitada, cit.*, pp. 109 a 130.

Ídem: «Perfiles, grados y límites de la personalidad jurídica en la Ley de Sociedades Anónimas», en *Estudios de Derecho Mercantil en Homenaje al Profesor Manuel Broseta Pont*, t. I, Valencia, 1995, pp. 1023 a 1045.

Ídem: «La problemática de los grupos», en *Derecho de sociedades de responsabilidad limitada*, vol. II, Madrid, 1996, pp. 1224 a 1242.

Ídem: «Tipos sociales capitalistas y conflictos de interés», en *Conflictos de intereses en las sociedades de capital: socios y administradores, cit.*, pp. 31 a 72.

EMPARANZA SOBEJANO, Alberto: «Conflictos de intereses en la sociedad unipersonal», en *Conflictos de intereses en las sociedades de capital: socio y administradores, cit.*, pp. 73 a 89.

ESTEBAN VELASCO, Gaudencio: «Estructura orgánica de la sociedad de responsabilidad limitada», en *La reforma del Derecho de Sociedades de Responsabilidad Limitada,* en *Derecho de Sociedades,* 1994, (núm. extraordinario), pp. 385 a 405.

Ídem: «Algunas reflexiones sobre la estructura orgánica de la sociedad de responsabilidad limitada en la nueva Ley», en *Derecho de sociedades de responsabilidad limitada,* vol. I, *cit.*, pp. 549 a 585.

FARRANDO MIGUEL, Ignacio: «*La societá anomina unipersonale nell'Ordinamento spagnolo*», en *Le Societá,* 1994, núm. 6, pp. 837 a 844.

FERNÁNDEZ DE LA GÁNDARA, Luis: «La sociedad de responsabilidad limitada en el sistema español de sociedades de capital», en *Derecho de sociedades de responsabilidad limitada,* vol. I, *cit.*, pp. 3 a 37.

FERNÁNDEZ DEL POZO, Luis: «Empresario individual de responsabilidad limitada. Anexo a la legislación comparada», en *Revista Crítica de Derecho Inmobiliario,* 1990 (marzo-abril), núm. 597, pp. 539 a 544.

Ídem: *El empresario individual de responsabilidad limitada en el nuevo Registro Mercantil: sujetos y función mercantil registral. Crítica general sobre su ámbito institucional,* Colegio de Registradores de la Propiedad y Mercantiles de España, Centro de Estudios Registrales, Madrid, 1990.

FERNÁNDEZ GONZÁLEZ, Víctor: «El procedimiento de microempresas y microempresarios: el plan de continuación como solución a la insolvencia», en *Comentario a la Reforma del texto refundido de la Ley Concursal,* dirigido por Prendes Carril y Fachal Noguer, Cizur Menor (Navarra), 2022, pp. 521 a 574.

FERNÁNDEZ VARA, Julio-Jesús: *Socio único, cónyuge, mandatario y otros autocontratos ante el Registro de la Propiedad,* Madrid, 1991.

FERRI, Giuseppe: *La società,* en *Trattato di Diritto civile italiano fondato da Filippo Vassalli,* vol. X, t. 3, 2ª edic., Utet, Turín, 1985.

FISCHER, Rodolfo: *Las Sociedades Anónimas. Su régimen jurídico,* trad. W. Roces, Reus, Madrid, 1934.

FISCHER, Robert; LUTTER, Marcus; HOMMELHOFF, Peter: *GmbH-Gesetz. Kommentar,* 12 ª edic., Dr. Otto Schmidt, Colonia, 1987.

FUENTES DEVESA, Rafael: «Artículo 226. Acciones rescisorias de los actos del deudor», en *Comentario al texto refundido de la Ley Concursal. Comentario Judicial, Notarial y Registral,* dirigido por Prendes Carril y Fachal Noguer, Tomo I, Cizur Menor (Navarra), 2021, pp. 1159 a 1170.

Ídem: «Artículo 238. Otras acciones de impugnación de los actos de deudor», en *Comentario al texto refundido de la Ley Concursal. Comentario Judicial, Notarial y Registral,* cit., pp. 1227 a 1238.

GALÁN CORONA, Eduardo: «La Junta General», en *La reforma de la sociedad de responsabilidad limitada, cit.*, pp. 493 a 522.

GALÁN LÓPEZ, Carmen: «La transmisión forzosa y la transmisión *mortis causa* de las participaciones sociales», en *Derecho de sociedades de responsabilidad limitada,* vol. I, *cit.*, pp. 459 a 493.

GALGANO, Francesco: *Las instituciones de la economía capitalista. Sociedad anónima, Estado y clases sociales,* trad. de la edición italiana (Bolonia, 1974) por C. Alborch Bataller y M. Broseta Pont, Ariel, Barcelona, 1990.

GARCÍA COLLANTES, Antonio Carmelo: «Sociedades unipersonales: Nuevas orientaciones», en *Anales de la Academia Matritense del Notariado,* t. XXXI (1992), pp. 271 a 301.

Ídem: «Capítulo XI. Sociedad unipersonal de responsabilidad limitada», en *La sociedad de responsabilidad limitada,* Colegios Notariales de España, Madrid, 1995, pp. 541 a 551.

GARCÍA ÁLVAREZ, Sixto: *La «O.I.», persona jurídica mercantil de fisonomía unipersonal,* Madrid, 1944.

GARCÍA VILLAVERDE, Rafael: «Exclusión de socios», en *La reforma del Derecho de Sociedades de Responsabilidad Limitada,* en *Derecho de Sociedades,* 1994 (núm. extraord.), pp. 367 a 381.

GARRIDO DE PALMA, Víctor Manuel: *La sociedad de responsabilidad limitada,* Trivium, Madrid, 1992.

GARRIGUES, Joaquín; URÍA, Rodrigo: *Comentario a la Ley de Sociedades Anónimas,* 2 Vols., 3ª edición a cargo de A. Menéndez y M. Olivencia, Madrid, 1976.

GARRIGUES, Joaquín: *Tratado de Derecho mercantil,* Tomo I, vol. I.º (Madrid 1947) y Tomo III, Vol. I.º (Madrid, 1963).

Ídem: *Curso de Derecho mercantil,* II, 7ª edición por F. Sánchez Calero, Madrid, 1980.

GINER GARCÍA, David: «Responsabilidad del socio único por incumplimiento del artículo 126.1 y disposición transitoria octava de la Ley 2/95; ¿Una regulación estéril», en *Actualidad Jurídica Aranzadi,* 1996 (año VI), núm. 231.

GIRÓN TENA, José: *Estudios de Derecho Mercantil,* Madrid, 1955.

Ídem: *Derecho de Sociedades,* vol. I, Madrid, 1976.

GOLDSCHMIDT, Levin: *Storia universale del Diritto commerciale,* trad. italiana de Scialoja y Pouchain, Turín, 1913.

GÓMEZ MENDOZA, María: «Cláusulas estatutarias de transmisión voluntaria por actos *inter vivos* de las participaciones sociales de una sociedad de responsabilidad limitada», en *Derecho de sociedades de responsabilidad limitada*, vol. I, *cit.*, pp. 397 a 426.

GOWER, L.C.B: *Gower's Principles of modern Company Law*, 5ª edición, Sweet & Maxwell, Londres, 1992.

GRISOLI, Angelo: «*Unipersonalità, patrimonio separato, impresa individuale a responsabilità limitata e problemi affini*», en *Rivista Trimestrale di Diritto e Procedura Civile*, 1967, pp. 286 y ss.

Ídem: *Las sociedades de un solo socio*, trad. por A. González Iborra, Edersa, Madrid, 1977.

GUI MORI, Tomás: «La sociedad unipersonal. Comentario a la R. 21 Jun. 1990 DGRN», en *La Ley*, 1990 (4), pp. 886 a 900.

HACHENBURG: *Gesetz betreffend die Gesellschaften mit beschränkter Haftung (GmbHG) Großkommentar*, 8ª edic. por Peter ULMER, vol. I (1992), 3ª Lief. (1991), 5ª Lief. (1992), Walter de Gruyter, Berlín-Nueva York.

HERNÁNDEZ GIL, Antonio: *Derecho de obligaciones*, Espasa-Calpe, Madrid, 1988.

HERNÁNDEZ MARTÍ, Juan: «Consideraciones en torno a la autocontratación de los administradores de la sociedad anónima», en *Estudios de Derecho mercantil en Homenaje al Profesor Manuel Broseta Pont*, vol. II, Tirant lo Blanch, Valencia, 1995, pp. 1.704 a 1.728.

HERRERO MORO, Guillermo; FERNÁNDEZ DEL POZO, Luis; GONZÁLEZ DEL VALLE, Francisco Javier: «El empresario individual de responsabilidad limitada en Derecho comparado», en *Revista Crítica de Derecho Inmobiliario*, 1989, pp. 1831 a 1940.

Ídem: «El empresario individual de responsabilidad limitada: ventajas, problemas, soluciones», en *Revista Crítica de Derecho Inmobiliario*, 1990, pp. 15 a 36.

HIERRO ANIBARRO, Santiago: *El origen de la sociedad anónima en España: la evolución del asiento de avería y el proyecto de compañías de comercio de Olivares (1521-1633)*, Tecnos, Madrid, 1998.

HUECK, Götz: *Gesellschaftsrecht*, 19ª ed., C.H. Beck, Múnich, 1991.

HÜFFER, Uwe: «*Zuordnungsprobleme und Sicherung der Kapitalaufbringung bei der Einmanngründung der GmbH*», en *Zeitschrift für das gesamte Handelsrecht und Wirtschaftsrecht*, 1981 (145), pp. 521 a 539.

IBBA, Carlo: *La società a responsabilità limitata con un solo socio (Commento al d.lg. 3 marzo 1993 n. 88)*, G. Giappichelli, Turín, 1995.

IGLESIAS PRADA, Juan Luis: «La Sociedad Unipersonal y el Proyecto de Ley de Sociedades de Responsabilidad Limitada» en *La Reforma de la Sociedad de Responsabilidad Limitada*, Consejo General de los Colegios Oficiales de Corredores de Comercio, Dykinson, Madrid, 1994, pp. 907 a 939.

Ídem: «Los órganos sociales en el Anteproyecto de Ley de Sociedades de Responsabilidad Limitada», en *Revista Crítica de Derecho Inmobiliario*, 1994, pp. 183 y ss.

ILLESCAS ORTIZ, Rafael: *Las cuentas anuales de la sociedad anónima*, en URÍA, MENÉNDEZ y OLIVENCIA, *Comentario al régimen legal de las sociedades mercantiles*, Tomo VIII, vol. 2, Madrid, 1993.

IRIBARREN BLANCO, M: *La responsabilidad de los socios por los acuerdos de la junta general*, Aranzadi, Cizur Menor (Navarra), 2022.

JIMÉNEZ SÁNCHEZ, Guillermo: «Las aportaciones sociales en el Proyecto de Ley de Sociedades de Responsabilidad Limitada», en *Estudios de Derecho mercantil en homenaje al Profesor Manuel Broseta Pont*, Valencia, 1995, pp. 1835 y ss.

JIMÉNEZ SÁNCHEZ, Guillermo Jesús; DÍAZ MORENO, Alberto: *Sociedad unipersonal de responsabilidad limitada (Artículos 125 a 129 de la Ley de Sociedades de Responsabilidad Limitada)*, en *Comentario al Régimen Legal de las Sociedades Mercantiles*, dirigido por Uría, Menéndez y Olivencia, Tomo XIV, Volumen 5.º, Madrid, 1998.

JORDANO BAREA, Juan Bautista: «La sociedad de un solo socio», en *Revista de Derecho Mercantil*, 1964 (núm. 91), pp. 7 a 34.

JUSTE MENCÍA, Javier: «Artículo 236. Presupuestos y extensión subjetiva de la responsabilidad», en *Comentario de la reforma del régimen de las sociedades de capital en materia de gobierno corporativo (Ley 31/2014). Sociedades no cotizadas*, coordinado por Juste Mencía, Cizur Menor (Navarra), 2015, pp. 443 a 462.

Ídem: «Artículo 224. Deber general de diligencia», en *Comentario de la Ley de Sociedades de Capital*, dir. J.A. García-Cruces e I. Sancho Gargallo, Tomo III, Valencia, 2021, pp. 3093 a 3103.

Ídem: «Artículo 225. Deber general de diligencia», en *Comentario de la Ley de Sociedades de Capital*, T. III, *cit.*, pp. 3091 a 3103.

Ídem: «Artículo 227. Deber de lealtad», en *Comentario de la reforma del régimen de las sociedades de capital en materia del gobierno corporativo (Ley 31/2014). Sociedades no cotizadas, cit.* pp. 361 a 375.

Ídem: «Artículo 229. Deber de evitar situaciones de conflicto de interés», en *Comentario de la reforma del régimen de las sociedades de capital en materia del gobierno corporativo (Ley 31/2014). Sociedades no cotizadas, cit.*, pp. 395 a 412.

KANT, Immanuel: *Metaphysische Anfangsgründe der Naturwissenschaft*, Riga, 1786.

KLUNZINGER, Eugen: *Grundzüge des Gesellschaftsrechts*, 7ª edic., Múnich, 1991.

KOBERG, Peter: *Die Entstehung der GmbH in Deutschland und Frankreicht,* Dr. Otto Schmidt, Colonia, 1992.

KÜBLER, Friedrich: *Gesellschaftsrecht. Die privatrechtlichen Ordnungsstrukturen und Regelungsprobleme von Verbänden und Unternehmen,* 4ª edic., C.F. Müller, Heidelberg, 1994.

LAMBERT-FAIVRE, Yvonne: «*L'entreprise et ses formes juridiques*», en *Revue Trimestrielle de Droit Commercial et de Droit Économique,* 1968, pp. 907 a 975.

LARA GONZÁLEZ, Rafael: *El depósito de cuentas anuales: causas controvertidas de calificación registral,* Thomson Reuters Aranzadi, Cizur Menor (Navarra), 2019.

Ídem: «La contabilidad del empresario y el registro mercantil», en *Derecho mercantil I: concepto, el empresario, estatuto jurídico e instituciones auxiliares, derecho de la propiedad industrial y derecho de la competencia, derecho de sociedades,* coordinado por J. Miquel Rodríguez, 2ª edición, Atelier, Barcelona, 2023, pp. 61-76.

LARGO GIL, Rita: «La nulidad de la sociedad de responsabilidad limitada», en *Derecho de sociedades de responsabilidad limitada,* vol. I, *cit.*, pp. 259 a 301.

LUTTER, Marcus; HOMMELHOFF, Peter: *GmbH-Gesetz. Kommentar,* 14ª edic., Colonia, 1995.

LUTTER, Marcus: *Europäisches Unternehmensrecht,* 3ª ed., Walter de Gruyter, Berlín, 1991.

LUTTER, Marcus; ULMER, Peter; ZÖLLNER, Wolfgang: *Festschrift 100 Jahre GmbH-Gesetz,* Otto Schmidt, Colonia, 1992.

MAIBERG, Hermann: *Gesellschaftsrecht,* 7ª edic., Munich-Viena, 1990.

MANRESA Y NAVARRO, José María: *Comentario al Código Civil español,* T. XI, 4.ª edición, Madrid, 1931.

MARASÀ, Giorgio: «*Su una proposta di riforma dell'art. 2247 c.c. La nuova nozione di società*», en *Giurisprudenza Commerciale,* 1992, I, pp. 1005 y 1013.

MARINA GARCÍA-TUÑÓN, Ángel: «Adquisición por la sociedad de sus propias participaciones», en *Derecho de sociedades de responsabilidad limitada,* vol. I, *cit.*, pp. 515 a 545.

MAROCCO, Antonio María; MORANO, Alberto; RAYNAUD, Daniele: *Società a responsabilità limitata,* Milán, 1992.

MARTÍN RETORTILLO, C: *La lucha contra el fraude civil (La acción pauliana),* Barcelona, 1943.

MARTÍN ROMERO, Juan Carlos: «La sociedad unipersonal de responsabilidad limitada», en *La empresa familiar ante el Derecho. El empresario individual y la sociedad de carácter familiar,* Seminario organizado por el Consejo General del Notariado en la UIMP (dirigido por V.M. Garrido de Palma), Cívitas, Madrid, 1995, pp. 115 a 173. Publicado también en la *Revista General del Derecho,* 1994 (núm. 596), pp. 5553 a 5602.

MASSAGUER FUENTES, José: «La infracapitalización: la postergación legal de los créditos de los socios», en *La reforma de la sociedad de responsabilidad limitada, cit.*, pp. 941 a 977.

Ídem: «Artículo 232. Acciones derivadas de la infracción del deber de lealtad», en *Comentario de la reforma del régimen de las sociedades de capital en materia del gobierno corporativo (Ley 31/2014). Sociedades no cotizadas, cit.*, pp. 427 a 439.

MENÉNDEZ, Aurelio: «Notas sobre la significación histórica, el proceso de formación y la orientación fundamental del Proyecto de Ley de Sociedades de Responsabilidad Limitada», en *La reforma de la sociedad de responsabilidad limitada, cit.*, pp. 19 a 34.

MIGUEL TRAVIESAS, Manuel: «La acción pauliana», en *Revista General de Legislación y Jurisprudencia,* 1920, pp. 97 a 115.

Ídem: «Las personas jurídicas», en *Revista de Derecho Privado,* 1921 (núms. 94-95), pp. 193 a 210.

MORILLAS JARILLO, María José: *El concurso de las sociedades,* Madrid, 2004.

MOTOS GUIRAO, Miguel: «Tribunal Supremo. Reseña del año 1954», en *Revista de Derecho Mercantil,* 1955 (núm. 55), pp. 177 a 186.

MUÑOZ PLANAS, José María: «Código de Comercio y Derecho marítimo», en *Centenario del Código de Comercio,* vol. I, Madrid, 1986, pp. 389 a 420.

Ídem: «La sociedad unipersonal», Conferencia pronunciada en la Cámara de Comercio Industria y Navegación de Oviedo, en noviembre de 1990.

NIETO CAROL, Ubaldo: «Régimen jurídico de las participaciones sociales», en *La Reforma de la Sociedad de Responsabilidad Limitada,* Consejo General de Colegios Oficiales de Corredores de Comercio, Madrid, 1994, pp. 365 a 372.

Ídem: «La Res. DGRN de 5 de enero de 1993. La sociedad unipersonal», en *Cuadernos de Derecho y Comercio,* 1993 (núm. 12), pp. 230 y ss.

OLIVENCIA RUIZ, Manuel: «Las prestaciones accesorias», en *La reforma de la sociedad de responsabilidad limitada, cit.*, pp. 227 a 250.

OPPO, Giorgio: *Società, contrato, responsabilità (a proposito della nuova società a responsabilità limitata)*», en *Rivista di Diritto Civile,* 1993, II, pp. 183 a 191.

PALÁ BERDEJO, Francisco: «La junta general con asistencia de un solo socio», en *Revista de Derecho Mercantil,* 1964 (núm. 93), pp. 253 a 274.

PAZ-ARES RODRÍGUEZ, José Cándido: «Sobre la infracapitalización de las sociedades», *Anuario de Derecho Civil,* 1983, pp. 1.587 a 1.639.

Ídem: *La responsabilidad del socio colectivo,* Madrid, 1993.

Ídem: «Título VIII. De la sociedad», en *Comentario del Código Civil,* dirigido por Paz-Ares, Díez-Picazo, R. Bercovitz y Salvador, Tomo II, Ministerio de Justicia, 2ª edic., Madrid, 1993, pp. 1299 a 1523.

Ídem: «La infracapitalización. Una aproximación contractual», en *La Reforma del Derecho de Sociedades de Responsabilidad Limitada,* en *Revista de Derecho de Sociedades,* 1994 (núm. extraord.), pp. 253 a 269; más recientemente, en *Derecho de sociedades de responsabilidad limitada,* vol. I, *cit.,* pp. 65 a 86.

Ídem: «La sociedad mercantil...» en *Curso de Derecho mercantil,* dirigido por Uría y Menéndez, Tomo I, 2ª edición, Cizur Menor (Navarra), 2006, pp. 531 a 612.

PERDICES HUETOS, Antonio Bienvenido: «Título VIII. De la sociedad», en *Comentarios al Código Civil,* dirigido por R. Bercovitz, Tomo VIII, Valencia, 2013, pp. 11483 a 11664.

PÉREZ BENÍTEZ, Jacinto José: «Art. 283. Personas especialmente relacionadas con el concursado persona jurídica», en *Comentario al texto refundido de la Ley Concursal. Comentario Judicial, Notarial y Registral,* dirigido por Prendes y Fachal, T. I, Cizur Menor (Navarra), 2021, pp. 1607 a 1624.

PÉREZ DE LA CRUZ BLANCO, Antonio: *s.v.* «Sociedad de responsabilidad limitada», en *Enciclopedia jurídica básica,* Cívitas, vol. IV, Madrid, 1995, pp. 6308 y ss.

PILOÑETA ALONSO, Luis Manuel: «La sociedad unipersonal en sí y en sus relaciones con el socio único», en *Derecho de Sociedades. Libro homenaje a Fernando Sánchez Calero,* volumen IV, editorial McGraw-Hill, Madrid, 2002, pp. 3889 a 3937.

Ídem: *Contratos Mercantiles,* Tirant Lo Blanch, Valencia, 2020.

Ídem: «Acerca de la sociedad unipersonal», en *Repositorio Institucional de la Universidad de Oviedo (RUO),* 2021, URI https://hdl.handle.net/10651/71820.

Ídem: «La sociedad unipersonal como paradigma jurídico», Discurso de ingreso en la Real Academia Asturiana de Jurisprudencia (17.10.2022), Universidad de Oviedo, Oviedo, 2023; también en *Repositorio Institucional de la Universidad de Oviedo (RUO),* http://hdl.handle.net/10651/67308.

POLO DÍEZ, Antonio: «Recensión al *Handelsrecht* de Wieland», en *Revista de Derecho Privado,* 1932, pp. 124 y ss.

Ídem: *Leyes mercantiles y económicas,* Vols. I a V, en *Revista de Derecho Privado,* Madrid, 1956.

POLO SÁNCHEZ, Eduardo: *Los administradores y el consejo de administración de la sociedad anónima (Artículos 123 a 143 de la Ley de Sociedades Anónimas),* en *Comentario al Régimen Legal de las Sociedades Mercantiles,* dirigido por Uría, Menéndez y Olivencia, Tomo VI, Madrid, 1992.

Ídem: «La reforma del régimen jurídico de los administradores de la sociedad de responsabilidad limitada. Aspectos tipológicos y normativos», en *La reforma de la sociedad de responsabilidad limitada, cit.*, pp. 523 a 624.

PORFIRIO CARPIO, Leopoldo José: «La Duodécima Directiva CEE: la sociedad de responsabilidad limitada de socio único», en *Derecho de los Negocios,* 1991 (núm. 14), pp. 7 a 13.

PRENDES CARRIL, Pedro: *La Sociedad de Responsabilidad Limitada. Compendio de Jurisprudencia Comentada,* 2ª ed., Aranzadi, Cizur Menor (Navarra), 2008.

QUIJANO GONZÁLEZ, Jesús: «Principales aspectos del estatuto jurídico de los administradores: nombramiento, duración, retribución, conflicto de interés, separación. Los suplentes», en *Derecho de sociedades de responsabilidad limitada,* vol. I, *cit.*, pp. 643 a 676.

Ídem: «Artículo 240. Legitimación subsidiaria de los acreedores para el ejercicio de la acción social», en *Comentario de la Ley de Sociedades de Capital,* dirigido por Rojo y Beltrán, T. I, Madrid, 2011. pp. 1721 a 1728.

RAISER, Thomas: *Recht der Kapitalgesellschaften,* 2ª edic., Vahlen, Múnich, 1992.

RECALDE CASTELLS, Andrés Juan: «Artículo 161. Intervención de la junta general en asuntos de gestión», en *Comentario de la Reforma del Régimen de las Sociedades de Capital en materia de Gobierno Corporativo (Ley 31/2014), cit.* pp. 51 a 63.

Ídem: «Artículo 190. Conflicto de intereses», en *Comentario de la Reforma del Régimen de las Sociedades de Capital en materia de Gobierno Corporativo (Ley 31/2014), cit.* pp. 67 a 88.

ROCA FERNÁNDEZ-CASTANYS, Juan Antonio: «Reflexiones en torno a la sociedad unipersonal», en *Revista de Derecho Mercantil,* 1991 (núm. 201), pp. 467 a 487.

RODRÍGUEZ ARTIGAS, Fernando: «La Junta General de socios», en *Derecho de sociedades de responsabilidad limitada,* vol. I, *cit.*, pp. 587 a 642.

RODRÍGUEZ DEL BARCO, José: «Sociedades y empresas mercantiles unipersonales», en *Revista General de Derecho,* 1966, pp. 786 a 802.

ROIG Y BERGADÁ, José: «Aplicación del principio de la responsabilidad limitada a los comerciantes individuales», conferencia pronunciada en

1918 y publicada como apéndice a su *Sociedades de responsabilidad limitada,* 2ª edic., Barcelona, 1930.

ROJO FERNÁNDEZ-RÍO, Ángel José: «La sociedad de responsabilidad limitada: problemas de política y de técnica legislativas», en *La reforma de la sociedad de responsabilidad limitada, cit.*, pp. 35 a 79.

RONCERO SÁNCHEZ, Antonio: «Sociedad unipersonal de responsabilidad limitada», en *La reforma del Derecho de sociedades de responsabilidad limitada,* núm. monográfico de la *Revista de Derecho de Sociedades,* 1994, pp. 129 a 149.

Ídem: «La sociedad de capital unipersonal», en *Derecho de sociedades de responsabilidad limitada,* vol. II, *cit.*, pp. 1123 a 1186.

Ídem: «Capítulo III. La sociedad unipersonal», en *Comentario de la Ley de Sociedades de Capital,* dirigido por García-Cruces y Sancho Gargallo, T. I, Valencia, 2021, pp. 473 a 556.

ROTONDI, Mario: «*Limitazione della responsabilità mediante fondazione di un ente autonoma (Proposta di una legge comune europea)*», en *Études de droit commercial en l'honeur de Paul Carry,* Ginebra, 1964, pp. 64 y ss.; de igual modo en *Revista General de Legislación y Jurisprudencia,* 1967, pp. 805 y ss. Bajo el título de *La limitation de la responsabilité dans l'entreprise individuelle,* en *Revue Trimestrielle de Droit Commercial et de Droit Économique,* 1968 (t. XXI), pp. 1 a 21.

RUBIO, Jesús: *Curso de derecho de sociedades anónimas,* 3ª edición, Madrid, 1974.

SACRISTÁN REPRESA, Marcos: «Concepto y número mínimo de fundadores. Sociedad Unipersonal», en *Derecho de sociedades anónimas* (coord. por Alonso Ureba, Duque Domínguez, Esteban Velasco, García Villaverde y Sánchez Calero), vol. I, Madrid, 1991, pp. 457 y ss.

Ídem: «Las prestaciones accesorias», en *Derecho de sociedades de responsabilidad limitada,* vol. I, *cit.*, pp. 363 a 394.

SÁENZ GARCÍA DE ALBIZU, Juan Carlos: *El objeto social en la sociedad anónima,* Cívitas, Madrid, 1990.

SAINTOURENS, Bernard: *L'Entreprise en société à responsabilité limitée,* Dalloz, París, 1994.

SÁNCHEZ CALERO, Fernando: *La determinación y la distribución del beneficio neto en la sociedad anónima,* Roma-Madrid, 1955.

Ídem: «Escritura y estatutos sociales», en *La Reforma de la Sociedad de Responsabilidad Limitada, cit.*, pp. 131 a 155.

Ídem: *Administradores*, en *Comentarios a la Ley de Sociedades Anónimas*, dirigido por F. Sánchez Calero, Tomo IV, Edersa, Madrid, 1994.

Ídem: *La junta general en las sociedades de capital*, Aranzadi, Cizur Menor (Navarra), 2007.

SÁNCHEZ CALERO, Fernando y SÁNCHEZ-CALERO GUILARTE, Juan: *Instituciones de Derecho Mercantil*, 37ª edición, Aranzadi, Pamplona, 2015.

Ídem: *Principios de Derecho Mercantil*, 28ª edición, Aranzadi, Cizur Menor (Navarra), 2023.

SÁNCHEZ-CALERO GUILARTE, Juan: «El conflicto de intereses en la sociedad limitada», en *Derecho de sociedades de responsabilidad limitada*, vol. I, *cit.*, pp. 677 a 701.

SÁNCHEZ MIGUEL, María Candelas: «Las aportaciones en la sociedad de responsabilidad limitada, en particular las no dinerarias. Realidad y valoración», en *Derecho de sociedades de responsabilidad limitada*, vol. I, *cit.*, pp. 333 a 361.

SÁNCHEZ RUS, Heliodoro: «La sociedad de un solo socio», en *Revista General del Derecho*, 1994 (núm. 603), pp. 12911 a 12957.

SANCHO GARGALLO, Ignacio: «Artículo 455. Sentencia de calificación» y «Artículo 456. Condena a la cobertura del déficit», en *Comentario al texto refundido de la Ley Concursal. Comentario Judicial, Notarial y Registral*, dirigido por Prendes Carril y Fachal Noguer, Tomo I, Cizur Menor (Navarra), 2021, pp. 516 a 535 y 535 a 559.

Ídem: «Artículo 190. Conflicto de intereses», en *Comentario de la Ley de Sociedades de Capital*, tomo III, *cit.* pp. 2657 a 2676.

Ídem: «Artículo 206. Legitimación para impugnar», en *Comentario de la Ley de Sociedades de Capital*, tomo III, *cit.* pp. 2887 a 2906.

SAVIGNY, Friedrich Karl von: *System des heutiguen römischen Rechts*, vol. I, Berlín, 1840.

SCHMIDT, Karsten: «*Einmanngründung und Einmann-Vorgesellschaft*», en *Zeitschrift für das gesamte Handelsrecht und Wirtschaftsrecht*, 1981 (núm. 145), pp. 540 a 564.

Ídem: *Gesellschaftsrecht*, 3ª edic., Carl Heymanns, Colonia, 1997.

SCHOLZ: *Kommentar zum GmbH-Gesetz*, vol. I (§§ 1-44), 8ª edic., Colonia, 1993.

SCOGNAMIGLIO, Giuliana: «*La disciplina della s.r.l. unipersonale: profili ricostruttivi*», en *Giurisprudenza Commerciale*, 1994 (XXI), I, pp. 237 a 265.

SEQUEIRA MARTÍN, Adolfo: «Normas supletorias para la transmisión voluntaria por actos *inter vivos* de las participaciones sociales, en *Derecho de sociedades de responsabilidad limitada,* vol. I, *cit.,* pp. 427 a 457.

Ídem: «Las formas jurídicas de las empresas. La empresa individual limitada, el contrato de sociedad y la institución de las acciones», en *Revista de Derecho Mercantil,* 1952 (núm. 39), pp. 293 a 348.

SERICK, Rolf: *Apariencia y realidad en las sociedades mercantiles: El abuso de derecho por medio de la persona jurídica,* traducción y comentarios de J. Puig Brutau, prólogo de A. Polo Díez, Barcelona, 1958.

SOTO BISQUERT, Antonio: «La sociedad unipersonal», en *Anales de la Academia Matritense del Notariado,* t. XXIX (1990), pp. 147 a 195.

SOTO VÁZQUEZ, Ricardo: *El nuevo régimen jurídico de la sociedad de responsabilidad limitada. Comentario y jurisprudencia,* Granada, 1990.

SRAFFA, Angelo; BONFANTE, Pietro: *«Società anomine in fradem legis?»,* en *Rivista del Diritto Commerciale,* 1922, I, pp. 649 a 653.

STAUB, Hermann: *Kommentar zum Gesetz betreffend die Gesellschaften mit beschränkter Haftung,* Guttentag, Berlín, 1903.

TAPIA HERMIDA, Alberto Javier: en *Derecho de sociedades de responsabilidad limitada,* vol. I, *cit.,* pp. 87 a 144.

TRÍAS DE BES, Federico: «La limitación de responsabilidad aplicada a las empresas individuales», en *Anuario de la Academia Matritense del Notariado,* vol. IV (1948), pp. 359 a 406.

URÍA, Rodrigo; MENÉNDEZ, Aurelio; MUÑOZ-PLANAS, José María: *La Junta General de accionistas,* en *Comentario al régimen legal de las sociedades mercantiles,* dirigido por R. Uría, A. Menéndez y M. Olivencia, vol. V, Madrid, 1992.

VALLS-TABERNER, Luis: «Hacia la limitación de responsabilidad de la empresa individual», en *Revista Jurídica de Cataluña,* 1952, pp. 110 a 119.

VAQUERIZO ALONSO, Alberto: «Artículo 1.Sociedades de capital», en *Comentario de la Ley de Sociedades de Capital,* dirigido por Rojo y Beltrán, Tomo I, Cizur Menor (Navarra), 2011, p. 181-193.

VÁZQUEZ CUETO, José Carlos: «Artículo 260. Contenido de la memoria», en *Comentario de la Ley de Sociedades de Capital,* dirigido por García-Cruces y Sancho Gargallo, T. IV, *cit.,* pp. 3647 a 3659.

Ídem: «Artículo 278. Restitución de dividendos», en *Comentario de la Ley de Sociedades de Capital,* T. IV, *cit.,* Valencia, 2021, pp. 3925 a 3931.

VÁZQUEZ GARCÍA, Ramón José: «Las aportaciones sociales», en *La reforma de la sociedad de responsabilidad limitada, cit.,* pp. 191 a 225.

VELASCO SAN PEDRO, Luis Antonio: «Concepto y caracteres de la sociedad de responsabilidad limitada», en *Derecho de sociedades de responsabilidad limitada*, vol. I, *cit.*, pp. 39 a 63.

Ídem: «La legitimación de terceros para la impugnación de acuerdos sociales en sociedades de capital», 2021, URI https://uvadoc.uva.es/handle/10324/48987.

Ídem: «La sociedad unipersonal devenida en pluripersonal», 2023, URI https://uvadoc.uva.es/handle/10324/62748.

VERDERA Y TUELS, Evelio: «La sociedad de inversiones mobiliarias en el exterior, SA Simex», en *La empresa pública*, vol. II, 1970, pp. 1049 y ss.

VERGEZ, Mercedes: *El socio industrial*, Montecorvo, Madrid, 1972.

VICENTE Y GELLA, Agustín: «La responsabilidad limitada en la empresa individual», en *Revista de Derecho Mercantil*, 1953 (núms. 47-48), pp. 153 a 195.

VIVANTE, Cesare: *«Contributo alla riforma delle società anonime»*, en *Rivista del Diritto Commerciale*, 1934, I, pp. 309 a 333.

ZANARONE, Guiseppe: *Società a responsabilità limitata*, en el *Trattato di Diritto Commerciale e di Diritto Pubblico dell'Economia*, dirigido por F. Galgano, vol. VIII, Padua, 1985, pp. 19 a 184.

Apéndice documental

(Modelo de) Estatutos de la mercantil unipersonal SVL & LMPA _ SOCIEDAD LIMITADA [264]

Capítulo I DISPOSICIONES GENERALES

Artículo 1.—**Denominación de la Sociedad**

La Sociedad se denomina «SLV & LMPA, S.L.»

Artículo 2.—**Objeto social**

1. El objeto social de la entidad es la realización por cuenta propia de ....., directamente por sí o participando en el capital de otras sociedades; así como la explotación económica de sus activos patrimoniales mediante el recurso a todo tipo de fórmulas y transacciones admitidas por el Derecho.

2. El objeto social se extenderá también a cualesquiera otras actividades conexas o relacionadas —directa o indirectamente— con las anteriores.

---

264 El texto constituye una propuesta o modelo de Estatutos específicamente destinado a regir el funcionamiento de una sociedad de responsabilidad limitada unipersonal. Se trata de una reglamentación extensa que pretende abarcar los diversos aspectos de este tipo de entidades y pensada con la finalidad última de aproximar los dictados de la legislación de sociedades de capital a las peculiaridades de la «unipersonalidad». Debido a esa misma especificidad, el modelo limita su campo de aplicación a las sociedades unipersonales bajo forma de sociedad de responsabilidad limitada, de modo que la pérdida del carácter unipersonal de la entidad y/o su transformación en otra forma societaria habrán de dar lugar a la sustitución de tales Estatutos por otros o a su profunda remodelación, para que puedan acomodarse a la nueva configuración jurídica de la sociedad. Por lo demás y habida cuenta de la naturaleza potestativa del texto, el autor somete en todo caso su contenido a cualquier consideración mejor fundada en Derecho.

3. Se excluyen en todo caso del objeto social aquellas operaciones para cuya realización e inclusión en el mismo se requiera la previa obtención de una autorización administrativa específica, o bien la adopción de otra forma societaria; así como cualesquiera otras para cuyo ejercicio se exijan requisitos no cumplidos por esta Sociedad o por su Socio. En caso de que, el ejercicio efectivo de alguna de las actividades incluidas en el objeto social exija la inscripción en algún registro administrativo o la posesión de una determinada titulación académica o profesional, la Sociedad operará como de mera intermediación, recurriendo a la colaboración auxiliar o autónoma de personal debidamente cualificado y provisto de la preceptiva titulación.

4. La principal actividad del objeto social corresponde al número ..... de la Clasificación Nacional de Actividades Económicas (CNAE).

Artículo 3.—**Duración de la Sociedad y comienzo de las operaciones**

La Sociedad se constituye por tiempo indefinido y da comienzo a sus operaciones mercantiles en la fecha de otorgamiento de la escritura fundacional.

Artículo 4.—**Cierre del ejercicio social**

El ejercicio económico de la Sociedad coincidirá con el año natural y se cerrará cada treinta y uno de diciembre.

Artículo 5.—**Domicilio social**

1. El domicilio de la Sociedad se establece en ......

2. El órgano de administración podrá acordar o decidir la apertura de sucursales en cualquier lugar del territorio nacional o del extranjero, así como la creación, la supresión o el traslado de las mismas.

Artículo 6.—**Web corporativa**

La Sociedad tiene su página Web corporativa en el siguiente dominio de Internet ......

Capítulo II
CAPITAL SOCIAL Y RÉGIMEN DE PARTICIPACIONES

Artículo 7.—**Capital social y participaciones**

1. El capital social queda fijado en la cifra de cinco mil (5.000,00) euros y se halla íntegramente asumido y desembolsado.

2. Dicho capital se divide en cinco mil (5.000) participaciones sociales iguales, indivisibles y acumulables, numeradas correlativamente de la 1 a la 5.000, con un valor nominal cada una de un (1,00) euro.

Artículo 8.—**Régimen de transmisión voluntaria de participaciones sociales por actos *inter vivos***

1. La transmisión voluntaria de participaciones sociales por actos «inter vivos» deberá ser autorizada formalmente por el Socio único en el ejercicio de las competencias propias de la Junta General.

2. El Socio único, actuando asimismo como Junta General, autorizará cualquier transmisión por la Sociedad de sus propias participaciones.

3. El precio, la forma de pago y las demás condiciones de la transmisión serán las fijadas de mutuo acuerdo por las partes.

Artículo 9.—**Transmisión forzosa**

En caso de transmisión forzosa de participaciones, antes de que el remate o la adjudicación adquieran firmeza, se reconoce al Socio único y, en su defecto, a la Sociedad un derecho de adquisición preferente sobre las participaciones ejecutadas, subrogándose en el lugar del rematante o del acreedor, mediante la aceptación expresa de todas las condiciones de la subasta y la consignación íntegra del precio de remate o del importe por el que hubieran sido adjudicadas al acreedor, así como de todos los gastos causados.

Artículo 10.—**Transmisión por actos *mortis causa***

La adquisición de participaciones sociales por sucesión hereditaria, testamentaria o abintestato del Socio único, persona natural, confiere a los herederos o legatarios de este la condición legítima de socios, subrogándose en todos los derechos y obligaciones vinculados a la titularidad de cada una de las participaciones adquiridas.

Artículo 11.—**Contravención del régimen de restricciones**

Cualquier transmisión total o parcial de participaciones que contravenga lo establecido en los Estatutos no producirá efecto alguno frente a la Sociedad.

Artículo 12.—**Transmisión de derechos de asunción preferente**

La transmisión de los derechos de adquisición y de asunción preferente de participaciones estará sometida al régimen propio de la transmisión *inter vivos* o *mortis causa* de participaciones sociales.

Artículo 13.—**Contravención del régimen de restricciones**

Cualquier transmisión, total o parcial, de participaciones sociales que contravenga lo establecido en los Estatutos no producirá efecto alguno frente a la Sociedad.

Artículo 14.—**Copropiedad de participaciones**

1. En caso de copropiedad de participaciones, los copropietarios designarán una sola persona para el ejercicio de los derechos de Socio y responderán solidariamente frente a la Sociedad del cumplimiento de las obligaciones derivadas de dicha condición.

2. Lo mismo regirá en los demás supuestos de cotitularidad de derechos sobre participaciones.

Artículo 15.—**Usufructo de participaciones**

1. En caso de usufructo de participaciones, la condición de Socio recaerá en el nudo propietario, pero el usufructuario o usufructuarios tendrán derecho en todo caso a los dividendos acordados por la Sociedad durante la vigencia del usufructo.

2. El ejercicio de los derechos de socio corresponderá al nudo propietario, viniendo obligados el usufructuario o usufructuarios a favorecer al aquel el ejercicio de tales derechos.

3. Las relaciones entre el usufructuario o usufructuarios y el nudo propietario se regirán por lo que determine el título constitutivo del usufructo y, supletoriamente, por lo previsto al efecto en la legislación de sociedades de capital.

Artículo 16.—**Autocartera**

La adquisición y, en general, la realización por la Sociedad de negocios sobre sus propias participaciones y las acciones o participaciones de su sociedad dominante vendrán sometidas a las limitaciones y los requisitos fijados legalmente.

Capítulo III
POSICIÓN DEL SOCIO

Artículo 17.—**Deberes de lealtad y buena fe**

El Socio contribuirá lealmente y de buena fe a la consecución de los fines sociales, acomodando su conducta a la defensa de los intereses de la Sociedad, cumpliendo sus obligaciones frente a esta, absteniéndose de llevar a cabo actuaciones abusivas o fraudulentas y ateniéndose en todo caso a lo prevenido en la Ley y al Derecho.

Artículo 18.—**Derechos del Socio**

1. La titularidad de participaciones confiere al Socio, con arreglo a la Ley y de acuerdo con lo establecido en los Estatutos, el derecho a:

a) Participar en el reparto de las ganancias sociales y en el patrimonio resultante de la liquidación.

b) Asumir preferentemente nuevas participaciones en caso de aumento de capital social.

c) Asistir, deliberar y votar en el Órgano de Socios, así como impugnar los acuerdos sociales.

d) Información.

2. Todas las participaciones sociales atribuyen al Socio los mismos derechos y su titularidad no lleva aparejada la concesión de ningún tipo de privilegio.

Artículo 19.—**Servicios de colaboración**

1. El Socio prestará a la Sociedad servicios de apoyo, consulta, asesoramiento y asistencia técnica en torno a las actividades que constituyen el objeto social, de acuerdo con su leal saber y entender.

2. El desempeño de este tipo de funciones podrá dar derecho al Socio a percibir una retribución económica.

3. Los servicios prestados por el Socio a la Sociedad, en el marco de este artículo, no constituyen ni tendrán la consideración legal de «prestaciones accesorias».

Artículo 20.—**Comunicaciones electrónicas**

1. Las comunicaciones entre la Sociedad y el Socio podrán realizarse por medios electrónicos, siempre que el Socio acepte —de forma expresa o por actos concluyentes— el recurso a esta forma de notificación.

2. A tal efecto, la Sociedad podrá habilitar el correspondiente dispositivo de contacto que permita acreditar la fecha indubitada de la recepción así como el contenido de los mensajes electrónicos que intercambie con el Socio.

Capítulo IV
ÓRGANOS SOCIALES

Sección primera: ***Junta General***

Artículo 21.—**Socio único**

1. Corresponde al Socio único, en el ejercicio de las competencias propias de la Junta General de Socios, la deliberación y adopción de decisiones en torno a los siguientes asuntos:

a) Aprobación de las cuentas anuales, aplicación del resultado y censura de la gestión social.

b) Nombramiento y separación de los Administradores, Liquidadores y, en su caso, Auditores de cuentas; así como el ejercicio de acciones sociales de responsabilidad contra cualquiera de ellos.

c) Autorización del establecimiento de relaciones de servicios o de obra entre la Sociedad y sus Administradores.

d) Modificación de los Estatutos de la Sociedad.

e) Supresión o limitación del derecho de asunción preferente de nuevas participaciones.

f) Aprobación de la adquisición onerosa por la Sociedad de sus propias participaciones y de acciones o participaciones de sus sociedades participadas.

g) Adquisición, enajenación, gravamen o aportación a otra sociedad de activos legalmente considerados esenciales.

h) Transformación, fusión, escisión, cesión global de activo y pasivo, traslado de domicilio al extranjero, así como otras modificaciones estructurales de la Sociedad.

i) Disolución de la Sociedad y aprobación del balance final de liquidación.

j) Cualesquiera otros que determinen la Ley o los presentes Estatutos.

2. El Socio único podrá, además, impartir instrucciones al Órgano de Administración y acordar que la adopción por este último de determinadas decisiones de gobierno sea sometida a la previa autorización del mismo, sin perjuicio del poder legal de representación atribuido a los Administradores.

Artículo 22.—**Modo de proceder a la adopción de decisiones**

1. El Socio único podrá adoptar decisiones en torno a cualquier asunto de su competencia en cualquier momento y lugar, dejando constancia de ello por escrito mediante su consignación en la correspondiente acta, que se transcribirá a un libro de actas.

2. El Socio único no podrá ser privado de su derecho a decidir en torno a asuntos sometidos legalmente a la aprobación del Órgano de Socios, aunque ello no le eximirá de responsabilidad cuando lleve a cabo actos o adopte decisiones contrarios al interés social.

Artículo 23.—**Derecho de información**

El Socio único podrá solicitar en cualquier momento, en el ejercicio de las competencias propias de la Junta General, todo tipo de aclaraciones, informes y documentación relativos a la actividad empresarial; y el Órgano de Administración estará obligado a proporcionárselos.

Artículo 24.—**Representación voluntaria**

1. El Socio único podrá hacerse representar jurídicamente en el ejercicio de las funciones de Junta General por medio de otras personas.

2. La representación conferida por el Socio único alcanzará a la totalidad de sus participaciones.

Artículo 25.—**Asistencia telemática**

La participación en la Sociedad y el ejercicio por el Socio único de sus facultades de decisión podrán articularse también de forma telemática, siempre que quede garantizada su identidad y el medio o sistema utilizado permita el desempeño efectivo de sus competencias.

Artículo 26.—**Consultas «telemáticas»**

1. Se admite la posibilidad de que las decisiones del Socio único, en el ejercicio de las competencias propias de la Junta General, se formalicen en documento electrónico. El Órgano de Administración podrá disponer la consulta al Socio único en torno a cualesquiera asuntos relacionados con la actividad de la Sociedad por medios telemáticos, garantizando debidamente la identidad y legitimación del Socio, disponiendo los medios de comunicación adecuados en orden a garantizar la conexión y permitir el seguimiento en directo del acto, las intervenciones de cualesquiera otros partícipes, la emisión de mensajes escritos durante el transcurso del mismo y el ejercicio en tiempo real de sus derechos de intervención, información, propuesta y voto; implementado al efecto las medidas necesarias con arreglo al estado de la técnica y a las circunstancias de la sociedad.

2. En la convocatoria de la consulta se informará adecuadamente al Socio único de los trámites y procedimientos que habrán de seguirse para la constatación de su identidad, el ejercicio efectivo de sus derechos de participación y la constancia en acta del resultado tales actuaciones.

3. Estas consultas se entenderán celebradas en el domicilio social.

Artículo 27.—**Adopción de decisiones**

1. Las decisiones del Socio único, en el ejercicio de las funciones de Junta General, se considerarán adoptadas en todo caso por unanimidad y con el voto de la totalidad de las participaciones en que se divida el capital social.

2. De igual modo, se entenderá que tales decisiones cumplen los requisitos de quórum y mayorías exigibles en cada caso, aunque ello no eximirá al Socio único de tener que cumplir las demás condiciones legales o estatutarias exigidas para su validez y eficacia.

3. En la medida en que se refieran a asuntos sustancialmente independientes, las decisiones del Socio único se adoptarán de forma separada.

Sección segunda: ***Administración societaria***

Artículo 28.—Órgano de Administración

1. La administración de la Sociedad podrá encomendarse a un Administrador único, a entre dos (2) y cinco (5) Administradores (actuando conjunta o solidariamente) o a un Consejo de Administración, a elección del Socio único.

2. Los miembros del Órgano de Administración serán nombrados por el Socio único, que también podrá designarse a sí mismo para el cargo.

3. El Administrador o Administradores desempeñarán su cargo por tiempo indefinido, aunque podrán ser separados en cualquier momento por el Socio único en el ejercicio de las competencias propias de la Junta General.

4. El establecimiento o la modificación de cualesquiera relaciones contractuales entre la Sociedad y el Administrador o Administradores deberán ser previamente sometidos a la decisión del Socio único.

Artículo 29.—**Funciones del Órgano de Administración**

1. El gobierno de la Sociedad estará a cargo del Órgano de Administración, que dirigirá los asuntos sociales y gestionará su patrimonio con las más amplias facultades.

2. Sin perjuicio de lo anterior y a efectos meramente internos, los Administradores consultarán al Socio único la celebración de negocios que no formen parte del giro y tráfico ordinario de la empresa.

3. El Órgano de Administración ostentará además la representación legal de la Sociedad, en juicio y fuera de él, respecto de toda clase de actos y contratos relativos al giro y tráfico de la empresa.

4. La atribución de poder de representación a los miembros del Órgano de Administración se ajustará a lo establecido en la legislación de sociedades de capital. En caso de Administradores conjuntos, el poder de representar a la Sociedad se ejercerá mancomunadamente por todos ellos.

Artículo 30.—**Deberes de los Administradores**

1. Los Administradores desempeñarán su cargo con la diligencia de un buen empresario y la fidelidad exigible a un representante leal.

2. Los Administradores cumplirán en todo los deberes que les imponen la Ley y los presentes Estatutos, evitando entrar en situaciones de conflicto con la Sociedad y anteponiendo siempre el interés de esta al suyo propio o al de cualquier tercero.

3. Los Administradores mantendrán la dedicación que requiera el control efectivo de la Sociedad y el ejercicio de las funciones de dirección de la empresa.

Artículo 31.—**Retribución de los Administradores**

1. El cargo de Administrador será retribuido. La retribución de los administradores guardará una proporción razonable con el tamaño y la entidad de la sociedad, su situación económica en cada momento y los estándares de mercado.

2. La remuneración de los Administradores consistirá, alternativa o cumulativamente, en:

a) Una asignación fija;

b) Dietas de asistencia;

c) Un porcentaje de los beneficios obtenidos por la Sociedad, inferior en todo caso al diez por ciento (10%) de los beneficios repartibles entre los Socios;

3. El importe máximo de la remuneración anual de los Administradores en su conjunto será decidido por el Socio único y permanecerá vigente hasta su modificación, de conformidad con lo prevenido en la Ley y en los presentes Estatutos.

4. La distribución de la suma total de las remuneraciones entre los distintos Administradores se llevará a cabo —salvo que otra cosa determine el Socio único— por acuerdo entre ellos y, en su caso, por acuerdo del Consejo de Administración, tomando en consideración las funciones y responsabilidades atribuidas a cada uno.

Artículo 32.—**Organización y funcionamiento del Consejo de Administración**

1. El Consejo de Administración estará compuesto, en su caso, por un mínimo de tres (3) Consejeros y un máximo de doce (12).

Salvo que lo haga el Socio único, el Consejo de Administración elegirá en su seno por mayoría un Presidente y, en caso de estimarlo conveniente, un Vicepresidente. De igual modo y salvo que lo haga el Socio único, el Consejo elegirá a su Secretario y, si lo estima conveniente, uno o más Vicesecretarios. El Secretario y los Vicesecretarios del Consejo podrán ser o no Consejeros. En este último caso, tendrán voz pero no voto. Todos ellos actuarán como tales y ejercerán sus respectivos cargos hasta su cese o destitución.

2. El Consejo de Administración se reunirá siempre que lo requiera el interés de la Sociedad, cuando lo considere conveniente el Presidente o lo soliciten uno o más Consejeros. La convocatoria correrá a cargo del Presidente o de quien haga sus veces y se llevará a efecto por cualquier procedimiento escrito con, al menos, veinticuatro (24) horas de antelación. También podrá ser convocado por un tercio (1/3) de los Consejeros indicando el orden del día, para su celebración en la localidad donde radique el domicilio social, previa petición al Presidente y si este no lo convoca —sin causa justificada— en el plazo de un mes.

3. La válida constitución del Consejo de Administración requerirá la concurrencia —presentes o representados— de más de la mitad (1/2) de sus miembros. Todo Consejero podrá hacerse representar por otro. El Presidente o quien haga sus veces dirigirá las deliberaciones y los acuerdos se adoptarán por mayoría absoluta de los Consejeros concurrentes a la sesión, salvo cuando la Ley exija otra mayoría cualificada.

4. El Consejo de Administración se reunirá de forma presencial, aunque también podrá adoptar acuerdos por escrito y sin sesión. De igual modo, será válida la celebración del Consejo por videoconferencia o a través de conferencia telefónica múltiple, siempre que todos sus miembros dispongan de los medios necesarios para conectarse, el Secretario del órgano reconozca su identidad y lo exprese así en el acta, que remitirá de inmediato a las direcciones de correo electrónico de cada uno de los concurrentes. En estos casos, la sesión se entenderá celebrada en el domicilio de la Sociedad.

5. El poder de representación de la Sociedad se atribuye al colegiadamente al Consejo, que también tendrá la posibilidad de delegar permanentemente en uno o varios de sus miembros y conferirles la totalidad o parte de sus facultades delegables; sin perjuicio de los apoderamientos que pueda conferir a cualquier persona.

6. La delegación permanente de facultades por el Consejo de Administración requerirá, para su validez, el voto favorable de las dos terceras (2/3) partes de los Consejeros y no producirá efecto alguno hasta su inscripción registral.

Capítulo V
Contabilidad social y aplicación de resultados

Artículo 33.—**Contabilidad social y Libros**

1. La Sociedad deberá llevar una contabilidad ordenada, adecuada a su actividad empresarial, que permita el seguimiento cronológico de todas sus operaciones y la elaboración periódica de cuentas anuales.

2. En su virtud, llevará obligatoriamente un Libro Diario y otro de Inventarios y Cuentas Anuales, así como un Libro-registro de contratos con el Socio único, los Libros societarios de Actas que corresponda y cualesquiera otros que pudieran resultar exigibles por Leyes o disposiciones especiales.

Artículo 34.—**Formulación de cuentas anuales**

1. El Órgano de Administración formulará las cuentas anuales de la Sociedad, la propuesta de aplicación del resultado y, en su caso, el informe de gestión.

2. La estructura y el contenido de la documentación contable se ajustarán a las exigencias de la normativa vigente.

3. Los contratos celebrados por la Sociedad con el Socio único se transcribirán a un Libro-registro y serán objeto de referencia expresa e individualizada en la memoria anual, indicando su naturaleza y condiciones.

4. La Sociedad dispensará el preceptivo tratamiento contable a sus operaciones con personas vinculadas, tanto al Socio único como a los Administradores, dejando constancia en la memoria anual de los datos e información en torno a las mismas que resulten exigibles.

Artículo 35.—**Verificación de cuentas**

1. El Socio único tendrá derecho a solicitar el nombramiento con cargo a la Sociedad de un auditor de cuentas, para que efectúe la revisión de las cuentas anuales de un determinado ejercicio.

2. Cuando la Sociedad venga obligada legalmente a auditar sus cuentas anuales, competerá al Socio único la designación de la persona que deba llevar la auditoría.

Artículo 36.—**Aprobación y examen de cuentas**

1. Las cuentas anuales se someterán para su aprobación al Socio único.

2. Convocado al efecto, el Socio único tendrá derecho a obtener de la Sociedad, de forma inmediata y gratuita, los documentos que han de ser sometidos a la aprobación de la misma, así como, en su caso, el informe de gestión y el informe del auditor de cuentas.

3. Durante ese mismo plazo, el Socio único podrá examinar en el domicilio social, por sí o en unión de experto contable, todos los documentos que sirvan de soporte y antecedente a las cuentas anuales.

Artículo 37.—**Aplicación de resultados y reparto de dividendos**

1. El Socio único resolverá sobre la aplicación de los resultados de cada ejercicio, de acuerdo con el balance aprobado.

2. El Soco único tendrá derecho a percibir la totalidad de los dividendos que se decida repartir.

3. La Sociedad no repartirá dividendos con cargo a beneficios o a reservas de libre disposición si el valor del patrimonio neto es o, a consecuencia del reparto, resulta ser inferior al capital social; y tampoco sin haber quedado debidamente cubiertos los gastos y dotadas las reservas que exige la Ley.

Artículo 38.—**Depósito de cuentas**

Tras haber sido aprobadas por el Socio único, la Sociedad presentará en el Registro Mercantil para su depósito las cuentas anuales de cada ejercicio, junto con la documentación preceptiva, con arreglo a lo prevenido por la Ley y los presentes Estatutos.

Capítulo VI
MODIFICACIONES ESTATUTARIAS

Artículo 39.—**Requisitos para la modificación de Estatutos**

1. La modificación de Estatutos deberá ser decidida por el Socio único en el ejercicio de las competencias de la Junta General, con los requisitos y teniéndose en todo caso por cumplidas las mayorías legalmente exigibles.

2. La convocatoria que el Órgano de Administración dirija al Socio único para tratar del asunto dejará constancia, con la debida claridad, de los extremos que pretendan modificarse y llevará anexo el texto íntegro de la modificación propuesta.

3. La decisión del Socio único de modificar Estatutos habrá de formalizarse en escritura pública, que se inscribirá en el Registro Mercantil y dará lugar a la pertinente publicación en el Boletín Oficial del Registro Mercantil.

Artículo 40.—**Cambio de domicilio**

Por excepción a lo anterior, el Órgano de Administración será competente para cambiar el domicilio social dentro del territorio nacional.

Artículo 41.—**Aumento de capital social**

1. El aumento de capital social podrá llevarse a cabo mediante la creación de nuevas participaciones o la elevación del valor nominal de las ya existentes.

2. El contravalor del aumento de capital social podrá consistir tanto en la realización de nuevas aportaciones (dinerarias o no) al patrimonio social, como en la transformación de reservas o beneficios que ya figuraban en el balance de la Sociedad.

Artículo 42.—**Derecho de asunción preferente**

1. En caso de aumento de capital social mediante creación de nuevas participaciones, se reconoce al Socio único el derecho a asumir la totalidad de las mismas, a no ser que el aumento sea debido a la absorción de otra Sociedad o de todo o parte del patrimonio escindido de otra Sociedad.

2. El ejercicio por el Socio único de este derecho de preferencia vendrá sometido a los plazos y requisitos fijados en la Ley.

3. Las participaciones no asumidas preferentemente por el Socio único, transcurrido el plazo legalmente establecido, podrán ser adjudicadas por el Órgano de Administración a terceros.

Artículo 43.—**Exclusión del derecho de preferencia**

El Socio único podrá decidir la supresión total o parcial de su derecho de asunción preferente, con los requisitos exigidos por la Ley y los presentes Estatutos.

Artículo 44.—**Reducción del capital social**

1. La reducción del capital social habrá de ser acordada por el Socio único en los casos y con los requisitos previstos por la Ley.

2. La reducción del capital de la Sociedad podrá tener por finalidad la restitución del valor de las aportaciones, el restablecimiento del equilibrio entre el capital y el patrimonio neto de la Sociedad, disminuido como consecuencia de pérdidas, o bien la constitución o el incremento de la reserva legal o de las reservas voluntarias.

3. La reducción podrá llevarse a cabo mediante la minoración del valor nominal de las participaciones, o bien a través de su amortización o agrupación.

Artículo 45.—**Requisitos específicos**

1. La reducción por pérdidas afectará por igual a todas las participaciones de la sociedad y en ningún caso podrá dar lugar a reembolsos al Socio único.

2. La reducción del capital por pérdidas tomará como base un balance referido a una fecha comprendida dentro de los seis (6) meses anteriores al acuerdo, que habrá de ser verificado por el auditor de cuentas de la sociedad o, en su defecto, por un auditor nombrado al efecto por los Administradores con la aprobación del Socio único.

3. En los casos de reducción por devolución del valor de las aportaciones, el Socio único decidirá si se aplica a todas o a algunas de las participaciones sociales, así como el importe a percibir, cumpliendo las exigencias legales y estatutarias.

Capítulo VII
MODIFICACIONES ESTRUCTURALES

Sección primera: Disposiciones generales

Artículo 45.—**Régimen general**

Las modificaciones estructurales, tanto internas como transfronterizas, consistentes en la transformación, fusión, escisión y cesión global de activo y pasivo de la Sociedad se regirán por lo establecido en la Ley y los presentes Estatutos.

Artículo 46.—**Aprobación por el Socio único**

Las modificaciones estructurales de la Sociedad deben ser decididas necesariamente por el Socio único en el ejercicio de las funciones de Junta General, con los requisitos y formalidades legalmente exigibles.

Artículo 47.—**Eficacia constitutiva de la inscripción**

Las modificaciones estructurales de la Sociedad no producirán efectos hasta su inscripción en el Registro Mercantil.

Sección segunda: ***Transformación***

Artículo 48.—**Régimen general**

1. Por la transformación, la Sociedad adopta una forma societaria distinta conservando su personalidad jurídica.

2. La Sociedad podrá transformarse en sociedad anónima manteniendo su condición unipersonal, pero no podrá transformarse en ningún otro tipo de sociedad mercantil sin la incorporación de nuevos socios.

Artículo 49.—**Decisión de transformación**

1. La transformación habrá de ser decidida por el Socio único, como Órgano de Socios, cumpliendo en todo las exigencias legales.

2. La decisión de transformarse se adoptará con los requisitos y formalidades que rigen para la sociedad de responsabilidad limitada y vendrá acompañada de la aprobación del balance de la Sociedad destinado a servir de base a la transformación, con todas las modificaciones estatutarias que resulten procedentes, así como de las menciones exigidas para la constitución de la sociedad cuya forme se adopte.

Artículo 50.—**Formalización e inscripción de la transformación**

La transformación habrá de formalizarse en escritura pública y su eficacia vendrá supeditada a la inscripción de la misma en el Registro Mercantil.

Artículo 51.—**Efectos de la transformación**

1. La transformación, por sí sola, no liberará al Socio único del cumplimiento de sus obligaciones legales, estatutarias y contractuales frente a la Sociedad.

2. El acuerdo de transformación no podrá alterar la participación social del Socio único.

Sección segunda: ***Fusión***

Artículo 52.—**Fusión**

1. La Sociedad podrá fusionarse con otra u otras, pasando a integrar con las mismas una única sociedad, mediante la transmisión en bloque de sus respectivos patrimonios y la atribución de participaciones, acciones o cuotas de la sociedad resultante (que puede ser de nueva creación o una de las que se fusionan) a los socios de las sociedades extinguidas como consecuencia de la fusión o al Socio único, cuando la que se extinga sea la propia Sociedad.

2. En caso de subsistir, la irrupción en la Sociedad de nuevos socios determinará también la pérdida de su carácter unipersonal.

Artículo 53.—**Modalidades de fusión**

1. La fusión en una nueva sociedad implicará la extinción de la Sociedad y también la de la sociedad o sociedades que se fusionan con ella, mediante la transmisión en bloque de sus respectivos patrimonios a la nueva sociedad, que adquirirá por sucesión universal los derechos y obligaciones de las fusionadas.

2. La absorción por la Sociedad de la sociedad o sociedades que se fusionan con ella dará lugar a la transmisión en bloque a aquella del patrimonio de la sociedad o sociedades absorbidas, aumentando en su caso el capital social de la primera en la cuantía que proceda.

3. La fusión que dé lugar a la absorción de la Sociedad por otra supondrá también su extinción y la transmisión en bloque de todo su patrimonio a la sociedad absorbente.

Artículo 54.—**Decisión de fusionarse**

1. La fusión de la Sociedad deberá ser en todo caso decidida por el Socio único, en el ejercicio de las competencias de Junta General, cumpliendo en todo las exigencias fijadas por la Ley y los presentes Estatutos.

2. Previamente, el Órgano de Administración deberá poner a disposición del Socio único toda la documentación legal y estatutariamente exigible tanto general como específica.

3. La decisión del Socio único vendrá referida estrictamente al proyecto común de fusión, con los requisitos y formalidades establecidos legalmente conforme a la normativa aplicable a las sociedades que se fusionan. Cualquier alteración del contenido del proyecto de fusión constituirá un rechazo de la propuesta.

Artículo 55.—**Formalización e inscripción en el Registro Mercantil**

1. Las sociedades que se fusionan elevarán el acuerdo de fusión adoptado a escritura pública, en la que se incluirá el preceptivo balance de fusión.

2. Si la fusión se realizara mediante la creación de una nueva sociedad, la escritura deberá contener, además, las menciones legalmente exigidas para la constitución de esta; y si se llevara a cabo mediante absorción, las modificaciones estatutarias que se hubieran acordado por la sociedad absorbente con motivo de la fusión, así como el número, clase y serie de las acciones, las participaciones o las cuotas atribuidas a cada uno de los nuevos socios.

3. La fusión solo adquirirá eficacia con la inscripción de la absorción o, en su caso, de la nueva sociedad en el Registro Mercantil, una vez acreditado el cumplimiento de las condiciones exigibles.

Artículo 56.—**Fusiones especiales**

Resulta plenamente aplicable a la Sociedad el régimen legal de las denominadas fusiones especiales.

Sección tercera: ***Escisión***

Artículo 57.—**Escisión**

1. La Sociedad podrá escindirse mediante la división total o parcial de su patrimonio y la transmisión en bloque del mismo a otra u otras sociedades, por cualquiera de las modalidades de escisión previstas legalmente, recibiendo a cambio el Socio único acciones, participaciones o cuotas de la sociedad o sociedades beneficiarias.

2. La Sociedad también podrá escindirse por segregación de una o varias partes de su patrimonio a cambio de recibir acciones, participaciones o cuotas de la sociedad o sociedades beneficiarias.

Artículo 58.—**Beneficiaria de la escisión de otras**

La Sociedad podrá resultar beneficiaria de la escisión llevada a cabo en otra u otras sociedades, adquiriendo el bloque, por sucesión universal, la totalidad o parte del patrimonio de estas.

Artículo 59.—**Remisión**

La escisión se regirá por las normas relativas a la fusión, con las salvedades previstas legalmente, entendiendo las referencias efectuadas a la sociedad resultante de la fusión como referencias a la sociedad beneficiaria de la escisión.

Sección cuarta: ***Cesiones globales de activo y pasivo***

Artículo 60.—**Concepto**

La Sociedad puede ceder en bloque todo su patrimonio, por sucesión universal, a su Socio único o a terceros, a cambio del cobro de una contraprestación que no consista en acciones, participaciones o cuotas de socio del cesionario.

Artículo 61.—**Extinción de la Sociedad**

1. La Sociedad se extinguirá cuando la contraprestación por la cesión global de su patrimonio a terceros fuera recibida en su totalidad directamente por el Socio único.

2. La percepción por el Socio único de dicha contraprestación respetará en todo la normativa aplicable a la cuota de liquidación.

Artículo 62.—**Decisión de cesión global**

La decisión de llevar a cabo la cesión global del activo y del pasivo de la Sociedad deberá ser adoptada por el Socio único en el ejercicio de las funciones de Junta General, cumpliendo los requisitos y formalidades legalmente previstos.

Artículo 63.—**Formalización y eficacia de la cesión global**

1. La cesión global se hará constar en escritura pública otorgada por la sociedad cedente y por el cesionario o cesionarios, en la que se recogerá el acuerdo de cesión global adoptado por la Sociedad de conformidad con lo prevenido en la Ley y los presentes Estatutos.

2. La eficacia de la cesión global estará supeditada a su inscripción en el Registro Mercantil de la Sociedad cedente. Si la misma resultará extinguida tras la cesión, ello dará lugar también a la cancelación de sus asientos registrales.

Artículo 64.—**Cesión global plural**

Cuando la Sociedad ceda globalmente su activo y pasivo a dos o más cesionarios, cada parte del patrimonio que se ceda habrá de constituir una unidad económica.

Artículo 65.—**Responsabilidades solidarias**

1. La Sociedad cedente (hasta el importe de los activos netos que permanezcan en ella) o, según los casos, el Socio único beneficiario (hasta el límite del activo neto percibido) responderán solidariamente con los demás cesionarios del incumplimiento de las obligaciones de la Sociedad cedente, nacidas antes de la publicación del proyecto de cesión y no vencidas en ese momento, asumidas por uno de los cesionarios.

2. La responsabilidad solidaria de los cesionarios y del Socio único prescribirá legalmente a los cinco (5) años.

Capítulo VIII
SEPARACIÓN Y EXCLUSIÓN DE SOCIOS

Artículo 66.—**Separación de Socios**

El Socio único no tendrá derecho de separación ni podrá ser excluido de la Sociedad, mientras la misma mantenga su carácter unipersonal.

Capítulo IX
DISOLUCIÓN Y LIQUIDACIÓN DE LA SOCIEDAD

Artículo 67.—**Causas de disolución**

1. La Sociedad se disolverá por las causas previstas en la Ley y los presentes Estatutos, así como por la decisión del Socio único, adoptada con los requisitos establecidos al efecto.

2. La declaración de la Sociedad en concurso de acreedores no constituye una causa de disolución, pero la apertura de la fase de liquidación en el procedimiento concursal determinará la disolución automática de la misma.

Artículo 68.—**Liquidación de la Sociedad**

1. La disolución de la Sociedad abrirá el periodo de liquidación.

2. Durante el periodo de liquidación, la Sociedad conservará su personalidad jurídica, debiendo añadir a su denominación la indicación «en liquidación»; y continuará rigiéndose por los presentes Estatutos, en la medida en que no resulten incompatibles con el régimen legal aplicable a las sociedades en liquidación.

3. La apertura del periodo de liquidación no alterará la posición del Socio único, ni las facultades de examen y control sobre la contabilidad societaria, que le reconocen la Ley y los presentes Estatutos.

Artículo 69.—**Designación de Liquidadores**

1. La condición de Liquidador recaerá en la persona o personas que, en el momento de la disolución, ostenten la condición de Administradores de la Sociedad, a menos que el Socio único decida designar a otra u otras.

2. Los Liquidadores ejercerán su cargo por tiempo indefinido, aunque el Socio único podrá decidir en cualquier momento su separación.

Artículo 70.—**Funciones del Liquidador**

1. Corresponde al Liquidador la realización de las operaciones de liquidación de la Sociedad disuelta, así como la representación legal de la misma durante todo el periodo de liquidación y hasta la total extinción de la entidad.

2. El poder de representación del Liquidador alcanzará a todas aquellas operaciones que sean necesarias para la liquidación de la Sociedad. Cuando sean varios, el poder de representar a la Sociedad en el periodo de liquidación corresponderá a todos los Liquidadores conjuntamente, a menos que el Socio único decida otra cosa.

Artículo 71.—**Ejercicio del cargo de Liquidador**

El Liquidador desempeñará su cargo de buena fe, con la diligencia de un ordenado empresario y la fidelidad exigible a un representante leal.

Artículo 72.—**División del patrimonio social**

Una vez finalizadas las operaciones de liquidación y satisfecho o consignado legalmente el importe de los créditos de los acreedores sociales, se atribuirá al Socio único la totalidad del patrimonio resultante de la liquidación.

Artículo 73.—**Responsabilidad del Liquidador**

El Liquidador o Liquidadores responderán frente a la Sociedad, frente al Socio único y frente a los acreedores sociales del daño que causen por actos u omisiones contrarios a la Ley, a los Estatutos o infringiendo los deberes inherentes al cargo.

Capítulo X
RESOLUCIÓN DE CONTROVERSIAS

Artículo 74.—**Resolución amigable de conflictos**

La Sociedad, el Socio único y los Administradores tratarán de resolver extrajudicialmente los conflictos societarios que surjan entre ellos recurriendo, siempre que sea posible, a los buenos oficios de un tercero designado de común acuerdo por los contendientes, a fin de que componga sus intereses y promueva la solución amistosa de sus disputas.

Artículo 75.—**Posibilidad de recurrir al arbitraje**

Los conflictos que se susciten entre la Sociedad, los Administradores y el Socio único, cuando afecten a materias de su libre disposición, podrán resolverse mediante arbitraje cuando así lo convengan las partes, de conformidad con lo establecido en la legislación aplicable.

Artículo 76.—**Renuncia al fuero propio**

En otro caso y de proseguir la controversia, las partes en disputa se someterán a la competencia territorial de los Juzgados y Tribunales del domicilio social, con renuncia a cualquier otro fuero que pudiera corresponderles.